Ich lebe gerne

Meditationsbücher für Frauen

Caroline Adams Miller

Ich lebe gerne

Tägliche Meditationen
der Zuversicht und
inneren Stärkung

SCHERZ

Die Originalausgabe erschien unter dem
Titel «Bright Words for Dark Days»
bei Bantam Books, New York.
Einzig berechtigte Übersetzung aus dem Englischen
von Hedda Pänke.

Fünfte Auflage 1996

Schutzumschlag von Gerhard Noltkämper unter
Verwendung eines Aquarelles von Rainer Grunwald,
© papierTIGER UWS-Briefpapier.

Fünfundzwanzig Prozent aller Frauen müssen sich zu irgendeinem Zeitpunkt ihres Lebens mit Depressionen, depressiven Verstimmungen, Lustlosigkeit oder akuten Traurigkeitsgefühlen herumschlagen, besonders zwischen dem 25. und 45. Lebensjahr. Häufig werden solche Phasen mißgedeutet oder falsch diagnostiziert. Das mag erklären, warum nur zwanzig Prozent dieser Frauen professionelle Hilfe suchen. Dabei ist Depressivität eine der am leichtesten zu behandelnden Krankheiten, und achtzig Prozent der darunter Leidenden, die sich einer Therapie unterziehen, geht es bereits nach sechs Monaten entscheidend besser.

Um den vielen Frauen zu helfen, die unter verschiedenen Formen von Depressionen leiden – von «unerklärlicher» Melancholie über Lethargie, Schlafstörungen, Baby-Blues bis zu chronischer Depressivität –, habe ich dieses Buch geschrieben. Die Anregungen und Gedanken darin sollen ihnen Rat und Hilfe an schwierigen oder dunklen Tagen sein. Das Buch soll jedoch keineswegs professionelle Hilfe, Therapien oder Medikamente ersetzen. Ich rate allen, die unter den klassischen Anzeichen der Depressivität leiden, wie größere Veränderung der Schlaf- oder Eßgewohnheiten, allgemeiner Lustlosigkeit, Minderwertigkeitsgefühlen, akuter Konzentrationsschwäche oder tiefer Mutlosigkeit, möglichst rasch medizinische Hilfe zu suchen. Die Anregungen in diesem Buch sind dazu gedacht, Ihnen von Tag zu Tag Mut zu machen, aber Heilung bei akuten Fällen können nur Ärzte oder Therapeuten bringen.

JANUAR

Wenn du nicht weißt, wohin du gehst, wirst du wahrscheinlich dort ankommen, wohin du nicht wolltest.

Laurence Johnston Peter

Um ein befriedigendes Leben führen zu können, müssen wir uns Ziele setzen. Menschen, die sich etwas fest vornehmen, erreichen annähernd fünfzig Prozent mehr im Leben als jene, die das nicht tun. Um seine angestrebten Ziele zu erreichen, muß ein Mensch genaue Vorstellungen davon haben, was er eigentlich will, und erkennen, welche Schritte ihn diesem Ziel näherbringen. Sobald Sie das wissen, hat Ihr Leben einen Mittel- oder Konzentrationspunkt. Beginnen Sie mit kleinen Schritten, notwendige Aufgaben zielbewußt zu erledigen und so Ihre Tage sinnvoll zu leben.

Fühlen Sie sich niedergeschlagen, weil Ihrem Leben eine Richtung fehlt oder weil Sie nur unwillig dem Pfad folgen, den Ihnen ein anderer vorschreiben will? Falls das so ist, dann fragen Sie sich, wo und was Sie in einem Jahr sein wollen und was Sie tun können, um dieses Ziel zu erreichen. Unterteilen Sie den Weg dorthin in zu bewältigende Abschnitte auf, und tanken Sie Zuversicht. Wenn Sie morgens mit einer klar definierten Aufgabe erwachen, werden Sie sehr schnell das Selbstvertrauen und die Zufriedenheit entdecken, die aus einer Vision und der festen Überzeugung erwachen, diese auch in die Wirklichkeit umsetzen zu können.

Heute werde ich erkennen, wohin ich eigentlich gehe.

Der Tag bleibt ein Tag, ob du nun aufstehst oder nicht.
John Ciardi

Es gibt Tage, an denen man sich einfach nicht zum Aufstehen aufraffen kann, weil «es ja doch sinnlos ist» und «ohnehin nichts besser wird»

Wenn wir uns entmutigt fühlen oder über unser Leben verärgert sind, können wir resignieren oder kämpfen. Aber wenn wir den Tag bereits zu einer Katastrophe erklären, bevor er überhaupt begonnen hat, sorgen wir dafür, daß die nächsten vierundzwanzig Stunden tatsächlich sinnlos sind. Wenn wir zwar niedergeschlagen, aber auch entschlossen erwachen, das Beste aus allem zu machen, öffnen wir uns zumindest der Möglichkeit, daß sich etwas Gutes ereignet, das unsere Stimmung oder unsere Situation verändert.

Sobald wir uns für Optimismus entscheiden, stellen wir uns der Unvorhersehbarkeit des Lebens und räumen ein, daß die Chancen für einen guten Tag ebenso hoch sind wie die für einen weniger guten. Versuchen Sie heute, möglichst hoffnungsfroh aus dem Bett zu steigen, und denken Sie daran, daß eine positive Einstellung wie ein Magnet für alles Positive wirkt.

Ich rechne fest damit, daß mir heute Gutes widerfährt.

Ganzheit beruht meiner Meinung nach darauf, daß wir unser Leben tagsüber bewußt leben und nachts unser Innenleben oder Unterbewußtsein erforschen.

Margery Cuyler

Die Lösung vieler Probleme ist in unseren Träumen enthalten. Wir müssen nur lernen, sie richtig zu deuten. Eine erfolgreiche Methode dafür ist, vor dem Einschlafen das Unterbewußtsein um Antworten auf die Probleme zu bitten und dann nach dem Erwachen die Träume aufzuschreiben. Erfahrungsgemäß fühlen sich viele Menschen wesentlich ausgeglichener und weniger überfordert, wenn sie ihren nächtlichen Visionen genügend Beachtung schenken.

Versuchen Sie vor dem Einschlafen an das zu denken, was Sie am Tag besonders bedrückt hat. Kaufen Sie sich ein Buch über Traumdeutung als Hilfe beim Ergründen Ihres Unterbewußtseins. Sobald Sie die Antworten entziffern können, die Ihre Träume verraten, werden Sie möglicherweise Ihre Schwierigkeiten besser bewältigen.

Ich werde mein Unterbewußtsein nutzen, um Trost und Lösung für meine Probleme zu finden.

Wir sollten alles gleichermaßen vorsichtig wie auch zuversichtlich angehen.

Epiktet

Vorsichtig sollten wir vor allem jeder Einnahme von Medikamenten gegenüber sein, wenn wir unter Depressionen leiden. Auch wenn Antidepressiva und Angsthemmer unsere momentane Lebensqualität durchaus verbessern können, haben sie doch ausnahmslos Nebenwirkungen. Daher sollten wir ihre Auswirkungen auf unsere Physis und Psyche sorgfältig beobachten und mit dem Arzt sofort offen sprechen, wenn wir das Gefühl haben, auf einen bestimmten Medikamententyp nicht gut anzusprechen.

Verhalten Sie sich bei der Einnahme von Medikamenten verantwortungsbewußt. Nehmen Sie sie nicht einfach, weil ein Arzt Ihnen dazu geraten hat, sondern achten Sie peinlich genau auf ihre Wirkung. Überprüfen Sie auch, wie Ihre Medikamente während der prämenstruellen Phase wirken, in der sich bei Frauen Depressionen häufig verschlimmern. Medikamente zur Hebung des Lebensgefühls sollten mit großer Vorsicht, Bewußtheit und Überlegung eingesetzt werden. Dann ist ihre Wirksamkeit unbestritten, und man kann darauf vertrauen.

Medikamente werde ich stets nur überlegt und umsichtig einnehmen.

Nichts vermittelt ein größeres Gefühl von Stärke als ein Hilferuf.

George Macdonald

Jemanden um Hilfe zu bitten – sei das nun einen Arzt, einen Psychiater, einen Freund, eine Freundin oder die Mitglieder einer Selbsthilfegruppe – ist mit das Beste, was wir in einer Phase der Niedergeschlagenheit tun können. Denn wenn wir mutlos sind, uns verlassen und hoffnungslos fühlen, gehört klares, logisches Denken nicht gerade zu unseren Stärken. Indem wir uns zu dem Geständnis durchringen, selbst keine Antworten für das zu haben, was uns quält, öffnen wir uns neuen Lösungen für unsere Probleme.

Wenn ich um Hilfe bitte, macht mich das stärker, nicht schwächer.

Der Prozeß des Lebens ist ein Prozeß des Reagierens auf Streß.

Stanley J. Sarnoff

Einer der Orte, an dem wir uns zunehmend Streß-Situationen gegenüber sehen, ist der Arbeitsplatz. Eine entsprechende Untersuchung ergab, daß sieben von zehn Arbeitnehmern als Folge arbeitsplatzspezifischer Belastungen unter Krankheitssymptomen litten und daß 34 Prozent der Befragten schon einmal daran gedacht hatten, ihren Job wegen der damit zusammenhängenden psychischen Belastungen aufzugeben.

Verringern Sie den Streß am Arbeitsplatz, indem Sie negative und abfällige Gespräche unter Kollegen vermeiden. Lassen Sie sich nicht auf grundlose Kritik an der Geschäftsführung ein, und bemühen Sie sich bewußt, ein gutes Mitglied Ihres Arbeitsteams zu sein. Wenn Sie sich dadurch am Arbeitsplatz besser fühlen, wird sich dieses Gefühl von Befriedigung sehr wahrscheinlich auch in andere Bereiche Ihres Lebens übertragen.

Heute werde ich es zumindest mit einer streßmindernden Methode am Arbeitsplatz versuchen.

Glücklich bis ans Lebensende wird man nur, wenn man von Tag zu Tag zufrieden ist.

Margaret Bonnano

Wenn Sie sich einer Aufgabe gegenüber sehen, die Ihnen so überwältigend erscheint, daß Sie sich niedergeschlagen fragen, wann Sie das wohl schaffen werden, dann denken Sie an die vielen positiven Dinge in Ihrem Leben, konzentrieren Sie sich darauf, und gehen Sie die Aufgabe schrittweise von Tag zu Tag an. Wenn Sie sich mit Dingen ablenken können, die Sie befriedigen und gelassener machen, werden Sie feststellen, daß das Ziel sehr viel schneller erreicht ist, als Sie gedacht haben.

Ich werde mein Streben nach Glück zunächst auf das Heute beschränken.

In dir ist eine Ruhe und ein Refugium, in das du dich jederzeit zurückziehen und wo du ganz du selbst sein kannst.

Hermann Hesse

Täglich dringen Geräusche und Ablenkungen aller Art auf uns ein – vom Telefon über das Fernsehen bis zum Verkehrslärm. Da ist es nicht einfach, sich an einen inneren Ort der Ruhe und Stille zurückzuziehen. Und doch kann uns dieses innere Refugium den Trost gewähren, den wir von Zeit zu Zeit brauchen.

Östliche Religionen empfehlen die Meditation als Möglichkeit für den Menschen, zu innerer Ruhe zu gelangen. Für viele ist Yoga ein Mittel, ihr inneres Gleichgewicht wiederzufinden, für andere sind es ausgedehnte Spaziergänge oder Joggingläufe.

In einer Welt, die uns mitunter Unsicherheit und Angst einflößt, ist es wichtig, daß wir uns auch mit uns allein gut fühlen und wissen, wie wir zu innerer Sicherheit finden können, wenn wir sie brauchen. Auch wenn Niedergeschlagenheit sich nicht immer durch Isolation von anderen Menschen aufhellt, kann ein «In-sich-Gehen» uns doch sehr wohltun und ein Gefühl innerer Ruhe vermitteln.

Ich werde meine Niedergeschlagenheit dadurch überwinden, daß ich meine innere Stärke zu Hilfe rufe.

Liebe heilt die Menschen – jene, die Liebe empfangen und jene, die sie geben.

Karl A. Menninger

Forschungen haben ergeben, daß zu Depressionen neigende Menschen sich selbst enorm helfen können, wenn sie sich auf andere Hilfsbedürftige konzentrieren. Das aus «guten Taten» resultierende Stimmungshoch steuert der Depression entgegen und fördert das körperliche Wohlbefinden. Es steigert die geistige Regsamkeit und trägt zu einer sehr viel positiveren Lebenseinstellung bei. Erstaunlicherweise zeigten die Forschungsergebnisse, daß der Nutzen für uns größer sein kann, wenn wir die Menschen nicht kennen, denen wir helfen!

Achten Sie also in den Medien auf gemeinnützige Organisationen, die freiwillige Helfer suchen, und überlegen Sie sich, ob Sie für eine solche Tätigkeit nicht regelmäßig etwas von Ihrer Zeit zur Verfügung stellen können. Dabei kommt es weniger darauf an, daß Sie sich die «richtige» Organisation herauspikken. Viel wichtiger ist es, daß Sie aktiv werden, Ihre eigenen vier Wände verlassen und etwas gegen Ihre Niedergeschlagenheit unternehmen.

Wenn ich gebe, bekomme ich auch.

Von all den Menschen, die ich beobachtet habe, würden mindestens fünfzig Prozent am liebsten einen ganzen Ozean zwischen sich und ihre Schwiegermütter legen.

Margaret Mead

Bedauerlicherweise kommen wir nicht immer nur gut mit anderen Menschen aus, besonders, wenn es sich dabei um Angehörige der Familie handelt, in die wir hineingeheiratet haben. Wiederholen Sie innerlich immer wieder die Worte «Anstand und Abstand», und rufen Sie sich immer wieder in Erinnerung, daß Sie einen bestimmten Menschen geheiratet haben, nicht seine ganze Familie. Die beste Reaktion auf alle Probleme mit der Schwiegerfamilie besteht darin, Ihre eigenen Beziehungen zu Ehepartner und Kindern so stark wie möglich zu machen.

Auf Menschen, die mich aus irrationalen Gründen nicht mögen, reagiere ich mit würdevoller Gelassenheit.

Die wirksamsten Drogen der Menschheit sind natürlich die Worte.

Rudyard Kipling

Manche Worte üben auf uns einen so großen Einfluß aus, daß sie sogar Depressionen hervorrufen können, auch wenn sie ganz beiläufig in einer Unterhaltung geäußert werden. Sprachexperten behaupten, daß wir alle in unseren Gehirnen Worte gespeichert haben, die uns auf Anhieb froh oder traurig stimmen können. Wiegenlieder rufen in uns ein Gefühl von Wärme und Geborgenheit wach, während Worte wie «Scheidung» oder «Abwehr» unseren Blutdruck steigern und unsere allgemeine Stimmung sinken lassen können. Jeder Mensch verfügt über andere «Auslöserworte». Wenn wir sie kennen und wissen, wie wir darauf reagieren, kann uns das vor Überreaktionen bewahren.

Überprüfen Sie heute Ihre Reaktionen auf bestimmte Worte und Geräusche. Empfinden Sie unmittelbar nach dem Hören eines bestimmten Satzes große Freude oder schmerzliche Betroffenheit? Beginnt Ihr Herz zu rasen? Steigt Ihnen das Blut in die Wangen? Menschen sind komplizierte Lebewesen mit geheimnisvollen Reflexen, daher kann die Kenntnis von Dingen, die in uns Gefühle auslösen, ein wirksames Instrument in unserem Kampf gegen Niedergeschlagenheit sein.

Heute werde ich mir der Macht von Worten besonders bewußt sein.

Das Leben ist so voll von Neuem, daß es fast überfließt. Daher ist es nötig, sich von Altem zu trennen, um Platz für das Neue zu schaffen.

Eileen Caddy

Das Richtige kann nie auftauchen, bevor wir nicht das Falsche aufgegeben haben. Solange wir an Menschen, Verhaltensweisen und Situationen festhalten, die uns nicht wirklich entsprechen, werden wir nie das anziehen, was tatsächlich zu uns paßt, und so auf Dauer unglücklich und unbefriedigt bleiben. Schaffen wir jedoch ein Vakuum in unserem Leben, müssen wir es einfach mit etwas Neuem – und hoffentlich Besserem – füllen.

Gibt es in Ihrem Leben irgendeinen stagnierenden Bereich, der Sie bedrückt? Bringen Sie sich möglicherweise um Ihre Chancen, indem Sie sich an etwas klammern, das nicht zu Ihnen paßt? Versuchen Sie heute auf dem Gebiet, das Sie verändern wollen, ein Vakuum zu schaffen, und stellen Sie sich vor, womit Sie es neu füllen wollen. Denken Sie daran, daß Sie verdienen, das zu bekommen, was für Sie das Beste ist – also geben Sie sich nicht mit weniger zufrieden, als Sie eigentlich wollen.

Wenn ich in meinem Leben Platz für das mache, was ich mir wirklich wünsche, bin ich meinem Ziel einen Schritt näher.

Oft besteht der größte Mutbeweis nicht darin, zu sterben, sondern zu leben.

Vittorio Alfieri

Vermutlich hat jeder unter Depressionen leidende Mensch irgendwann einmal daran gedacht, sich das Leben zu nehmen. Es mag vielleicht einfach erscheinen, seine Qualen dadurch zu beenden, daß man sich davonstiehlt, aber es ist mit Sicherheit nicht die richtige Antwort. Menschen, die einen Selbstmordversuch unternommen haben, erklären fast ausnahmslos, sehr froh zu sein, noch zu leben, und ihre scheinbar so unüberwindlichen Probleme seien nur temporär gewesen. Häufig brauchen sie nur wenige Tage, um zu einer völlig neuen, positiven Lebenseinstellung zu finden.

Selbstmord ist für kein Problem eine Lösung. Falls Ihnen Gedanken an Selbstmord kommen, sollten Sie sofort die Hilfe eines Facharztes suchen. Mit der Zeit und mit fachlichem Beistand werden Sie erkennen, wie unsinnig Ihre Suizidgedanken waren, und dafür dankbar sein, den Mut zum Weiterleben aufgebracht zu haben.

An manchen Tagen braucht man mehr Stärke zum Leben als zum Sterben.

Schweigen ist das Element, in dem sich große Dinge gestalten.

Thomas Carlyle

Oft im Leben kann Schweigen die Antwort auf drängende Fragen geben. Anstatt das Schweigen als etwas zu betrachten, wovor man sich fürchten muß, sollten wir uns ihm vielmehr hingeben – vor allem dann, wenn wir Sorgen haben. Es ist verblüffend, wie schnell sich – unbeeinträchtigt von Geräuschen und Unterhaltungen – unsere innere Stimme meldet und wir zu Lösungen kommen, nach denen wir bereits lange gesucht haben.

Ich lerne am meisten, wenn ich am wenigsten rede.

Jede Frau mit der Doppelbelastung von Beruf und Familie entwickelt automatisch zwei Persönlichkeiten, die so unterschiedlich sind wie die beiden Seiten einer Banknote ... Sie muß verhindern, daß eine Persönlichkeit die andere verzehrt.

Ivy Baker Priest

Viele von uns hegen die idealistische Vorstellung, gleichzeitig erfolgreiche Karrierefrau, hervorragende Mutter und treusorgende Ehefrau sein zu können, ohne jemals unter Streß oder Schuldgefühlen zu leiden. Wir können aber nicht gleichzeitig mit mehreren Bällen jonglieren, ohne hin und wieder einen fallen zu lassen.

Falls Sie sich heute von Ihren vielen Rollen und Aufgaben überfordert fühlen, denken Sie daran, daß «Superwoman» nur eine Comic-Figur ist. Bemühen Sie sich, die eine Rolle nach besten Kräften auszufüllen, und wenden Sie sich dann ohne Gewissensbisse der nächsten Aufgabe zu. Sobald wir erkannt haben, daß unser Bestes gut genug ist und daß Frauen mit vielen Bällen in den Händen glücklicher sind als jene, die nicht genug zum Jonglieren haben, werden wir uns wahrscheinlich erfüllter und zufriedener fühlen.

Meine vielen Rollen beleben mich; sie verzehren mich nicht.

Werden Sie so schnell wie möglich erwachsen. Es lohnt sich. Die einzige Zeit, in der Sie Ihr Leben voll auskosten, sind die Jahre zwischen dreißig und sechzig.

Hervey Allen

Viele Frauen werden ausgesprochen trübsinnig, wenn sie Altersstufen erreichen, die sie als «Meilensteine» betrachten – dreißig, vierzig, fünfzig oder sechzig. Es erinnert sie daran, wie alt sie sind und was sie bisher noch nicht erreicht haben. Stärker als Männer assoziieren Frauen Altern damit, unattraktiv zu werden, nicht mehr begehrenswert zu sein, zum alten Eisen zu gehören.

In den letzten Jahren lehnen sich immer mehr Frauen gegen diese Klischees auf. Ich kenne zum Beispiel eine Frauengruppe, die sich allmonatlich bei Vollmond trifft, um den «Vollmond» ihres Lebens zu feiern. Dabei ist jede Frau aufgefordert, mindestens einen positiven Aspekt anzusprechen, den ihr Älterwerden mit sich gebracht hat: daß die Kinder endlich den Windeln entwachsen sind, die größere Gelassenheit im Umgang mit Männern oder eine bessere Position im Beruf.

Wenn wir uns als «Speicher» von Erfahrung, Wissen und Liebe betrachten, je älter wir werden, dann werden wir uns nicht länger mit Bemühungen foltern, unsere Jugend bewahren zu wollen, wo unsere reifen Jahre so viel zu bieten haben.

Die besten Jahre meines Lebens liegen stets vor mir.

Sex sollte eine insgesamt befriedigende Verbindung zwischen zwei liebevollen Menschen sein, aus der sie angstlos, bereichert und mit Lust auf mehr hervorgehen.

Alex Comfort

Bei sexuellen Problemen zwischen berufstätigen Ehepaaren geht es meist darum, daß einer der beiden Partner kein Bedürfnis mehr nach Sex verspürt. Oft liegt das daran, daß sich die Ehefrau über die ungleiche Verteilung der häuslichen Arbeiten ärgert.

Eine berufstätige Frau, die bei der Hausarbeit von ihrem Mann im Stich gelassen wird, muß zwangsläufig negative Gefühle entwickeln. Und in einer derartigen Situation sind sexuelle Leidenschaft und Respekt für den Partner von ihr kaum zu erwarten.

Wenn Sie das Gefühl haben, für Ihren Partner keine Leidenschaft mehr empfinden zu können, wenn Sie Ihr Liebesleben deprimiert, sollten Sie die Aufgabenverteilung in Ihrem Haushalt überprüfen. Sprechen Sie offen mit Ihrem Partner über Ihre Gefühle und versuchen Sie, eine gerechtere Aufgabenverteilung zu erreichen. Ein offenes Gespräch über ungerechte Belastung als Ursache von Streß und Mißbehagen entlastet uns nicht nur, es könnte auch wieder mehr Unbeschwertheit und Freude in unser Liebesleben bringen.

Ich werde offen mit meinem Partner über Arbeitsteilung sprechen.

Wenn du leben willst, mußt du zunächst an deinem eigenen Begräbnis teilnehmen.

Katherine Mansfield

Eine arbeitslose Frau, auf der scheinbar endlosen Suche nach einem erfüllenden, gutbezahlten Job, wurde gefragt, wie sie mit den Enttäuschungen und finanziellen Schwierigkeiten fertig würde. Die einzige Möglichkeit für sie sei, ihre Ängste und Frustrationen voll auszuleben. «Ich heule, schreie, werfe Dinge gegen die Wand und leide ein paar Tage ausgiebig vor mich hin. Dann ist es raus – und ich mache weiter.»

Manche von uns müssen sich ihre Enttäuschung erst eingestehen und voll ausleben, bevor der Heilungsprozeß beginnen kann. Unsere Frustration hinauszuschreien und ein paar Dinge an die Wand zu werfen, könnte der erste Schritt dazu sein, wieder auf die Füße zu kommen.

Verdrängen Sie Ihren Kummer also nicht, sondern sagen Sie sich, daß alles nur besser werden kann. Auch wenn Ihr «Begräbnis» nicht gerade erfreulich sein mag, so kann es doch der Anfang zu mehr Glück und Zuversicht sein.

Leiden geht stets neu aufblühendem Leben voraus.

Denn der Geruchssinn hat, fast mehr als jeder andere Sinn, die Macht, Erinnerungen zurückzurufen, und es ist schade, daß wir von ihm so wenig Gebrauch machen.

Rachel Carson

Eine der bevorzugtesten Naturheilmethoden ist heute die Aromatherapie. Sie nutzt die Wirksamkeit ätherischer Öle, um die Heilungsreflexe des Körpers zu stimulieren und eine allgemein positive Gemütsverfassung zu erzielen. Die Öle können auf vielfältige Weise angewendet werden: als Badezusätze, Massageöle, Haarspülungen, Parfums und als Raumluftverbesserer. Bestimmte Düfte gelten auch als wirksame Stärkungsmittel, Aphrodisiaka oder Energiespender.

Nutzen Sie heute die Wirksamkeit von Düften, um sich in Schwung zu bringen. Gleichgültig, ob Sie einer Parfümerie einen Besuch abstatten, in sorgsam ausgewähltem Öl oder Schaum baden, eine duftende Topfpflanze kaufen oder sich ein Duftsäckchen in die Wäschekommode legen: Lassen Sie sich von der Macht der Düfte in eine andere Welt entführen, und beziehen Sie daraus neue Energien.

Heute umgebe ich mich mit wunderbaren Gerüchen.

Selbstmord ist eine dauerhafte Lösung für ein vorübergehendes Problem.

Phil Donahue

Viele Menschen suchen trotz langanhaltender Depressionen keine professionelle Hilfe, weil sie fürchten, für «schwächlich» oder «labil» gehalten zu werden. Sie nehmen auch keine Medikamente, die ihre Stimmungslage stabilisieren und ihnen zu der Einsicht verhelfen könnten, daß ihre Probleme lediglich vorübergehender Natur sind und gelöst werden können.

Scheuen Sie nie davor zurück, professionelle Hilfe in Anspruch zu nehmen, wenn Sie sie nötig haben – unabhängig von Ihrer Meinung, wie das auf andere wirken könnte. Lassen Sie niemals – auch nicht für einen Augenblick – Gedanken an eine Extremlösung wie etwa Suizid zu.

Depression ist nie von Dauer, und Probleme lassen sich immer lösen.

Warum ist das Leben nur so voreilig? Warum ist alles so unerträglich kostbar, daß man es nicht genießen kann, sondern sich nur atemlos vor seinem Verschwinden fürchtet?

Anne Morrow Lindbergh

Häufig ertappe ich mich dabei, daß ich mir mitten in einer wundervollen, glücklichen Phase meines Lebens Sorgen mache, daß es bald nicht mehr so unbeschwert sein könnte. Und dann wird mir bewußt, wie sehr ich mein Glück beeinträchtige, weil ich eine unbekannte Zukunft beschwöre, anstatt mich des Heute zu erfreuen.

Manchmal sind wir uns selbst die größten Feinde, verwandeln Unbeschwertheit und Zufriedenheit in Zweifel und Niedergeschlagenheit, nur weil wir unserem eigenen Glück nicht trauen wollen. Versuchen Sie zu genießen, was Ihnen Freude bringt, anstatt es mit Zukunftsbefürchtungen zu belasten und zu vergiften. Lernen Sie im Heute zu leben, und sehen Sie Glück als etwas an, was Ihnen zusteht, und nicht als etwas, was Ihnen jeden Augenblick entschlüpfen könnte. Eine solche Einstellung kann uns helfen, die Traurigkeit abzuschütteln und die Freude besser zu würdigen, die uns zuteil wird.

Ich will heute nicht voreilig sein.

Wenn man Glück hat, verändert eine einzige Phantasie eine Million Wirklichkeiten.

Maya Angelou

Tagträume können vielen Zwecken dienen. So können sie uns Lösungsmöglichkeiten erkennen lassen, auf die wir mit einer «sachlichen» Einstellung nie gekommen wären. Wenn wir eine Erholung von einer anstrengenden Arbeit oder der aufreibenden Beschäftigung mit kleinen Kindern benötigen, kann ein kurzer Ausflug in die Gefilde der Phantasie Wunder wirken. Wir können uns beispielsweise vorstellen, in einer kleinen Pension am Meer verwöhnt zu werden oder auf einer duftenden Blumenwiese zu liegen.

Wenn Ihr Leben so betriebsam ist, daß Ihnen keine Zeit zum Träumen bleibt, machen Sie sich selbst ärmer. Versuchen Sie, sich jeden Tag ein paar Minuten im Bett, in der Badewanne, im Garten oder auch nur auf einem Küchenstuhl zu nehmen, in denen Sie Ihre Phantasie auf Reisen schicken. Diese Form der Meditation trägt oft nicht nur dazu bei, unsere Gemütslage zu verbessern, sondern kann auch eine Ruhepause sein, die unser Innenleben bereichert und uns hilft, mit den alltäglichen Belastungen besser fertig zu werden.

Heute träume ich davon, an einem paradiesischen Ort zu sein.

Dem Weiblichkeitswahn ist es gelungen, Millionen von Frauen lebendig zu begraben.

Betty Friedan

Als «Der Weiblichkeitswahn» in den fünfziger Jahren publiziert wurde, war es für Frauen noch ungewöhnlich, aus ihrer Rolle auszubrechen und etwas anderes zu sein als Ehefrau, Mutter und Hausfrau. Das brachte viele Frauen, die in dieser Rolle keine Erfüllung fanden, dazu, ganz langsam durchzudrehen und selbstzerstörerisch zu leben. Selbst heute noch, etliche Jahrzehnte später, treibt diese Rollenfixierung viele Frauen zur Verzweiflung. Dabei ist eine unzufriedene Mutter zu Hause für Kinder schlimmer als eine, die für wenige Stunden am Tag das Haus verläßt, dann aber zufrieden heimkehrt.

Mutter und Hausfrau zu sein, ist ein wundervoller Beruf, aber wenn Sie ihn nur ausfüllen, um anderen zu gefallen, steuern Sie geradewegs in eine emotionale Krise. Wenn Sie das Gefühl haben, in dieser Rolle zu ersticken, organisieren Sie sich Hilfe, beginnen Sie eine Ausbildung oder suchen Sie sich eine Arbeit – selbst wenn es nur stundenweise ist. Wir nehmen häufig an, daß es die Wünsche anderer sind, die uns überfordern, aber in Wahrheit sind wir oft selbst unsere größten Feinde, indem wir diesen Forderungen nachgeben.

Ich werde mich heute nicht zu Hause lebendig begraben lassen.

Zigaretten sind Mörder, die rudelweise daherkommen.

Mary S. Ott

Rauchen ist nicht nur gesundheitsschädlich, Untersuchungen haben auch einen weiteren zwingenden Grund zutage gefördert, aus dem wir nicht rauchen sollten: Raucher neigen häufiger zu Depressionen als Nichtraucher, und je mehr Zigaretten jemand raucht, desto größer ist das Risiko von Depressionen. Genetische Veranlagung ist für diesen Zusammenhang verantwortlich, aber Fachleute betonen, daß wir mit Therapie und Veränderungen unserer Umwelt unsere Gene überlisten können.

Machen Sie sich den Tabakrauch bewußt, den Sie heute direkt oder indirekt inhalieren. Wenn Sie rauchen, fassen Sie den Entschluß, mit dieser ungesunden Gewohnheit zu brechen. Wenn Sie gezwungen sind, Ihre Zeit in einem verrauchten Raum zu verbringen, dann nehmen Sie sich vor, das zu ändern oder Ihre Umgebung zu wechseln. Diese kleinen Veränderungen in Ihrem Leben werden nicht nur Ihren Gesundheitszustand verbessern, sie werden sich auch wohltuend auf Ihr Gefühlsleben auswirken.

Ich verbringe heute einen rauchfreien Tag.

Ich will keine verschlossenen Schränke in meinem Leben haben.

Gertrude Bell

Manche Menschen verschwenden bei einer Therapie viel Zeit, weil sie zu ihren Therapeuten nicht offen sind. Wenn wir uns über unsere Gefühle und Stimmungen klarwerden wollen, müssen wir vor allem zu uns selbst und jenen, die uns zu helfen versuchen, aufrichtig sein. Sonst vergeuden wir nur unsere und ihre Zeit. Therapeuten sind auf unsere Aufrichtigkeit und Mithilfe angewiesen, um ihre Arbeit tun zu können.

Enthalten Sie anderen Menschen Bereiche von sich vor, weil Sie befürchten, sonst schwach oder gar hysterisch zu erscheinen? Jeder von uns hat etwas, was er anderen lieber nicht offenbaren würde, aber wenn wir nach Lösungen suchen, müssen wir offen zu jenen sein, von denen wir uns Rat erhoffen. Aber wenn wir Dinge für uns behalten, weil wir überzeugt sind, das sei einfacher und weniger peinlich, sollten wir nicht vergessen, daß das, was wir nicht freiwillig preisgeben, in den meisten Fällen dennoch ans Tageslicht kommt.

Ich will offen zu den Menschen sein, die das Beste für mich wollen.

Weit besser, daß du lächelst und vergißt,
als daß du mein gedenkst und traurig bist.

Christina Georgina Rossetti

Viele Menschen stürzen in gewissen Jahreszeiten in eine merkwürdig traurige Phase, in der sie sich aus keinem ersichtlichen Grund kreuzunglücklich fühlen. Diese alljährliche Melancholie kann mit der unterbewußten Erinnerung an eine traumatische Zeit in ihrer Vergangenheit zusammenhängen.

Oft ist diese «kalendarische Melancholie» darauf zurückzuführen, daß es sich um «Jahrestage» schmerzlicher Ereignisse handelt. Es ist keineswegs ungewöhnlich, daß sich ein Mensch dann gereizt fühlt, aus der Bahn geworfen und traurig – ohne zu wissen warum. Ähnlich unerklärlich, wie sie gekommen sind, verschwinden die Symptome dann wieder.

Wenn Sie sich anscheinend grundlos deprimiert fühlen, forschen Sie in Ihrer Erinnerung nach einem traumatischen Erlebnis, das Sie in der Vergangenheit um diese Zeit herum gehabt haben. Falls Ihnen eine längst vergessen geglaubte Erinnerung zusetzt, sollten Sie sich das eingestehen und die Zeit in Ihrem Kalender markieren, damit Sie im nächsten Jahr darauf vorbereitet sind.

Meine «kalendarische Melancholie» vergeht mit der Zeit wieder.

Die Zeit ist ein großer Verräter, der uns lehrt, Verluste zu akzeptieren.

Elizabeth Borton de Trevino

Wir haben uns daran gewöhnt, Probleme quasi im Handumdrehen zu lösen. Häufig reagieren Menschen höchst gereizt darauf, irgendwo anstehen zu müssen, und Kopfschmerzmittel verkaufen sich am besten, wenn sie sofortige Linderung versprechen. Dabei ist Zeit oft unser einziges Hilfsmittel, um mit dem Verlust eines geliebten Menschen oder einem anderen schweren Schicksalsschlag fertig zu werden. Anstatt uns vorzumachen, der Schmerz könnte sofort wegradiert werden, müssen wir uns der Tatsache stellen, daß er uns über einen langen Zeitraum nicht loslassen wird und daß die einzige Möglichkeit zur Verarbeitung darin besteht, ihn in seiner qualvollen Gänze auszuleben. Auch wenn langfristige Lösungen schmerzlich sein mögen, dürfen wir nicht vergessen, daß schnelle oft nicht funktionieren und uns anfällig für künftige seelische Flauten machen können.

Ich werde keine Blitz-Lösungen für meine Probleme verlangen.

Wir sind in der Tat viel mehr als das, was wir essen, aber was wir essen, kann uns dennoch dazu verhelfen, sehr viel mehr zu sein, als wir sind.

Adele Davis

Auch wenn Gewichtsprobleme allein nicht notwendigerweise ein Anlaß zu Depressionen sind, haben Untersuchungen doch ergeben, daß übergewichtige Frauen stärker auf Rückschläge reagieren als normal- oder untergewichtige. Warum das so ist, darüber besteht Unsicherheit. Aber wenn es unserem Wohlbefinden dient, körperlich fit zu sein, sollten wir uns bemühen, unserem Idealgewicht so nahe wie möglich zu kommen. Mäßiges Essen und sportliche Übungen sind zwei wichtige Schritte, die uns diesem Ziel näherbringen.

Bemühen Sie sich von heute an um eine Lebensführung, die Ihre Chancen auf ein Idealgewicht erhöht. Sie werden nicht nur durch die körperlichen Vorteile belohnt, die ein gesunder Körper mit sich bringt, sondern auch durch ein stärkeres Selbstwertgefühl, erhöhte Streßabwehr und Stabilisierung der Gefühlswelt.

Ein gesunder Körper verhilft mir zu einem gesunden Geist.

Mir tun die Menschen leid, die mehr über den Regen von morgen nachdenken als über den heutigen Sonnenschein.

Rae Foley

Eins der Merkmale depressiv gestimmter Menschen ist die Zeit, die sie dafür aufwenden, sich obsessiv um Dinge zu sorgen, die längst geschehen sind oder sich vielleicht in der Zukunft ereignen könnten. Ist man erst einmal in ein Tief gerutscht, malt man sich leicht die Zukunft in den schwärzesten Farben aus. Sobald man nur lange genug im Negativen stöbert, könnten sich Negativ-Prophezeiungen durchaus selbstverwirklichen – was unsere Verzweiflung weiterhin vertieft.

Wenn beständiges Grübeln zu Ihrer Niedergeschlagenheit beiträgt, dann probieren Sie es mit der Kummerkasten-Lösung. Auch Selbsthilfebücher und Therapeuten können Ideen dafür liefern, wie Sie die negativen Gedanken loswerden, die Sie von entschlossenem Handeln abhalten. Für welche Methoden Sie sich auch entscheiden, um Ihre Einstellung zu ändern: Auf jeden Fall werden Sie feststellen, daß Sie Ihre Sorgen in den Griff bekommen können und damit auch Ihre Niedergeschlagenheit verschwindet.

Ich werfe meine Sorgen heute in den Kummerkasten.

Was ich kenne, macht mir keine angst.

Anna Sewell

Panikanfälle sind ein durchaus übliches und heilbares Problem, das häufig Depressionen begleitet oder ihnen vorausgeht. Die Betroffenen werden von einem akuten Gefühl der Bedrohung überfallen, und ihre Körper reagieren mit einem Kampf- oder Fluchtreflex, sobald sie in eine streßgeladene Situation geraten. Als Therapie für Panikanfälle werden meist Antidepressiva oder Beruhigungsmittel verordnet oder ein «Panik-Beherrschungstraining», bei dem der Patient die beängstigenden Gefühle künstlich herbeiführt und dann lernt, sie durch Entspannung und kognitive Strategien zu bewältigen. Das Motto lautet: «Erkenne deinen Feind.» Denn sobald man sich auf das unangenehme Gefühl einer Attacke einstellt, erkennt man auch, daß die befürchtete Katastrophe nicht eintreten wird.

Falls Sie Panikanfälle haben, gehen Sie möglichst rasch zum Arzt. Erfolge einer Behandlung stellen sich fast immer schon in den ersten drei Monaten ein.

Sobald ich etwas verstehe, verliert es seine Macht über mich.

Das ist das sicherste Anzeichen von Wahnsinn: Irrsinnige Menschen sind nahezu immer davon überzeugt, daß es ihnen blendend geht. Nur die geistig Gesunden sind bereit zuzugeben, daß sie verrückt sind.

Nora Ephron

Viele Leute weisen therapeutische Hilfe brüsk von sich und behaupten hochmütig, Therapeuten seien nur etwas für «Verrückte». Sie erkennen ihr selbstzerstörerisches Verhalten nicht und glauben, daß alle anderen verrückt sind – nur sie nicht. Ironischerweise ist es meistens gerade dieser Menschentyp, der von einer Therapie am meisten profitieren könnte.

Falls Sie an Ihrem Geisteszustand zweifeln, weil Sie an einer Therapie teilnehmen oder daran denken, professionelle Hilfe zu suchen, dann sollten Sie Zuversicht aus der Tatsache beziehen, daß nur charakterstarke Menschen den Mut aufbringen, in sich hineinzuhorchen, und den Versuch unternehmen, sich selbst besser zu verstehen. Um einen Zustand gelassener Ruhe und Zufriedenheit zu erreichen, muß man häufig Phasen intensiver Selbstzweifel und schmerzlicher Erkenntnisse durchlaufen, aber es sind genau diese Emotionen, die uns dorthin bringen, wo wir hingelangen wollen.

Sich verrückt zu fühlen, ist oft ein Zeichen geistiger Gesundheit.

FEBRUAR

Meine Einsamkeit wurde immer fetter – wie ein Schwein.
Yukio Mishima

Wenn wir mutlos sind und das Gefühl haben, unser Leben sei aus den Geleisen geraten, isolieren wir uns leicht und weisen das Mitgefühl anderer von uns. Auch wenn wir uns in einem seelischen Tief gern in uns selbst zurückziehen, so ist doch gerade das Miteinander mit anderen Menschen ein unfehlbarer Muntermacher. Sobald man gezwungen wird, das Haus zu verlassen, und sei es nur, um zum Zahnarzt oder ins Lebensmittelgeschäft zu gehen, hebt sich meist auch die Stimmung. Die schlichte Tatsache, mit einem anderen Menschen zu sprechen, scheint ein gutes Mittel dafür zu sein, sich selbst vorübergehend zu vergessen.

Wenn Sie den Eindruck haben, der heutige Tag werde zu einem der selbstgewählten Isolation, weil Sie nichts und niemand sehen wollen, dann planen Sie entschlossen zumindest einen aushäusigen Termin. Schlagen Sie bewußt ein Loch in die selbsterrichtete Mauer, und treten Sie in Kontakt mit anderen Menschen. Dann besteht die gute Chance, daß Sie sich heute abend wesentlich besser fühlen, als Sie es noch am Morgen angenommen haben.

Heute läßt Kontakt nach außen den Trübsinn verfliegen.

Die Menschen werden nicht nur an dem Tag geboren, an dem ihre Mutter sie zur Welt bringt ... Das Leben verpflichtet sie dazu, sich immer wieder selbst zu gebären.

Gabriel García Márquez

Wenn wir uns fest vornehmen, das Beste aus uns zu machen, präsentiert uns das Leben unzählige Chancen, uns immer wieder neu zu «gebären». Auch wenn das mitunter schmerzlich und deprimierend sein mag, es dient unserem ureigenen Interesse, uns zu verändern und weiterzuentwickeln. Versuchen Sie Ereignisse, die Ihnen die Möglichkeiten zur Weiterentwicklung bieten, nicht als etwas zu betrachten, das «erduldet» werden muß, sondern als etwas, das unabdingbar ist für den wichtigen «Geburtsprozeß», dem sich gesunde, kräftige Menschen immer wieder unterziehen müssen.

Wiedergeboren zu werden ist ein schmerzlicher Prozeß, dem aber die Euphorie eines neuen Lebens folgt.

Das Rad, das am lautesten quietscht, wird geölt.

Josh Billings

Nur wenn Sie lernen, deutlich Ihre Meinung zu äußern, kann sich Ihre Situation ändern. Frauen neigen dazu, zurückhaltender und höflicher als Männer zu sein, weil sie bereits als Kinder – bewußt oder unbewußt – lernen, daß Aufbegehren nicht «damenhaft» ist. Aber wenn wir im persönlichen Umfeld oder am Arbeitsplatz unsere Wünsche und Bedürfnisse nicht artikulieren, schaden wir uns selbst. Wenn wir nicht offen sagen, was wir wollen, liefert uns das der Gnade anderer aus. Und das führt fast zwangsläufig zu Minderwertigkeitsgefühlen, Niedergeschlagenheit, unterdrücktem Ärger und psychosomatischen Leiden.

Ein «quietschendes Rad» zu sein, bedeutet keineswegs, aggressiv und anmaßend zu agieren. Wenn wir ebenso freundlich wie bestimmt auf das hinweisen, was uns stört, bringt uns das keine Feindschaft ein, stärkt aber unser Selbstwertgefühl. Wir sollten uns also bewußtmachen, wovor wir uns fürchten, und dann den Entschluß fassen, uns künftig «mutiger» zu verhalten.

Schweigen ist nicht immer gut für mich.

Sie berauschen sich so an der Arbeit, daß sie gar nicht mehr erkennen, wie sie wirklich sind.

Aldous Huxley

Viele Menschen fühlen sich ständig niedergeschlagen und müde, ohne zu wissen warum. Oft liegt die Ursache dieses Problems darin, daß sie vor sich selbst davonlaufen, indem sie zu viel arbeiten. Sie sind «arbeitsversehrt» und definieren ihren Selbstwert nur durch die Qualität ihrer Arbeitsleistung. Aber ihr Unterbewußtsein läßt sie wissen, daß ihre emotionalen Bedürfnisse unerfüllt bleiben.

Versuchen Sie sich heute klar darüber zu werden, wie wichtig Ihre Arbeit für Ihr Selbstwertgefühl ist. Wenn Ihre Stimmung von den Ereignissen an Ihrem Arbeitsplatz abhängt und davon, wieviel Geld Sie verdienen und wieviel berufliche Anerkennung Sie hamstern, laden Sie psychische Unausgeglichenheit förmlich ein. Persönliche Souveränität ist etwas, was Sie in Ihre Arbeit einbringen, nicht aus ihr beziehen sollten. Obwohl es wichtig ist, daß Sie mit Ihrer Arbeitsleistung zufrieden sind, sollten Sie nicht vergessen, daß Ihr Selbstwert auf Ihrem Charakter basiert, nicht auf Ihrem Arbeitszeugnis.

Heute berausche ich mich am Leben, nicht mit Arbeit.

Wir werden geformt und gestaltet durch das, was wir lieben.
Johann Wolfgang von Goethe

Manche Menschen sind nie mit dem zufrieden, was sie haben. Ihr Hauptziel im Leben besteht darin, noch mehr Geld zu verdienen und noch mehr Besitztümer anzuhäufen. Unabhängig davon, wie groß und gut eingerichtet ihr Haus ist, wieviel Geld sie auf der Bank haben – sie sind nicht zufrieden. Im Gegenteil: Oft klagen gerade diese Leute darüber, wie sehr es sie bedrückt, «es nicht geschafft» zu haben.

Wenn wir unser Herz an materielle Dinge hängen, liefern wir uns Unzufriedenheit und Mißgunst aus. Fragen Sie sich heute, was Sie lieben, woran Sie Ihre Freude haben. Sollte die Antwort «Geld, Status und Besitz» lauten, versuchen Sie Ihr Augenmerk auf dauerhaftere Werte zu lenken. Beschäftigen Sie sich mit etwas, das auch Ihr Gemüt, Ihre Psyche anspricht. Widmen Sie sich Ihren Kindern, stellen Sie sich einer guten Sache zur Verfügung, vertiefen Sie Freundschaften. Sobald Ihre Werte am richtigen Platz sind, werden Sie stets Möglichkeiten finden, Ihr inneres Gleichgewicht wiederherzustellen.

Heute schätze ich nur das, was mich geistig und emotional bereichert.

Schlaf, der des Grams verworr'n Gespinst entwirrt.

William Shakespeare

Frauen unterliegen stärker dem Risiko, sich selbst um den Schlaf zu bringen, als Männer, weil sie häufig vielfältige Rollen auszufüllen haben, die oft nur durch Verzicht auf Schlaf zu bewältigen sind. Aber wenn wir nachts nicht mindestens sechs bis acht Stunden schlafen, handeln wir uns nicht nur gesundheitliche Störungen ein, sondern auch Stimmungsschwankungen, Gereiztheit und Unfähigkeit, unsere Aufgaben schnell und effizient zu bewältigen.

Wenn Sie sich niedergeschlagen und abgespannt fühlen, dann fragen Sie sich, ob Sie ausreichend schlafen, um auch bei Spitzenbelastungen fit zu sein. Falls nicht, dann überlegen Sie, ob Sie nicht ein oder zwei «Nickerchen» oder zwanzig Minuten Meditation in Ihren Tagesablauf einplanen können. Gehen Sie rigoros zu einer vernünftigen Zeit zu Bett – ganz gleich, wieviel Sie eigentlich noch zu erledigen hätten. Sie werden mit Überraschung feststellen, um wieviel aktiver, zufriedener und gelassener Sie sein können.

Meine Tage sind ergiebiger und gelassener, wenn meine Nächte erholsamer sind.

Die Ungeheuer unserer Kindheit verblassen weder, noch sind sie je wirklich monströs.

John Le Carré

Viele Menschen quälen sich ihr ganzes Leben lang wegen der Dinge, die ihre Eltern in ihrer Kindheit getan oder unterlassen haben. Unaufgearbeitet können derartige Erinnerungen die Menschen davon abhalten, ein glückliches, selbstbestimmtes Leben zu führen und die Person, die Mutter oder der Vater zu werden, die sie sein möchten.

Wenn wir erwachsen und reif werden wollen, müssen wir lernen, unsere Eltern als Menschen zu betrachten und nicht als Götter. Wir müssen unsere Kindheit hinter uns lassen und uns in einem sinnvollen Erwachsenenleben einrichten – ganz gleich, was in der Vergangenheit geschehen ist. Und wenn wir dazu Hilfe brauchen, sollten wir sie suchen. Vergessen Sie nicht, daß Eltern nur selten darauf aus sind, ihren Kindern bewußt Schaden zuzufügen, und daß fast jeder Mensch das gibt, was er geben kann.

Heute werden mich meine Kindheitserinnerungen nicht einschränken und behindern.

Man kann nie mit Dankbarkeit bezahlen; man kann nur irgendwann im Leben mit gleicher Münze zurückzahlen.

Anne Morrow Lindbergh

In einer der schwierigsten Phasen meines Lebens mußte ich von Freunden und Bekannten vielerlei Hilfe in Anspruch nehmen. Für diese Menschen war es völlig unerheblich, daß ich kein Geld hatte, um ihre Freundlichkeit zu entgelten. Sie baten mich lediglich, mich anderen Menschen in Not gegenüber ähnlich zu verhalten, wenn es mir wieder besser ging. So wurde ich zum Glied der Kette des Nehmens und Gebens, die unser Leben durchzieht.

Sie sollten sich nicht genieren, falls Sie heute auf die Liebe und Hilfe anderer Menschen angewiesen sind. Auch wenn es einen vielleicht in Verlegenheit bringen kann, nehmen zu müssen, so ist es doch gut für die Seele zu lernen, Erfahrung, Zuneigung und andere Gaben anzunehmen. Schon bald kann sich das Blatt wenden, und Sie können anderen Menschen helfen, wieder auf die eigenen Füße zu kommen.

Ich werde die mir angebotene Hilfe dankbar annehmen.

Nichts ist so tröstlich für unsere Selbstachtung, als unsere schlechten Eigenschaften auch schon bei unseren Vorfahren zu entdecken. Das scheint uns freizusprechen.

Van Wyck Brooks

Auch wenn wir nicht alle unserer negativen Charakterzüge und Eigenschaften unseren Ahnen zuschreiben können, ist die Erkenntnis doch häufig tröstlich, daß eine Neigung zu Depressionen nicht allein unserer Verantwortung unterliegt.

Besteht in Ihrer Familie eine Tendenz zu latentem Pessimismus oder ständiger Niedergeschlagenheit? Finden Sie das heraus. Sobald Sie die Quelle dafür als «ererbt» erkennen und sich nicht einzig und allein selbst dafür verantwortlich machen müssen, könnte das eine Chance sein, sich selbst und Ihre Familie in einem neuen Licht zu sehen, um dann die Hilfe zu suchen und zu finden, die Ihr Leben verändern kann.

Ich werde mit den mir angeborenen Eigenschaften arbeiten und nicht gegen sie.

Ausflüchte führen nur zu immer neuen Ausflüchten.
Margaret A. Robinson

Sobald wir versuchen, depressive Stimmungen vor anderen zu verbergen, führt das mit Sicherheit zu weitaus größeren Schwierigkeiten als Offenheit. Wenn wir den Mut aufbringen, uns beraten und behandeln zu lassen, werden wir die unvorhersehbaren Stimmungsschwankungen bald in den Griff bekommen. Und wenn wir lernen, eine schwer kontrollierbare Situation zu kontrollieren, können wir auch wieder das Gefühl von Selbstbestimmung und Selbstvertrauen genießen, das durch Ausflüchte so häufig zerstört wird.

Falls Sie Ihre Depression verbergen, weil Sie sich vor Diskriminierung oder Ablehnung fürchten, dann fragen Sie sich, ob Sie Ihre Energien nicht besser auf die Suche nach Lösungen verwenden sollten. Aufrichtigkeit gegenüber diskreten Menschen ist ein guter erster Schritt in Richtung auf die Hilfe, die Sie nötig haben, und es kann Sie davor bewahren, falsche Signale über sich selbst auszusenden. Finden Sie sich nicht einfach mit Ihrem Zustand ab, denn Ausflüchte bedeuten üblicherweise, daß Sie etwas vor sich selbst verbergen.

Heute will ich in allem, was ich tue und denke, absolut ehrlich sein.

Männer betrachten sich im Spiegel. Frauen suchen in ihm nach sich selbst.

Elissa Melamed

Mehr als sieben Jahre lang mühte ich mich vom fünfzehnten Lebensjahr an geradezu verzweifelt ab, dem gesellschaftlich vorgegebenen Ideal der schlanken, attraktiven und perfekten jungen Frau zu entsprechen. Wie Millionen andere setzte ich meine Gesundheit und meine innere Zufriedenheit aufs Spiel und dachte keinen Augenblick darüber nach, daß mein Inneres weit wichtiger war als meine äußere Erscheinung. Ich maß Äußerlichkeiten Werte bei, die mit mir als Mensch absolut nichts zu tun hatten. Es dauerte lange, bis ich das wirklich erkannte.

Wenn Sie heute niedergeschlagen sind, weil Ihnen Ihr Erscheinungsbild nicht gefällt, dann sollten Sie sich fragen, ob Sie nicht zu hohe Maßstäbe an Ihre Fitness und Schönheit anlegen. Glauben Sie wirklich, daß Ihr Aussehen ebenso wichtig ist wie Ihr persönlicher Wert? Sobald man sich von der Vorstellung trennt, makellose Schönheit sei der Schlüssel zum Glück, ist der erste Schritt auf dem Weg zu mehr Selbstbejahung und Freude im Leben getan.

Ich freue mich über das, was mir der Spiegel zeigt.

Wer ganz mit seinem Schmerz allein, der lernt den Schmerz genießen.

August von Platen

In den achtziger Jahren hat die Zahl der Selbsthilfegruppen extrem zugenommen. Man erkannte, wie wertvoll es ist, über eigene Erlebnisse, Gefühle und Erfahrungen mit anderen Menschen in ähnlicher Situation sprechen zu können. Überall kamen Menschen zusammen, die unter Mutlosigkeit oder zwanghaften Schuldgefühlen litten. Leider besteht unser größtes Problem in einer depressiven Phase darin, den Mut und die Energie aufzubringen, mit anderen Menschen zusammenzukommen. Aber gerade das, was wir am meisten fürchten und zu vermeiden trachten, kann den größten Heileffekt ausüben: Wir müssen nur den Mut und die Kraft aufbringen, uns zu stellen.

Falls Sie unter Ihrer augenblicklichen Situation leiden, denken Sie daran, daß es sehr wahrscheinlich eine Gruppe gibt, die Ihnen helfen kann. Entschließen Sie sich zur Teilnahme an einem Selbsthilfetreffen, weil Ihnen das Zusammensein mit Menschen mit ähnlichen Erfahrungen zeigt, daß Sie nicht die einzige sind, die um Lösungen für ein bestimmtes Problem ringt.

Ich bin nicht die einzige, die Schwierigkeiten hat.

Vielleicht heißt «leiden» nichts anderes, als ein tieferes Leben führen.

Alexander Vinet

Auch «guten» Menschen widerfährt mitunter «Böses». Aber leiden kann auch bereichern. Die meisten Menschen, die in ihrem Leben großes Leid erdulden mußten, haben erfahren, daß sie sich nach dem Nachlassen des Schmerzes stärker und innerlich weiser fühlten als zuvor.

Denken Sie heute daran, daß Schmerz und Leid oft notwendiger Hinweis auf die Ungerechtigkeit des Lebens sind und auf die Notwendigkeit, auch Herausforderungen bewältigen zu müssen, die uns grausam und sinnlos erscheinen. Wenn Ihnen das geschieht, versuchen Sie, sich dem Gott oder der Macht, an die Sie glauben, nicht zu verschließen, und bemühen Sie sich um ein «tieferes Leben».

Aus meinem größten Leid erwächst mir häufig die größte spirituelle Bereicherung.

Wenn jeder Mensch einen Menschen heilen würde, wäre bald alle Welt geheilt.

Sprichwort

Zu den erstaunlichsten Merkmalen von Depressionen gehört, daß nur sehr selten offen darüber gesprochen wird, obwohl sie eine der am weitesten verbreiteten Gesundheitsstörungen sind. Es ist wichtig, daß wir einander dadurch helfen, daß wir ganz offen über diese Störungen sprechen. Manchmal reicht schon die Information aus, daß auch ein Freund oder Bekannter sich in Behandlung befindet, um den Weg in eine rettende Therapie einzuschlagen.

Falls Sie aus Ihrem seelischen Tief aus Angst vor der Meinung anderer noch immer ein Geheimnis machen, dann fassen Sie heute den Mut, sich mit Menschen Ihres Vertrauens auszusprechen. Sie werden überrascht feststellen, daß andere ähnliche Erfahrungen wie Sie gemacht haben oder noch machen. Und wenn Sie sich stark genug dazu fühlen, reichen Sie jemandem die helfende Hand, der selbst noch nicht den Mut aufgebracht hat, Heilung zu suchen. Wenn wir unser eigenes Leid dazu nutzen, den Schmerz anderer Menschen zu lindern, wird die Welt lebenswerter sein.

Heute will ich einem anderen Menschen Wege zur Heilung zeigen.

Vergleiche verursachen allzu häufig nur Kummer.

John Lydgate

Menschen mit einem chronischen Leiden können sich häufig nur schwer mit der Tatsache abfinden, daß sie über große Zeiträume hinweg Medikamente einnehmen müssen. Obwohl nicht alle Menschen mit einem Hang zu negativen Stimmungen regelmäßig Antidepressiva einnehmen müssen, ist es bei anderen doch angeraten. Und sie denken oft darüber nach, das Medikament abzusetzen, weil sie keine «Lebenslänglichen» sein möchten. Aber es gibt eben Fälle, bei denen lebenslanges Einnehmen bestimmter Medikamente notwendig ist.

Wer die Neigung zu Depressionen geerbt hat, muß wahrscheinlich für lange Zeit Medikamente nehmen. Anstatt sich aber mit anderen Menschen zu vergleichen, deren Situation nun einmal eine andere ist als die eigene, sollte man Selbsthilfegruppen und medizinische Fachleute in Anspruch nehmen, die aufbauen und daran erinnern, daß «anders» zu sein keineswegs bedeutet, minderwertig zu sein.

Heute werde ich mich mit keinem anderen Menschen vergleichen.

Man kann gewissermaßen heiraten, sich gewissermaßen scheiden lassen oder gewissermaßen zusammenleben – gewissermaßen ein Kind bekommen, das kann man nicht.

David Shire

Eins der am häufigsten auftretenden Dinge nach der Geburt eines Kindes ist der «Baby-Blues». Für eine junge Mutter, die fest damit rechnet, nichts als Freude und Erleichterung zu empfinden, sind diese Phasen tiefster Depression ein echter Schock.

Falls Sie sich gerade in einer solchen Phase befinden, dann denken Sie daran, daß der «Baby-Blues» sehr häufig auftritt und mit Ihrem Wert als Person gar nichts zu tun hat. Gespräche mit anderen jungen Müttern oder Fachleuten, die Sie über die für Sie neue Situation gründlich informieren, können da sehr viel helfen. Ein Kind ist eine große Verantwortung, die unermüdlichen Einsatz und große Opfer verlangt. Um sie so gut wie möglich zu erfüllen, ist es wichtig, daß wir uns zunächst um uns selbst kümmern und nicht davon ausgehen, daß unsere Depressionen einfach verschwinden, wenn wir sie ignorieren.

Indem ich auf die Befriedigung meiner emotionalen Bedürfnisse achte, gebe ich meinen Kindern ein gutes Beispiel.

Glücklichsein ist nicht der Zustand des Ankommens, sondern der, wie man reist.

Margaret Lee Runbeck

Als Schülerin hörte ich eine Predigt über die Gefahr, die darin liegt, das Glück immer nur in der nächsten Freundschaft, der nächsten Aufgabe, dem nächsten Aufenthaltsort zu sehen, statt an jedem Tag im Hier und Heute Freude zu empfinden. «Wenn das Glück ein Ziel ist», betonte der Prediger, «ist man unablässig unterwegs.»

Heute, viele Jahre später, muß ich oft an die Worte dieses klugen Mannes denken. Zu oft habe ich den Fehler begangen, mein «Glück» an eine bestimmte Kleidergröße zu hängen oder damit zu verknüpfen, in einer bestimmten Gegend leben zu können oder irgendein besonders kniffliges Problem zu bewältigen. Wenn ich es dann erreicht hatte, stellte ich fest, daß der Entschluß und die Schritte zum Erreichen meines Ziels die eigentliche Freude waren.

Wenn Sie glauben, nur glücklich sein zu können, wenn bestimmte Voraussetzungen erfüllt sind, dann ändern Sie Ihre Erwartungen. Betrachten Sie Glück als ein angestammtes Recht, das Sie ebenso bei einem Spaziergang empfinden können wie auf einer Busfahrt oder beim Kochen oder beim Lesen eines Buches. Wenn Sie das Glück in Ihren Alltag einbeziehen, werden Sie schnell feststellen, daß es überall zu finden ist.

Heute suche ich Freude im alltäglichen Glück.

Ein Psychiater sollte ein Mensch sein, dem es darum geht, die Lebenssituation eines Menschen zu verbessern. Nichts sollte einem Psychiater zu niedrig sein.

Willard Nagler

Die meisten Therapeuten sind gutausgebildete Spezialisten. Sie können uns helfen, die Gründe für vielfältige Probleme zu erkennen, und die Zeit, die wir mit ihnen verbringen, dient vor allem dem Zweck, erfülltere, glücklichere Menschen zu werden. Aber wir müssen sorgsam auswählen, wem wir unser Vertrauen schenken. Wir sollten Freunde um Empfehlungen bitten, uns auf unsere Instinkte verlassen und den Mut haben, jemanden abzulehnen, wenn wir kein Vertrauen zu ihm haben.

Falls Sie heute bei einem Spezialisten Rat suchen, so fallen Sie nicht auf den Erstbesten herein, der Sie beeindruckt, vergeuden Sie aber auch nicht Ihre Zeit damit, endlos nach der «Idealbesetzung» zu suchen. Entscheidend für eine erfolgreiche Therapie ist nicht nur die Zusammenarbeit mit einem vertrauenswürdigen Menschen, sondern auch Ihre Bereitschaft, sich diesem Prozeß zu unterziehen.

Ich werde an meinen Therapeuten die gleichen hohen Maßstäbe anlegen wie an mich selbst.

Ich arbeite nie besser, als durch Zorn inspiriert. Wenn ich zornig bin, kann ich besser schreiben, beten und predigen, da mein Geist schneller arbeitet, mein Verstand geschärft ist und alle weltlichen Sorgen und Versuchungen dahingefahren sind.

Martin Luther

Den meisten Frauen wird von Kindheit an beigebracht, daß Wut und Zorn unweiblich und unattraktiv sind. Weshalb sich die meisten von uns bemühen, diese Gefühle zu unterdrücken. Unterdrückter Zorn jedoch führt häufig zu Depressionen wie auch zu körperlichen Symptomen wie Magenschmerzen, Nackenverspannungen, Rückenleiden und Kopfschmerzen. Nutzen Sie Ihren Zorn positiv. Er kann uns nicht nur zu wichtigen Veränderungen unserer Lebenssituation bewegen, sondern auch als Warnsignal dafür dienen, daß unserem Leben irgend etwas fehlt.

Setzen Sie Ihren Zorn als Waffe im Kampf gegen Ärger und Niedergeschlagenheit ein. Nutzen Sie seine Energie, um damit Pläne für Veränderungen zu entwerfen und sie dann auch in die Tat umzusetzen. Sobald wir uns mit unserem Zorn vertraut gemacht haben und ihn als Mittel zur Motivation nutzen, können wir auch die Depression abwehren, bevor sie zuschlägt.

Heute werde ich meinen Zorn nutzbringend anwenden.

Der Wert der Ehe liegt nicht darin, daß Erwachsene Kinder produzieren, sondern daß Kinder Erwachsene hervorbringen.

Peter de Vries

Kindererziehung ist oft undankbar, ermüdend und frustrierend. An manchen Tagen frage ich mich entmutigt, ob ich bis zum nächsten Tag überleben werde. Andererseits bin ich nur durch die Pflege eines kranken Babys, das Lernen mit einem Kind, das Geben bedingungsloser Liebe reif und erwachsen geworden. Obwohl ich vom täglichen Einerlei oft zu sehr in Anspruch genommen bin, um zu erkennen, wie sehr mich das Muttersein verändert hat, gibt es doch auch Momente, in denen ich mir mit Stolz bewußt mache, daß ich inzwischen geduldiger und fürsorglicher als früher geworden bin und gelernt habe, mit weniger Schlaf und auch weniger Selbstsucht auszukommen.

Also fassen Sie Mut, falls Sie eine Mutter sind, die vor lauter Arbeit kaum noch klar denken kann. Selbst beim Geduldaufbringen lernen Sie wichtige Dinge, und wenn Sie sich auch mitunter ein leichteres Los wünschen mögen, so vergessen Sie doch nicht, daß Ihre Kinder Ihnen dabei helfen, «erwachsen» zu werden.

Wenn ich anderen beim Erwachsenwerden helfe, werde auch ich erwachsen.

Nichts kann von außen Wunder in uns wirken, wenn es nicht aus unserem Interesse eine wundersame Antwort erhält.

Herman Melville

Einer der vielen Gründe, warum wir Frauen unter Depressionen leiden, ist unsere Unfähigkeit, an uns selbst zu glauben und darauf zu vertrauen, daß wir unsere Träume verwirklichen können. Wenn wir negative Gedanken über uns selbst hegen und weder die Energie noch den Wunsch nach Veränderungen aufbringen, ist es höchst unwahrscheinlich, daß wir Situationen schaffen, die uns mehr Glück und Zufriedenheit bringen. Nur mit Hoffnung und Selbstachtung ziehen wir die Chancen und Menschen an, die uns helfen können, uns selbst und unser Leben zu verändern.

Filme, Bücher und Zeitschriften berichten oft über Frauen, die beispielhaft ihre Träume realisieren, auch wenn das bei ihrer Umgebung auf Widerstand stößt.

Wenn Kleinmütigkeit Ihr Selbstvertrauen geschwächt hat, lassen Sie sich vom Beispiel starker und selbstsicherer Frauen anregen und schauen Sie sich nach Menschen und Situationen um, die Ihnen dabei helfen, sich selbst zu helfen.

Ich will innere Bedingungen schaffen, die äußerliche Träume Wirklichkeit werden lassen.

Die Menschen streben nach Dingen, die sie nicht brauchen, und vernachlässigen ihre wahren Segnungen: das Geschenk ihrer Sinne, die wir mit Fug und Recht unser eigen nennen können.

Mary Wortley Montagu

Häufig nimmt uns unsere Niedergeschlagenheit so in Anspruch, daß wir die Freuden vergessen, die wir allein aus der Anregung unserer Sinne beziehen können. Hier ein paar Vorschläge:

1. Holen Sie ein Album mit Fotos aus glücklicheren Zeiten in Ihrem Leben hervor und geben Sie sich den Erinnerungen hin.
2. Unternehmen Sie einen langen einsamen Spaziergang, und hören Sie auf die Geräusche der Natur.
3. Hören Sie mit geschlossenen Augen die Musik, die Ihnen ganz besonders gefällt.
4. Verwöhnen Sie sich mit einem Essen, das Sie an eine «bessere», zufriedenere Zeit in Ihrem Leben erinnert.
5. Gehen Sie zur Massage oder in einen Kosmetiksalon.

Denken Sie daran, daß unsere Sinne dazu da sind, uns Freude zu bringen. Je intensiver wir sie stimulieren, desto glücklicher werden wir uns fühlen.

Ich werde meine Sinne dazu nutzen, mich zu erfreuen.

Was mich nicht umbringt, macht mich stärker.

Albert Camus

Eine Forschungsarbeit über Juden, die den Holocaust überlebt haben, erbrachte ein überraschendes Ergebnis: Im Vergleich mit Juden, denen diese grauenhaften Erfahrungen erspart geblieben waren, zeigte sich, daß die Mehrheit der Holocaust-Überlebenden die glücklicheren Ehen führten und in sicheren Lebensumständen lebten. Sie waren aktiver, entscheidungsfreudiger, anpassungsfähiger, hartnäckiger im Verfolgen ihrer Ziele. Sie verfügten über eine gesunde Portion Schlauheit, waren hilfsbereiter und spendenfreudiger und ließen ihr jetziges Leben nicht von ihren Erinnerungen beherrschen.

Diese Studie zeigt, daß auch furchtbarste Erlebnisse emotional nicht zerstören müssen. Diese Überlebenden beweisen, daß viele der Methoden zur Abwehr von Depressionen – Gespräche mit einfühlsamen Menschen über unsere Emotionen, Hilfe für andere, Flexibilität, Beharrlichkeit und der feste Wille, uns auch von Rückschlägen die positive Lebenseinstellung nicht nehmen zu lassen – dazu beitragen können, uns auch von unvorstellbarem Schrekken zu erholen.

Die Schwierigkeiten, die ich zu ertragen habe, werden mich stark machen.

Glück ist kein materieller Besitz. Es ist eine philosophische Eigenschaft, eine Geisteshaltung.

Daphne Du Maurier

Nur sehr wenige Menschen haben das Glück, als Optimisten auf die Welt zu kommen. Die meisten von uns müssen um eine positive Einstellung Tag für Tag kämpfen.

David G. Myers, der Autor von «Das Streben nach Glück», sagt, eine Möglichkeit, Glück zu empfinden, bestünde darin, so zu tun als ob. «Täuschen Sie Selbstachtung vor. Heucheln Sie Optimismus. Simulieren Sie Aufgeschlossenheit», rät er. «Das Gefühl des Schwindelns läßt dann allmählich nach, und wir stellen fest, daß wir uns nicht mehr dazu gezwungen fühlen.» Sich sinnvoll zu beschäftigen, nachts ausreichend zu schlafen, täglich zehn Minuten zu meditieren, ausgiebige Spaziergänge zu machen, ein Hobby zu haben sind weitere Methoden zur Stimmungshebung.

Auch wenn diese stimmungshebenden Tips in ernsteren Fällen von Depression vielleicht nicht wirken, sprechen doch viele Gründe dafür, es zumindest mit ihnen zu versuchen. Schließlich kann es nicht schaden, so zu tun, als fühlten wir uns gut. Denn alles, was wir zur Veränderung unserer Alltagsroutine unternehmen, trägt zu einer positiven Einstellung bei.

Ich werde die notwendigen Schritte tun, um besserer Stimmung zu werden.

Irreführung und Täuschung waren ihr so selbstverständlich, daß sie zur Wahrheit geworden waren.

Louise Erdrich

Mitunter sind wir so niedergeschlagen, daß unsere Hauptsorge darin besteht, das zu verbergen. Wir verkünden nachdrücklich, es liefe alles bestens, weil wir nicht unvollkommen oder mitleiderregend wirken wollen.

Haben Sie es sich auch angewöhnt, zu Lügen Zuflucht zu nehmen, weil Sie sich nicht der Kritik oder dem Mitleid anderer aussetzen möchten? Derartige Täuschungsversuche können verhängnisvoll sein, weil sie uns von einer genauen Prüfung dessen abhalten, was uns wirklich bedrückt, und weil wir unsere Energien an die Aufrechterhaltung einer glücklichen Fassade verschwenden. Wenn Sie im Moment nicht das glücklichste aller Leben führen, dann versuchen Sie nicht, es schönzufärben, weil Sie damit nicht nur scheitern werden, sondern dadurch auch freiwillig auf den Zuspruch und die Ratschläge verzichten, die Ihnen andere Menschen geben können.

Ich werde heute darauf verzichten, perfekt erscheinen zu wollen.

Ein kreativer Mensch ist primitiver und kultivierter, destruktiver und konstruktiver, sehr viel verrückter und sehr viel vernünftiger als der Durchschnittsmensch.

Frank Barron

Kreative Menschen stellen in gewisser Weise den Status quo in Frage. Sehr klug oder sehr künstlerisch zu sein, kann eine Last bedeuten, weil diese Begabungen häufig Stimmungsschwankungen und depressive Phasen mit sich bringen. Viele der manischdepressiv veranlagten Künstler finden ihre «Höchst-Zeiten» jedoch so unvergleichlich lohnend, daß sie Medikamente ablehnen, die ihnen den kreativen «Biß» nehmen würden. Jahrelange Stimmungsschwankungen können jedoch zu Überdruß oder Rastlosigkeit führen.

Falls Sie zu diesem Persönlichkeitstyp gehören, sollten Sie sich fragen, wie wichtig und lohnend es für Sie ist, sich euphorischer Hochs zu erfreuen, wenn ihnen unvermeidliche Tiefs folgen, die Sie lethargisch und niedergeschlagen machen. Therapien und Medikamente können die «Wucht» dieser Schwankungen mildern, und Sie werden vielleicht überrascht feststellen, daß ein ausgeglicheneres Gefühlsleben zu mehr Produktivität führen kann, als es kurzlebigen «Hochs» je möglich wäre.

Kreativ zu sein heißt nicht, das Leben eines gepeinigten Genies zu führen.

Jedem Menschen werden vom Leben Fragen gestellt. Und die kann er nur für sein eigenes Leben beantworten. Vor dem Leben selbst kann er sich nur verantworten, indem er verantwortlich ist.

Viktor E. Frankl

Viele Menschen klagen pausenlos darüber, wie unfair sie vom Leben behandelt worden sind, wie wenig Liebe und Zuwendung sie in den prägenden Jahren ihres Lebens erhalten haben. Als Folge davon sind sie häufig so zornig und niedergeschlagen, daß sie keinen Frieden finden können.

Nur selten bemühen sie sich wirklich darum, die Rolle des Opferlamms abzuschütteln. Aber ganz unabhängig davon, was uns im Leben auch zugestoßen sein mag, müssen wir uns an einem bestimmten Punkt um einen Ausweg aus unseren Problemen bemühen. Wir leiden unter Kindheitserlebnissen oder emotionaler Vernachlässigung nur so lange, wie wir das zulassen.

Um eine reife, ausgeglichene Persönlichkeit werden zu können, ist es notwendig, sich Hilfe zu suchen, um nicht länger die Rolle des Opfers zu spielen als unbedingt nötig. Auch wenn Ihre Depression von uralten Problemen herrührt, liegt es doch an Ihnen, sich Ihr augenblickliches Leben so zu gestalten, wie Sie es sich wünschen.

Heute suche ich aktiv nach den Lösungen für meine Probleme.

Ich mag in einem Schuppen geboren sein, aber ich bin dazu bestimmt, mit dem Wind und den Sternen zu reisen.

Jacqueline Cochran

Es ist einfach, ständig aufzuzählen, was in unserem Leben nicht stimmt und was alles gegen uns ist. Wenn wir das tun, müssen wir uns zwangsläufig unzufrieden und frustriert fühlen und alle beneiden, die scheinbar nur auf der Sonnenseite des Lebens leben. Schwerer, aber sehr viel besser ist es, eine Dennoch-Haltung einzunehmen und die Überzeugung zu vertreten, daß wir unser Ziel schon erreichen werden – ganz egal, wie hoch die Hindernisse auch sein mögen.

Richten Sie heute Ihr Hauptaugenmerk auf das Ziel und nicht auf den oft steinigen Weg, der zu ihm führt. Wenn es Ihnen gelingt, die Hürden zu übersehen, um statt dessen die Ziellinie fest im Blick zu behalten, werden Sie diese sehr viel leichter erreichen.

Ich werde mich auf das konzentrieren, was ich erreichen will, nicht auf das, was mir dabei im Weg steht.

Einsamkeit ist der Weg, auf dem das Schicksal den Menschen zu sich selbst führen will.

Hermann Hesse

Wenn wir nicht genug Zeit haben, allein an einem ruhigen Ort unsere Batterien aufzuladen, erleiden wir das, was Verlust an Privatsphäre genannt wird. Es ist die Art von Streß, die den Körper belastet, das Immunsystem schwächt und häufig genug in Lethargie, Niedergeschlagenheit und Gereiztheit endet.

Wissenschaftler haben zwölf Jahre lang 1200 Männer und Frauen untersucht, die neben ihren familiären und beruflichen Verpflichtungen abends Weiterbildungskurse besuchten, und fanden dabei heraus, daß jene, die sich keinerlei Zeit für sich allein gönnten, Krankheitssymptome bekamen und an Depressionen zu leiden begannen.

Überprüfen Sie heute, ob Sie einige Ihrer Vorhaben verschieben können, um eine Pause der inneren Entspannung einzulegen. Wenn Sie sich aufladen können, bevor die nächsten Probleme auf Sie einstürmen, wird es leichter sein, mit ihnen fertig zu werden.

Alleinsein steht heute an der Spitze meiner Prioritätenliste für mein emotionales Wohlbefinden.

MÄRZ

Die Menschen erzählen durchschnittlich zwei Lügen am Tag – oder zumindest sind das die, die sie zugeben.

Bella DePaulo

Wie deprimierend lügen sein kann, erlebte ich, als ich vor vielen Jahren unter Bulimie litt. Um meine Freßorgien zu vertuschen, erfand ich Geschichten, was mit den fehlenden Lebensmitteln geschehen und warum mir schlecht war. Meine Depressivität wurde durch die Erkenntnis meines «Doppellebens» nur noch größer, und ich fragte mich, ob ich wohl je wieder ein ehrlicher Mensch werden würde. In einer Selbsthilfegruppe für zwanghafte Esser lernte ich dann, daß mir nur «rigorose Aufrichtigkeit in jeder Hinsicht» helfen konnte, wieder Selbstachtung und Selbstvertrauen für ein zufriedenes, sinnvolles Leben zu finden.

Haben Sie es sich angewöhnt, in kleinen und großen Belangen zu lügen, weil es einfacher ist oder weil es Sie in ein besseres Licht setzt? Bemühen Sie sich darum, so oft wie möglich die Wahrheit zu sagen und in jeder Hinsicht «rigoros aufrichtig» zu sein, weil Sie dann sehr wahrscheinlich eine bessere Einstellung zu sich selbst haben.

Heute will ich anderen und mir gegenüber aufrichtig sein.

Du bist, was du ißt.

Pamela Fiori

Ich bin oft erstaunt, wie wenig Bedeutung Menschen dem beimessen, was sie essen. Und wenn sie dann über Erschöpfung, Trägheit, Aufgeblähtsein und Spannungszustände klagen, erkennen sie nur in den seltensten Fällen, daß ihre Nahrung sehr wahrscheinlich für diese Symptome verantwortlich ist.

Nahrung ist eine wesentliche Quelle zur Erhaltung unserer Körperkräfte. Wer zuviel Koffein und allzu verfeinerte Nahrung zu sich nimmt, wird sprunghaft reagieren, unruhig schlafen, unter Kopfschmerzen und drastischen Stimmungsschwankungen leiden. Wer sich fettarm und ballaststoffreich ernährt, Koffein und Alkohol meidet, fühlt sich wohler, verfügt über mehr Energien und wird leichter mit Streß-Situationen fertig.

Achten Sie heute auf Ihre Nahrung. Sprechen Sie mit einem Ernährungswissenschaftler oder lesen Sie entsprechende Bücher, um mehr über die Auswirkungen von Nahrungsmitteln auf unseren Organismus in Erfahrung zu bringen. Zu einer gesünderen und positiveren Lebensführung gehört mehr als eine gedankliche Umstellung. Es bedeutet auch, genau auf die Ernährung zu achten.

Wenn ich mich richtig ernähre, geht es mir auch gut.

Und deine Ohren werden hinter dir her das Wort hören: Dies ist der Weg; den geht! Sonst weder zur Rechten noch zur Linken.

Jesaja 30,21

Meine Freundin Betty fühlte eines Morgens das Bedürfnis, die nächstliegende Kirche aufzusuchen, um für ihren Vater zu beten, der gegen eine schwere Krankheit kämpfte. Sie setzte sich in eine Bank, dachte an ihren Vater und begann leise zu weinen. Plötzlich setzte sich ein Mann neben sie, berührte sanft ihren Arm und versicherte ihr, daß es ihrem Vater bald besser gehen werde und er stets bei ihr sein würde. Dann stand er auf und ging so schnell, wie er gekommen war.

Betty eilte ihm hinterher, fand aber keine Spur mehr von ihm. Einige Stunden später erfuhr sie, daß ihr Vater gestorben war, und wußte, daß dieser Mann eine Art Engel gewesen sein mußte, der sie behutsam auf den Tod ihres Vaters vorbereiten wollte.

Wir alle haben «Engel», die uns in Zeiten der Not beistehen. Suchen Sie heute nach einem Engel in Ihrem Leben. Wenn wir nur aufmerksam genug nach unseren Engeln Ausschau halten, können wir sie auch entdecken.

Unser größter Trost zeigt sich uns oft auf ungewöhnliche Weise.

Mentale Probleme betreffen nicht drei oder vier von fünf Menschen, sondern jeden einzelnen.

William Menninger

Wer zum ersten Mal unter einer ernsteren Depression leidet, ist leicht der Meinung, er sei ein Einzelfall. Dabei erlebt die überwiegende Mehrheit aller Menschen Phasen von Melancholie und der negativen Empfindung, von den täglichen Verantwortlichkeiten und Aufgaben überwältigt zu werden. Aber nur ein Bruchteil der Menschen, die mit solchen Perioden von extremer Niedergeschlagenheit zu kämpfen haben, sucht Hilfe.

Auch wenn Sie sich heute in Ihrer Situation noch so verlassen fühlen – Sie sind mit Sicherheit nicht allein. Es ist durchaus «normal», von Zeit zu Zeit Phasen von Unsicherheit, Selbstzweifeln und Mutlosigkeit zu durchlaufen. Das zuzugeben ist weitaus besser als so zu tun, als gäbe es sie gar nicht. Nehmen Sie sich heute die Zeit, ein paar Informationen über Depressionen und ihre Verbreitung zu sammeln. Fragen Sie Freunde, wie sie solche Zeiten überstehen und was ihnen dabei am besten hilft. Je mehr Sie sich mit Menschen umgeben, denen es ähnlich geht wie Ihnen, desto größer sind Ihre Chancen, Lösungen für das zu finden, was Sie bedrückt.

Ich bin mit meinem Kummer nie ganz allein.

Wenn Sie an eine Abzweigung des Weges gelangen, dann beschreiten Sie sie.

Yogi Berra

Manche Menschen können sich nur schwer zu Veränderungen durchringen. Üblicherweise entscheiden wir uns für einen bestimmten Kurs und vermeiden nach Möglichkeit riskante Ab- und Umwege. Sobald uns irgend etwas von dem einmal gewählten Weg abbringt und unsere Richtung ändern will, neigen wir dazu, so schnell wie möglich auf unseren sicheren Pfad zurückzukehren. Aber die Abzweigung, die so furchterregend und unsicher wirkt, kann genau die Veränderung bringen, die Ihr Leben dringend braucht.

Versuchen Sie sich heute vor Augen zu führen, daß unerwartete Ereignisse nicht unbedingt negative Folgen haben müssen. Manchmal sind es die zunächst erschreckendsten Vorkommnisse in unserem Leben, die uns dazu bewegen, die Kursabweichung vorzunehmen, die zu größerer Erfüllung führt.

Ich werde den Umwälzungen in meinem Leben unvoreingenommen gestatten, mich auf unbekannte Pfade zu führen.

Entschlußkraft ist ein Risiko, das im Mut zur Freiheit wurzelt.

Paul Tillich

Manchmal reagieren wir deprimiert auf unsere Unfähigkeit, uns für diesen oder jenen Weg zu entscheiden. Umgekehrt können wir keinen sinnvollen Entschluß fassen, wenn wir von tiefem Pessimismus erfaßt sind. Wie auch immer: Diese schwankende Unentschlossenheit verschwendet nur unsere Zeit und unsere Energien. Anstatt uns mit Zuversicht und Begeisterung für einen Weg zu entscheiden, kommen wir aus Angst, die «falsche» Entscheidung zu treffen, überhaupt nicht vom Fleck.

Nehmen Sie sich fest vor, heute einen Entschluß für die Lösung eines Problems zu treffen, das Sie belastet. Machen Sie sich keine Sorgen darüber, ob Sie genau die richtige Entscheidung treffen. Gehen Sie das Risiko ein, notfalls mit den Konsequenzen leben zu müssen. Je erfahrener Sie in dieser Art von Selbstsicherheit werden, desto eher werden Sie sich als stark und entschlußfreudig empfinden können, um so weniger werden Sie von Unsicherheit und Mutlosigkeit erfaßt.

Heute handle ich selbstbewußt und zuversichtlich.

In Frieden leg' ich mich nieder und schlafe ein.

Psalm 4,9

In einer Untersuchung fanden Wissenschaftler heraus, daß in Scheidung lebende Männer relativ ereignislose Träume hatten, während die Frauen dazu neigten, sich in ihren Träumen als übermäßig dick, häßlich, schwach oder verstört zu sehen. Offenbar fühlten die Frauen sich für das Scheitern ihrer Ehe verantwortlich, anstatt zu erkennen, daß wahrscheinlich die Beziehung als solche nicht die richtige war.

Allzuoft geben wir Frauen uns an allen Schwierigkeiten in unserem Leben die Schuld. Aber wenn wir stets nur in uns hinein schauen, statt außerhalb unseres Selbst nach Lösungen zu suchen, muß unsere Selbstachtung ebenso schwinden wie die Chance, den eigentlichen Problemen auf den Grund zu kommen.

Haben auch Sie Alpträume, in denen Sie sich stets angsterfüllt, schwach und fehlerhaft sehen? Wenn das so ist, übernehmen Sie vielleicht eine übertriebene Verantwortung für die Schwierigkeiten in Ihrem Leben und sehen die Situation nicht im realistischen Licht. Verweisen Sie «Schuld» dorthin, wohin sie gehört, und Sie werden angenehmere Träume und erholsamere Nächte haben.

Wenn ich Frieden mit mir schließe, werden auch meine Nächte friedlicher.

Es ist schwer, gegen einen Feind zu kämpfen, der Stützpunkte in Ihrem Kopf hat.

Sally Kempton

Frauen neigen entschieden mehr zu unnachsichtiger Selbstkritik als Männer und werden selbst zu ihren ärgsten Feinden. Wenn Männer sich verletzt fühlen, reagieren sie häufig physisch (treten gegen Gegenstände) oder wütend («Wie konnte er/sie es wagen, mir das anzutun!»). Frauen jedoch sind schnell bereit, sich für alle Probleme selbst verantwortlich zu machen und dann darüber zu klagen, wie mißverstanden und einsam sie sind. Wenn wir so reagieren, richten wir unsere Energien nur gegen uns selbst, während wir doch nach Wegen zu einem besseren Selbstwertgefühl suchen sollten.

Versuchen Sie heute, alle negativen Gedanken über sich zu vermeiden. Anstatt sich dafür zu beschimpfen, etwas falsch gemacht zu haben oder gescheitert zu sein, gratulieren Sie sich lieber dazu, etwas Neues ausprobiert zu haben und ein Risiko eingegangen zu sein. Finden Sie etwas Positives an sich und sagen Sie es sich laut vor dem Spiegel ins Gesicht. Je mehr Sie sich dazu umpolen können, Ihre beste Freundin zu sein, desto weniger Platz werden Sie Ihrem feindlichen «Stützpunkt in Ihrem Kopf» einräumen.

Ich will heute nicht mein eigener Feind sein.

Das einzig Wertvolle in einem Menschen ist die Seele. Es ist die Seele, die uns zu Menschen macht.

Inikinilik

Depressionen sind oft ein Anzeichen dafür, daß wir nicht im Einklang mit unserer Seele leben. Unsere innere Stimme kann sich nicht bemerkbar machen, wenn wir sie mit pessimistischen Gedanken oder selbstzerstörerischem Handeln zum Schweigen bringen. Daher müssen wir Wege finden, auf unsere Seele zu hören – sei das nun durch Gebete, Rituale oder Therapien. Aber auch Einsamkeit und Selbsterforschung, Träume und Opfer sind für das Erkennen seelischer Bedürfnisse wichtig.

Bemühen Sie sich heute, mit Ihrer Seele in Kontakt zu treten. Nehmen Sie sich ein paar ruhige Minuten, um darüber nachzudenken, ob Sie sich selbst im Weg stehen, ob Sie allzu negativen Gedanken nachhängen und ob in Ihren Träumen irgendwelche bezeichnende Hinweise auftauchen.

Ich will mich bemühen, die Hindernisse zu beseitigen, die mich vom Kontakt mit meiner Seele abhalten.

Sobald der Mensch in Zorn gerät, gerät er in Irrtum.
Talmud

Niedergeschlagen und deprimiert neigen wir dazu, gereizter und aufbrausender zu reagieren als gewöhnlich. Als Folge davon lassen wir uns auf sinnlose Streitigkeiten ein, suchen mehr nach Differenzen als nach Kompromissen und sagen Dinge, die andere kränken, damit es ihnen «so geht wie uns». Auch wenn wir im Grunde nur traurig sind, macht sich unsere Verzweiflung in Zornausbrüchen Luft.

Studien beweisen, daß wir in sieben von zehn Fällen von Kränkungen nur annehmen, beleidigt worden zu sein. Tragen auch Sie irgendeinen Ärger mit sich herum, der unter Umständen jeder Grundlage entbehrt? Machen Sie sich bewußt, wieviel Zeit und Energie Sie dieser Verärgerung widmen und fragen Sie sich, ob dieser Aufwand berechtigt ist. Wenn nicht, dann strecken Sie demjenigen die Hand zur Versöhnung entgegen, der Sie angeblich verletzt hat. Die innere Wärme, mit der Sie belohnt werden, entschädigt Sie für alles, was Sie durch Zorn zu erreichen meinten.

Heute nehme ich von anderen nur das Beste an.

Glück bedeutet, eine große, liebevolle und fürsorgliche Familie in einer anderen Stadt zu haben.

George Burns

So schön es ist, eine eng verbundene Familie zu haben, so einengend und belastend kann es auch sein. Um erwachsen und selbständig zu werden, müssen wir uns irgendwann von unserer Familie lösen. Unmöglich ist das, wenn wir dauernd mit ihr zusammen sind und uns krampfhaft bemühen, ihren Erwartungen zu entsprechen, wenn sie ständig unangemeldet auftaucht und versucht, sich in unser Leben einzumischen. Das müssen Sie durch ein freundliches, aber offenes Gespräch verhindern.

Falls Ihre Familien-Tentakeln so weit reichen, daß Sie sich von ihnen eingeschnürt fühlen, beharren Sie entschieden auf Ihrem Recht auf Privatsphäre. Nehmen Sie an Familientreffen nur teil, wenn Sie sich davon gegenseitige Zuwendung versprechen. Wenn Ihre Eltern darauf bestehen, daß Sie täglich zu Besuch kommen oder anrufen, dann erklären Sie behutsam, daß «weniger» auf lange Sicht für beide Teile nur «mehr» sein kann. Je ungestörter Sie an Ihrer eigenen Identität feilen können, desto weniger geraten Sie in Gefahr, durch Familienbesuche in Panik zu geraten.

Eine gute Familie ist die, die Freiräume und Privatsphäre achtet.

Wenn Sie berufstätig sind, eine Ehe führen, Kinder haben und auf allen diesen Gebieten erstklassig sein wollen, werden Sie vermutlich einen Nervenzusammenbruch bekommen.

Sherry Lansing

Als Frauen übernehmen wir eine Vielzahl einmaliger und wichtiger Rollen im Leben anderer Menschen. Unter anderem sind wir Töchter, Ehefrauen, Mütter und Kolleginnen. Jede dieser Aufgaben erfordert besondere Fähigkeiten und ungeheure Energien. Im Gegensatz zu früheren Generationen wird von uns häufig erwartet, alles gleichzeitig zu sein. Wissenschaftler gehen davon aus, daß die Wahrscheinlichkeit, depressiv zu werden, für die heutigen Frauen dreimal so groß ist wie für die Generation ihrer Großmütter.

Verzichten Sie heute darauf, in jedem Bereich Ihres Lebens erstklassig sein zu wollen. Alles sein zu müssen heißt noch lange nicht, es gleichzeitig zu sein. Jede Aufgabe nach besten Kräften zu erfüllen, sich Hilfe zu suchen, wo immer möglich, und auf die richtige Reihenfolge unserer Prioritäten zu achten sind die einzig sinnvollen Entscheidungen, um in dieser hektischen und anspruchsvollen Welt bestehen zu können, ohne depressiv oder krank zu werden.

Absolut perfekt zu sein ist etwas für Leistungssportler und nichts für eine vielbeschäftigte Frau.

Probleme gehören zu Ihrem Leben, und wenn Sie sie nicht teilen, lassen Sie dem Menschen, der Sie liebt, nicht genug Möglichkeiten, Sie genügend zu lieben.

Dinah Shore

Sehr oft wollen wir mit unseren Problemen allein fertig werden, um andere Menschen damit nicht zu belasten oder zu langweilen. Dabei wollen unsere Freunde und Angehörigen in schwierigen Zeiten «gebraucht» werden. Wenn wir ihnen unsere Nöte anvertrauen und zu verstehen geben, wie sehr wir auf ihren Rat und ihre Hilfe angewiesen sind, bringen wir damit auch zum Ausdruck, wie wichtig sie für uns sind. Sie auszuschließen, kann kränkend und grausam sein, selbst wenn das von uns nicht beabsichtigt sein mag.

Vertrauen Sie heute den Menschen, die Ihnen besonders nahestehen, Ihre Sorgen und Ängste an. Ihre Bürde allein zu tragen und so zu tun, als wäre alles in Ordnung, bringt Sie selbst nicht weiter und Ihre Beziehungen zu anderen schon gar nicht. Zuneigung und Liebe anzunehmen, mag für manche von uns nicht einfach sein, aber sobald wir es einmal gelernt haben zu nehmen, wird auch Geben viel leichter.

Ich werde nicht stumm und allein vor mich hin leiden.

Ich habe mein Leben mit Kaffeelöffeln abgemessen.
T. S. Eliot

Eine der meistverbreiteten Abhängigkeiten ist die von Koffein. Forschungsarbeiten haben ergeben, daß auch Menschen, die täglich nur zwei Tassen Kaffee trinken, unter Entzugserscheinungen leiden, sobald ihnen ihr Aufputschmittel vorenthalten wird – mit den Begleiterscheinungen Kopfschmerzen, Niedergeschlagenheit, Apathie und Reizbarkeit. Wenn wir auf Kaffee angewiesen sind, um morgens in Schwung zu kommen, ist irgendwann ein Zusammenbruch die sichere Konsequenz.

Falls Ihr Leistungsvermögen und Ihr Wohlbefinden von Koffein abhängig sind, dann versuchen Sie heute, die Anzahl Ihrer Tassen Kaffee zu beschränken oder ganz auf Kaffee zu verzichten. Eine allmähliche Entwöhnung ist besser als eine Radikalkur, und natürliche Heilmethoden wie Akupunktur und eine Behandlung mit Kräutern können den Prozeß erträglicher gestalten. Auch wenn Kaffee in unserer Kultur ein allgemein akzeptiertes Genußmittel ist, vergessen Sie nicht, daß jeder Mensch anders auf Koffein reagiert und daß bei allem ein Zuviel der Gesundheit abträglich ist.

Heute rege ich mich mit Aktivität an, nicht mit Koffein.

Falls dir dein Tun kindisch vorkommt, so tu es in der Erinnerung, daß du ein Kind bist.

Frederick Buechner

Um wie verantwortungsbewußte Erwachsene handeln zu können, müssen wir mit den Dingen auch reif und verantwortungsvoll umgehen. Aber wir dürfen das auch nicht so ernst nehmen, daß wir uns verhalten, als trügen wir die ganze Last der Welt auf unseren Schultern: Wir machen aus jeder aus dem Rahmen fallenden Situation eine mittlere Katastrophe, sorgen uns endlos um Dinge, die sich in der Zukunft ereignen könnten oder auch nicht, und wir lachen kaum noch.

Versuchen Sie heute, das Kind in sich wiederzuentdecken. Spielen Sie jemandem einen – harmlosen – Streich, fahren Sie auf einem Rummelplatz Achterbahn, sehen Sie sich eine Kindersendung im Fernsehen an, gehen Sie auf einen Kinderspielplatz und fragen Sie, ob man Ihnen erlaubt, sich auf der Schaukel so hoch wie möglich in die Lüfte zu schwingen. Wenn es Ihnen gelingt, die Unbeschwertheit der Kindheit wiederzufinden, werden Sie vermutlich auch Ihre emotionalen Belastungen und Kümmernisse sehr viel leichter nehmen können.

Ich kann kindlich sein, ohne kindisch zu werden.

Die einzige Zeit, in der eine Frau gern ein Jahr älter wäre, ist die der Schwangerschaft.

Mary Marsh

Für die meisten von uns sind die neun Monate einer Schwangerschaft hauptsächlich eine Zeit der Angst vor Geburtskomplikationen und Wehen, der Rükkenschmerzen, schlaflosen Nächte, der merkwürdigen Heißhungeranfälle und des Übelseins. Häufig können wir diese Zeit nur einigermaßen gut überstehen, indem wir uns ins Gedächtnis rufen, daß dieser Zustand ein vorübergehender ist und dann mit einem großen Glück endet.

Bemühen Sie sich darum, in der Schwangerschaft eine sehr heilsame Periode zu sehen, in der wir lernen, unser gewohntes Tempo zu verlangsamen, uns gesund zu ernähren und über die Dinge nachzudenken, die wir an unsere Kinder weitergeben wollen, und daß Schmerz hier buchstäblich die Geburt von etwas sehr Anregendem und Spannendem in unserem Leben ist.

Manchmal bringt das Durchstehen schwierigster Situationen die größte Belohnung.

Wer den Himmel nicht in sich selbst trägt, sucht ihn vergebens im ganzen Weltall.

Otto Ludwig

Wenn wir die heiteren, optimistischen und unbeschwerten Menschen um uns herum betrachten, neigen wir zu der Annahme, ihnen sei ihre Sorglosigkeit in die Wiege gelegt worden. Bei einigen trifft das vermutlich auch zu, da Lebensbejahung durchaus auch vererbbar ist. Aber für die meisten von uns bedeutet ein glückliches Leben Arbeit, und oft heißt «sein Glück finden» zu lernen, es sich zu schaffen. Forschungen haben bewiesen, daß glückliche und zufriedene Menschen nicht nur genau wissen, was ihnen Freude bringt, sondern daß sie sich auch regelmäßig Zeit dafür nehmen.

Erkunden Sie heute, was Ihnen Freude macht, und beziehen Sie das fest in Ihren Alltag ein. Vielleicht kommt es Ihnen wie Arbeit vor, Freude in Ihr Leben einzuplanen, aber je mehr erfreuliche Aktivitäten Sie sich vornehmen, um so wahrscheinlicher wird es, daß auch Sie bald von sich behaupten können, ein glückliches Leben zu führen.

Mein Glück wird zum großen Teil von meiner Bereitschaft bestimmt, es zu suchen.

Sich selbst zu lieben ist der Beginn einer lebenslangen Liebesgeschichte.

Oscar Wilde

Frauen neigen zu häufig dazu, an sich herumzumäkeln, besonders an ihrem Körper. Zahllose Studien haben ergeben, daß die meisten Frauen unzufrieden mit ihrer Figur sind und liebend gern abnehmen und bestimmte Körperteile verändern würden. Wenn wir unser Selbstwertgefühl von Äußerlichkeiten abhängig machen und uns mit den silikon-implantierten, hochgestylten Models vergleichen, die wir in den Zeitschriften sehen, müssen wir zwangsläufig unsicher und frustriert reagieren.

Es ist wichtig, daß wir Frauen verstehen lernen, wie eng Mutlosigkeit und Depressivität mit der Unzufriedenheit über unseren Körper zusammenhängen.

Anstatt darüber zu verzweifeln, daß wir einem uns aufoktroyierten Ideal nicht entsprechen, sollten wir lernen, uns als Persönlichkeit zu schätzen. Es ist nicht leicht, die äußerlichen Maßstäbe ad acta zu legen, nach denen wir lange Jahre bewertet wurden, aber ehe wir diese Einstellung nicht endlich ablegen, wird es nie zu einer «lebenslangen» Liebesgeschichte mit uns selbst kommen können.

Mein Äußeres ist ein blasses Spiegelbild meiner inneren Werte.

Eine Scheidung ist wie eine Amputation. Man überlebt sie, aber in reduzierter Form.

Margaret Atwood

Es gibt keine einfache oder absolut schmerzlose Methode, eine Ehe oder Partnerschaft zu beenden – besonders wenn Sie diejenige sind, die «verlassen» wurde. Häufig sind die Frauen der Meinung, es wäre nicht zur Scheidung gekommen, wenn sie auf irgendeine Weise – sexuell oder emotional – «besser» gewesen wären. Aber im allgemeinen zerbrechen Ehen an der Unvereinbarkeit der Partner oder an mangelnder Kommunikation. Und wenn wir uns vorhalten, zu häufig genörgelt und zu wenig gekocht zu haben, entlassen wir den Mann aus seiner Verantwortung für die Beziehung und bürden uns unfaire Lasten auf.

Eine Scheidung – oder das Ende einer wichtigen Beziehung – zu überstehen ist nicht leicht. Ein Teil von Ihnen wird Ihnen immer fehlen, aber es ist möglich, Ihrem Leben als Kompensation für diesen Verlust neue Aspekte abzugewinnen. Je schneller Sie Ihren Neuanfang als neue Chance begreifen, desto erfolgversprechender sind die Aussichten auf ein Leben, wie Sie es sich wünschen.

Wenn ich mich seelisch gebrochen fühle, wird sich in mir ein stärkerer Teil meines Ich bemerkbar machen.

Es ist von großem Vorteil, die Fehler, aus denen wir lernen, recht frühzeitig zu machen.

Winston Churchill

Als Bill Clinton erstmals zum Gouverneur von Arkansas gewählt wurde, war er Anfang Dreißig. Ein paar Jahre später erreichte er die Stimmenmehrheit nicht mehr. Über seine Niederlage tief deprimiert, änderte Clinton sein Verhalten und kandidierte erneut. Er gewann und regierte den Staat mit großem Erfolg. Nur zehn Jahre später wurde er zum Präsidenten der Vereinigten Staaten gewählt.

Selbst wenn Sie mit Bill Clinton nicht einverstanden sind, müssen Sie seine Beharrlichkeit doch anerkennen. Für ihn wurde sein Scheitern zu einer Möglichkeit, aus seinen Fehlern zu lernen, seinen Kurs zu ändern und die Niederlage zu nutzen, um sich weiterzuentwickeln.

Auch die erfolgreichsten Menschen hatten mit Niederlagen und Rückschlägen zu kämpfen. Erforschen Sie also den Grund Ihres Scheiterns, prüfen Sie, was Sie Nützliches daraus lernen können. Und denken Sie daran, daß erst Ihre Niederlage Sie dazu gebracht hat, über Verbesserungen Ihrer Lebenssituation nachzudenken.

Eine Niederlage sagt nichts über meinen Persönlichkeitswert aus.

Daß wir nicht noch kränker und sehr viel verrückter als ohnehin schon sind, verdanken wir ausschließlich der größten Segnung der Natur – dem Schlaf.

Aldous Huxley

Um zu wissen, wie nachteilig zu wenig Schlaf ist, brauchen Sie keinen Arzt. Studien haben ergeben, daß Frauen durchweg weniger schlafen, als gut für sie wäre – gewöhnlich zwischen fünf und sechs Stunden, obwohl sie sieben bis acht bräuchten. Eine Therapeutin empfiehlt ihren unter Depression und Erschöpfung leidenden Patientinnen, eine Liste zu machen, in der sie ihre Aktivitäten zwischen fünf Uhr nachmittags und dem Zubettgehen aufzeichnen, um dann auf wenigstens eine dieser Beschäftigungen zu verzichten. Sie fand heraus, daß es für die meisten ihrer Patientinnen gar nicht so schwer war, eine ihrer Aufgaben unerledigt zu lassen, um auf diese Weise zu mehr Schlaf und Entspannung zu kommen.

Überprüfen Sie Ihre abendlichen Aktivitäten und sehen Sie zu, daß Sie eine oder mehrere Aufgaben loswerden. Bitten Sie Ihre Familie, Ihnen dies oder jenes abzunehmen. Indem Sie Ihr Leben erleichtern, tun Sie Ihrer physischen wie psychischen Gesundheit einen großen Gefallen.

Ich werde meine Abendstunden rationeller gestalten, um mehr Erholung zu finden.

Morgens Blumen in einer Vase zu arrangieren kann uns an einem betriebsamen Tag ein ähnliches Gefühl der Ruhe vermitteln wie das Schreiben eines Gedichts oder das Sprechen eines Gebets.

Anne Morrow Lindbergh

Sobald mein Leben chaotische Züge annimmt und ich in Gefahr gerate, die Nerven zu verlieren, greife ich zu einem bewährten Mittel der Beruhigung, das mich keinen Pfennig kostet: Ich hole das Bügelbrett hervor und nehme einen Riesenberg Wäsche in Angriff. Aus irgendeinem Grund versetzen mich die Vorstellung, frisch duftende, faltenfreie Kleidungsstücke zu produzieren, und der gleichmäßige Rhythmus des her- und hingleitenden Bügeleisens in einen Zustand gelassener Ruhe. Wenn wir in Zeiten hektischer Betriebsamkeit das Gefühl haben, die Kontrolle zu verlieren, sollten wir einen Bereich finden, den wir in Ordnung bringen können.

Falls Sie sich nervös und aufgerieben fühlen, nehmen Sie sich die Zeit, eine kleine Aufgabe zu beginnen – und auch zu beenden. Ob Sie nun Blumen arrangieren, Ihre Schuhe sortieren oder etwas ganz anderes machen: Beziehen Sie Zuversicht aus der Tatsache, daß Sie eine Ecke Ihres Lebens in Ordnung gebracht haben und daß auch scheinbar nicht zu erledigende Aufgaben in kleine Schritte aufgeteilt und bewältigt werden können.

Ich werde mit Nachdenken und kleineren Aufgaben Ordnung in meinen Tagesablauf bringen.

«Wo ist mein Schnuffeltuch?»

Samson in der TV-Sendung «Sesamstraße»

Die Berührung bestimmter Stoffe und Textilien übt eine starke Wirkung auf unsere Stimmung aus: Sie kann uns beruhigen, aber auch reizen. So schlafen Babies in Bettchen mit einer weichen Unterlage sehr viel besser, nehmen schneller an Gewicht zu und weinen weniger als solche, die in Bettchen ohne weiche Polsterung liegen. Und ich reagiere beispielsweise höchst irritiert auf kratzende, spitzenähnliche Stoffe, während ich mich in einem uralten Bademantel pudelwohl und sehr viel «sicherer» fühle.

Wozu greifen Sie ganz unwillkürlich, wenn Sie niedergeschlagen sind? Zu Baumwoll-T-Shirts und ausgebeulten Hosen oder zu hauchdünnen, leichten Kleidern? Wenn wir wissen, welche Stoffe uns beruhigen und welche uns irritieren, können wir damit unsere Stimmungen beeinflussen. Wir vermindern das Risiko, deprimiert zu werden, und erhöhen unsere Fähigkeiten, uns selbst aufzumuntern, wenn uns ein Tief erwischt hat.

Wenn ich nach behaglicher Kleidung greife, greife ich nach Zufriedenheit.

Der Weg der Exzesse führt in den Palast der Weisheit.
William Blake

Behandlungszentren und Praxen von Therapeuten sind voll von Menschen, die unter den Auswirkungen der unterschiedlichsten Exzesse leiden, unter Abhängigkeit von Nahrungsmitteln, Drogen oder Alkohol, von Pessimismus, Habgier oder Schuldgefühlen. Es ist für uns wichtig, die Rolle zu erkennen, die Exzesse in unserem Leben spielen. Sobald das Pendel zu weit in eine Richtung ausschwingt, sollte man korrigierend eingreifen. Unsere Schuld- und Schamgefühle und deprimierte Stimmungen sind Hinweise auf die Tatsache, daß eine Veränderung angesagt ist.

Die weisesten Menschen sind jene, die irgendwann in ihrem Leben exzessiv gewesen sind und diese Erfahrung zur Weiterentwicklung ihrer Persönlichkeit genutzt haben. Verschwenden Sie Ihre Zeit nicht damit, sich Vorwürfe für etwas zu machen, was Sie in der Vergangenheit vielleicht falsch gemacht haben könnten. Konzentrieren Sie sich statt dessen vielmehr darauf, wie Sie dieses «Fehlverhalten» sinnvoll einsetzen können. Wenn Sie Ihre «Vergehen» zu Ihrem Lehrer machen, führt Sie der Weg des Exzesses in den Palast der Weisheit.

Ich will wegen meiner Exzesse nicht mit mir hadern, sondern aus ihnen Lehren ziehen.

Erfolg besteht zu achtzig Prozent daraus, sich dem Leben zu stellen.

Woody Allen

Seit ihr Mann vor einigen Jahren unerwartet gestorben ist und ihr einen Berg Schulden hinterlassen hat, kämpft Andrea mit finanziellen Problemen. Obwohl sie sich in bemerkenswerter Weise zusammengerissen hat und versucht, das Beste aus der Situation zu machen, gibt es für sie doch auch depressive Phasen.

In solchen Zeiten erinnere ich sie daran, wie gut sie ihre Probleme bisher gemeistert hat, daß sie ihren Humor behalten hat, daß sie eine gute Mutter ist und es geschafft hat, ihre Rechnungen pünktlich zu bezahlen. Auch wenn sie vielleicht nicht in allem vollkommen war, so hat sie sich zumindest den Herausforderungen ihres Lebens gestellt und sie überstanden.

Wenn wir uns in einer depressiven Phase befinden, bringen wir selten genug Energie und Kraft auf, um die alltäglichen Aufgaben zu bewältigen. Aber wir dürfen nicht vergessen, daß man nicht perfekt sein muß, um sich dem Leben zu stellen, und daß es schon ein Triumph ist, auch dann präsent zu sein, wenn wir es kaum schaffen. Ein Triumph, der uns dazu verhelfen wird, uns in eine Situation zu versetzen, in der wir uns sehr viel stärker und wohler fühlen.

Heute stelle ich mich dem Leben.

Der einzige absolute Freund, den ein Mensch in dieser selbstsüchtigen Welt haben kann, der ihn nie verläßt, der sich nie undankbar oder betrügerisch verhält, ist sein Hund.

George Graham Vest

Untersuchungen haben ergeben, daß ein Haustier wesentlich zum Abbau von Streß-Symptomen beitragen kann. Wissenschaftler fanden heraus, daß Frauen, die versuchten, angstprovozierende Aufgaben mit einem Hund im Raum zu bewältigen, einen niedrigeren Blutdruck und weniger Schweißausbrüche hatten als allein. Sie erklärten, der Hund hätte ihnen eine Empfindung von Trost und Zuneigung vermittelt, so daß sie sich sicherer und entspannter fühlten. Die Atmosphäre bedingungsloser Zuneigung, die von Haustieren ausgeht, ist auch in Alten- und Pflegeheimen wohlbekannt. Selbst die mürrischsten und verdrossensten Männer und Frauen heitern auf, wenn ihnen ein Hund oder eine Katze auf den Schoß springt, und dieses Wohlgefühl hält für mehrere Stunden an.

Verbringen Sie heute ein wenig Zeit mit einem Tier. Ein Tier um sich zu haben, das von einem nichts anderes verlangt als Anwesenheit, kann ein heilsames Medikament für ein schweres Herz sein.

Heute suche ich mein Glück in der Gesellschaft von Tieren.

Manche Menschen gehen jedes Problem mit geöffnetem Mund an.

Adlai Stevenson

Als ich in der siebten Klasse war, machte meine Lehrerin für Naturwissenschaften eine Bemerkung, die ich nie vergessen werde. «Wenn du redest, lernst du nichts.» Seither konnte ich immer wieder feststellen, wie richtig diese Worte sind, besonders dann, wenn ich mit einem emotionalen Problem kämpfe. Auch wenn es Vorteile bringt, in einer mitfühlenden Atmosphäre Dampf abzulassen, so werde ich doch nichts lernen, was mir bei der Lösung meiner Schwierigkeiten helfen könnte, wenn ich nicht zumindest lange genug schweige, um mir den Rat meiner Freunde anzuhören.

Achten Sie heute einmal darauf, wie oft Sie reden und wann Sie schweigen, wenn Sie bei Freunden und Bekannten Rat und Hilfe suchen. Ihre Gefühle zu äußern, ist ein wichtiger Schritt zu einer ausgeglichenen, glücklichen Persönlichkeit, aber wenn Sie sich nicht ebensoviel Zeit nehmen, die Ratschläge anderer in sich aufzunehmen und sie in aller Ruhe abzuwägen, werden Sie nie über genügend Hilfsmittel zur Bekämpfung Ihrer depressiven Stimmungen verfügen.

Es hat seinen Grund, daß ich zwei Ohren, aber nur einen Mund habe.

Die vorrangige Verantwortung für die Zukunft des Individuums trägt genau dieses Individuum.

Dorcas Hardy

Eine der schwersten Lektionen des Lebens besteht in der Erkenntnis, daß wir dafür verantwortlich sind, was wir tun, wie wir uns verhalten und welche Entscheidungen wir treffen. Im allgemeinen haben wir Menschen die Neigung, andere für die Dinge verantwortlich zu machen, die uns zustoßen, oder von ihnen zu erwarten, daß sie uns aufmuntern, wenn wir am Boden sind. Aber wenn man sich allzu sehr auf einen anderen Menschen oder eine Institution verläßt, endet das meistens mit Enttäuschungen.

Obwohl es sehr wichtig ist, bei anderen Menschen Rat zu holen, wenn wir Sorgen haben und Hilfe benötigen, müssen wir dennoch begreifen, daß wir allein dafür verantwortlich sind, die Schritte zu tun, die zu Ausgeglichenheit und Zufriedenheit führen. Je länger wir einen Elternteil, einen Therapeuten, einen Pfarrer oder Freund als Schlüssel zum Glück betrachten, desto unwahrscheinlicher wird es, daß wir es in uns selbst finden.

Ich bin für mein Geschick selbst verantwortlich.

Von meinen beiden «Nachteilen» hat die Tatsache, weiblich zu sein, mir sehr viel mehr Hindernisse in den Weg gelegt als meine schwarze Haut.

Shirley Chisholm

Eine der deprimierendsten Feststellungen für eine berufstätige Frau ist die Tatsache, daß sie aufgrund ihres Geschlechts schlechtere Aufstiegschancen hat. Obwohl die Türen des Geschäfts- und Wirtschaftslebens seit Jahrzehnten auch Frauen offenstehen, müssen sie, um Karriere zu machen, doppelt so kompetent wie ein Mann sein. Es ist nicht überraschend, daß uns der «Nachteil», Frau zu sein, desillusioniert und frustriert, auch wenn er nichts mit uns als Mensch zu tun hat.

Versuchen Sie sich mit der Tatsache zu trösten, daß Sie keineswegs das einzige Opfer sind. Unterstützungsgruppen können sich insofern mit Ihnen solidarisch erweisen, indem sie Ihnen helfen, berufliche Minenfelder zu umgehen. Auch Therapien können Fähigkeiten und Verhaltensweisen vermitteln, die Ihre Erfolgschancen erhöhen. Auch wenn sexuelle Belästigungen und Vorurteile Ihren Aufstieg weiterhin belasten könnten, werden Ihnen Humor, Beharrlichkeit und die Unterstützung anderer doch dabei helfen, Hürden aus dem Weg zu räumen.

Ich werde mein Selbstwertgefühl nicht von Diskriminierung beeinträchtigen lassen.

Es hat gereicht.

Golda Meir

Wenn wir mit Depressionen kämpfen, sollten wir uns an irgendeinem Punkt dazu durchringen zu sagen, daß es nun reicht und daß eine Veränderung notwendig ist. Aus Untersuchungen weiß man, daß mindestens fünfundzwanzig Prozent aller Frauen an Depressivität leiden, aber nur jede fünfte von ihnen jemals berufliche Hilfe in Anspruch nimmt. Besonders frustrierend an diesem Tatbestand ist für Therapeuten und Psychiater die Tatsache, daß es sich bei Depressionen um eines der am leichtesten zu heilenden Leiden handelt.

Falls Sie sich seit längerem mit Depressivität herumplagen, aber bisher nichts wirklich Entscheidendes dagegen unternommen haben, dann fassen Sie heute den Entschluß, professionelle Hilfe zu suchen. Rufen Sie einen Therapeuten an, sprechen Sie mit Ihrem Arzt oder Pfarrer, lesen Sie Fachliteratur, die Sie das besser verstehen läßt, was mit Ihnen vorgeht. Depressivität kann überwältigend und furchteinflößend sein, aber wenn Sie sich ihr stellen, finden Sie eine Unzahl von Hilfsmöglichkeiten.

Sobald ich um Hilfe bitte, sieht meine Zukunft sehr viel heller aus.

Nichts ist so gut, wie es zunächst den Anschein hat.

George Eliot

Jeder, der ein rein äußerliches Ereignis für einen Freifahrtschein ins Glück hält, muß enttäuscht werden. «Geographische Heilversuche» nennt man diese äußerlichen Veränderungen, die die tatsächlichen inneren Bedürfnisse ignorieren. Wenn wir versuchen, dem Problem einer negativen Selbsteinschätzung dadurch beizukommen, daß wir in eine andere Stadt ziehen, unserem Äußeren ein anderes Erscheinungsbild geben oder unsere Umgebung verändern, müssen wir enttäuscht werden, weil das, was eigentlich verändert werden müßte – unser Verhalten oder unsere Einstellung –, so bleibt wie es ist.

Falls Sie sich auf eine bestimmte Beziehung oder einen bestimmten Weg in der festen Annahme konzentrieren, nur sie oder er würde Sie zur Erfüllung führen, sollten Sie Ihre Erwartungen in Frage stellen. Solche «Erfüllungen» sind nur kurzlebig.

Bemühen Sie sich, keine unrealistischen Erwartungen an künftige Ereignisse zu stellen. Konzentrieren Sie sich statt dessen auf das Heute und auf die kleinen, aber besonderen Ereignisse, die dauerhafte Freude bringen.

Ich will mich auf das Heute konzentrieren, um mein Glück zu finden – nicht auf die Zukunft.

APRIL

Unter Umständen kann Sie Alkohol ein bißchen auf Touren bringen, aber er trägt Sie mit Sicherheit sehr schnell aus der Kurve.

Betty Ford

Viele Leute ertränken ihren Kummer ganz einfach in Alkohol. Alkohol putscht zwar zunächst auf, macht aber letztendlich depressiv. Daher ist Alkohol nicht nur ein überaus kurzlebiges Mittel zur Bewältigung depressiver Verstimmungen, er birgt auch die Gefahr der Abhängigkeit.

Substanzen wie Alkohol und Kokain sprechen das nervenanregende Dopamin im Gehirn an und produzieren so ein künstliches «Wohlgefühl». Deshalb ist es so verlockend, zu einem Glas Wein oder Schnaps zu greifen, wenn ein anstrengender Tag hinter uns liegt oder wir vorübergehend irgendwelche Probleme vergessen wollen. Solche positive Reaktionen können aber auch durch andere Methoden hervorgerufen werden: durch Meditation, sportliche Betätigung und die Einnahme kleiner Mengen von Kohlehydraten.

Überprüfen Sie, wie oft Sie in Moll-Stimmungen zu einem Glas greifen und warum. Testen Sie auch, ob ein paar Tage der Abstinenz nicht wirksamer gegen Ihre Verstimmung helfen. Auch wenn der Alkohol nicht Ihr eigentliches Problem sein mag, ist es doch ratsam, ihn als beitragenden Faktor zu möglicher Depressivität auszuschalten.

Ich werde meine Emotionen nicht mit Alkohol ruhigstellen.

Um unersetzlich zu werden, muß man immer anders sein.
Coco Chanel

Eine der größten Sehnsüchte der meisten Heranwachsenden besteht darin, «dazuzugehören» und sich von ihresgleichen kaum zu unterscheiden. Wenn sie zufällig molliger sind, aus einem anderen Land stammen, besonders klug oder sehr groß sind, kann sie das von anderen unterscheiden und zu depressiven Empfindungen führen, die sich nur bessern, wenn sie ihre besonderen Qualitäten bejahen und ihre Unverwechselbarkeit schätzen lernen. Als Erwachsene können wir unter ähnlichen Gefühlen von Isolation und Niedergeschlagenheit leiden, wenn wir in Lebensführung und Beruf Entscheidungen treffen, die uns in Minderheitspositionen bringen.

Versuchen Sie heute Ihre Unverwechselbarkeit zu kultivieren, statt sich von Ihrem «Anderssein» deprimieren zu lassen. Anstatt sich selbst zu quälen, sollten Sie vielmehr erkennen, daß Ihr Weg zum Glück darin besteht, die Persönlichkeit zu sein, als die Sie angelegt sind, und nicht die, die andere in Ihnen sehen wollen.

Ich werde mein Licht nicht unter den Scheffel stellen.

Ich kann nicht sagen, daß ich glaube. Ich weiß! Ich habe erlebt, daß mich etwas ergriff, das stärker war als ich selbst, etwas, das die Menschen Gott nennen.

Carl Gustav Jung

Ich fragte eine sehr gläubige Freundin, wie sie zu ihrem Glauben gelangt sei. Sie antwortete: «Ich wurde ganz einfach mit dem Wissen geboren, daß es einen liebenden Gott gibt, der stets für mich da sein wird, was immer auch geschieht.»

Die intensivsten Begegnungen mit der Macht, die ich Gott nenne, hatte ich in den Momenten, in denen ich mich am verlassensten fühlte. Häufig spürte ich dann die Anwesenheit eines Gottes, der mich meiner festen Überzeugung nach davon abgehalten hat, einfach aufzugeben. Das Gefühl von Wärme und Hoffnung, das mir diese Begegnungen vermittelt haben, läßt sich nur schwer beschreiben, aber es verhalf mir dazu, mich auf meine eigentlichen Ziele zu konzentrieren, wenn ich mich zutiefst niedergeschlagen und verlassen fühlte.

Auch wenn Sie noch so verzweifelt sein mögen, versuchen Sie Trost aus der Überzeugung zu beziehen, daß Sie im ungeheuren Universum nicht allein sind.

Meine schwärzesten Momente bringen mir die erhellendsten Begegnungen mit Gott.

Mitgefühl für mich selbst ist das wirksamste Heilmittel von allen.

Theodore Isaac Rubin

Die Begriffe unser «inneres Kind» und «gestörte Familienverhältnisse» haben für Millionen von Frauen große Bedeutung. Wenn wir in Familien aufgewachsen sind, in denen unsere emotionalen Bedürfnisse nicht befriedigt wurden, müssen wir uns damit abfinden, daß wir in uns eine junge, verletzliche Version von uns tragen, der immer wieder tröstend versichert werden muß, daß sie auch in harten Zeiten nicht allein gelassen wird.

Falls auch Sie Erinnerungen an eine unglückliche Kindheit haben, dann haben Sie Mitleid mit dem kleinen Mädchen in sich, das nicht genug Zuwendung bekam, um sich geliebt, respektiert und anerkannt fühlen zu können, und trösten Sie es. Auch wenn es großer Kraft und grenzenlosen Mitgefühls bedarf, unsere eigenen Eltern zu sein, sind wir jeder Anstrengung wert, die in uns Empfindungen von Selbstachtung und Glücksgefühl weckt.

Ich will das Kind in mir lieben, das nicht die emotionale Unterstützung bekam, die es nötig hatte.

Es sind nicht die großen Freuden, die zählen. Es geht vielmehr darum, aus den kleinen das meiste zu machen.

Jean Webster

Da die durchschnittliche berufstätige Frau wöchentlich achtzig Stunden mit ihrer Arbeit, Kindererziehung und anderen Aufgaben verbringt, aber nur sechzehn mit Vergnügungen, ist es wichtig, das Glück dieser kargen Stunden durch die Erkenntnis dessen zu maximieren, was uns wirklich Freude macht. Legen Sie also eine Liste der hundert Dinge an, die Sie am glücklichsten stimmen, für die Sie dankbar sind, die Sie gern noch tun würden, bevor Sie sterben, mit denen Sie sich gern verwöhnen und die Sie besitzen möchten. Die meisten Frauen kommen auf nicht mehr als dreißig Positionen, daher ist es entscheidend, die Phantasie spielen zu lassen, um die Liste so vollständig wie möglich zu machen.

Jeder von uns besitzt die Fähigkeit, sich Freude zu verschaffen, aber wir räumen ihr nicht immer die notwendige Priorität ein. Lernen Sie es, aus Ihrer Freizeit eine «Freudenzeit» zu machen. Dann schaffen Sie sich nicht nur Oasen von Zufriedenheit und Glück in Ihrem Alltag, sondern finden dadurch auch vielfältige Möglichkeiten, pessimistischer Mutlosigkeit zu entfliehen, sobald sie auftreten will.

Heute hat die Freude bei mir absoluten Vorrang.

Frauen sind wie Teebeutel: In heißem Wasser werden sie stärker.

Eleanor Roosevelt

Wir Frauen sind häufig stärker als wir gemeinhin annehmen. In welchem «heißen Wasser» Sie sich heute auch befinden mögen – vergessen Sie nicht, daß es Sie nicht unbedingt dazu bringen muß, sich aufzulösen und in Depressionen zu versinken, sondern daß es Sie stärker machen kann. Erinnern Sie sich Ihrer Energien, und finden Sie andere Frauen, die Widerstände erfolgreich bestanden haben, um mit ihnen über ihre Erfahrungen zu sprechen. Auch wenn uns Mutlosigkeit oft vergessen läßt, wie widerstandsfähig wir im Grunde sind, können wir doch mit Hilfe von Angehörigen und Freunden, vielleicht auch der eines Therapeuten, neues Selbstvertrauen und Stolz auf das entwickeln, was wir bisher erreicht haben.

Ich will mich auf meine Widerstandskraft besinnen.

Steter Sonnenschein schafft eine Wüste.

Östliches Sprichwort

Das Leben ist eine Folge von Ebbe und Flut unserer Emotionen und unseres Geschicks, und es ist unmöglich, einen bestimmten Zustand auf Dauer aufrechtzuerhalten. Wir sollten uns das auch gar nicht wünschen. So sehr wir uns auch nach einer stets sorgenfreien und glückerfüllten Existenz sehnen mögen: Sie wäre nicht gut für uns. Genau wie uns Phasen von Krankheit den Wert der Gesundheit bewußt machen, bringen uns Anfälle von Niedergeschlagenheit und Pessimismus dazu, die glücklichen Zeiten in unserem Leben zu schätzen und für sie dankbar zu sein. Ein absolut sorgenfreies Leben ist nicht nur unrealistisch, es fehlen ihm auch entscheidende Emotionen.

Manchmal kommt uns unsere Niedergeschlagenheit vor wie eine endlose Wüste, aber wenn wir die Hoffnung nicht verlieren und wissen, daß es gelegentlich sehr gut für die Seele ist, auch die Schattenseite des Lebens zu erkunden, ist die nächste Oase für keinen von uns allzu fern.

Nur wenn ich dann und wann traurig bin, weiß ich wahre Freude zu schätzen.

Brechen Sie keine Brücken hinter sich ab. Sie werden überrascht sein, wie oft Sie denselben Fluß überqueren müssen.

H. Jackson Brown

Vor einigen Jahren hat mich eine Bekannte, der ich vertraute, tief enttäuscht und mich eine Menge Zeit und Geld gekostet. Am liebsten hätte ich sie angerufen und zur Rede gestellt. Aber aus irgendeinem Grund habe ich das nie getan.

Drei Jahre später rief sie mich an, gestand ihren Fehler ein und bat mich dann, ihr in einer bestimmten Angelegenheit zu helfen. Widerstrebend stimmte ich zu. Die Zusammenarbeit erwies sich dann für uns beide als vorteilhaft, und ich war dankbar, daß es mir gelungen war, meine Zunge im Zaum zu halten und nicht alle Brücken zu ihr abzubrechen, wie ich vorgehabt hatte.

Menschen zu beschimpfen, die uns verletzt haben, ist ein verständliches menschliches Bedürfnis. Aber wir dürfen uns von unserer Erbitterung nicht so weit hinreißen lassen, Dinge zu sagen oder zu tun, die wir bereuen könnten. Wir sollten nie in der ersten Wut alle Brücken abbrechen, sondern die Energie unserer Verärgerung statt dessen für die Verfolgung sinnvollerer Ziele einsetzen.

Das Abbrechen von Brücken schadet mir selbst am meisten.

In der Literatur dreht es sich mehr um Sex als um Kinder. Im Leben ist es umgekehrt.

David Lodge

Die heißen und exotischen Sexszenen, die in Filmen gezeigt, in Zeitschriften und Büchern beschrieben werden, können deprimierend wirken, wenn wir naiv genug sind, sie für die Norm zu halten. Die Realität jedoch ist, daß Sex in langfristigen Beziehungen das Risiko von Langeweile in sich birgt. Literatur bietet zwar eine Chance, sich aus dem Alltag in Phantasien zu flüchten, aber sie für eine Schilderung des Alltäglichen zu halten, ist schädlich für uns und unser Selbstwertgefühl.

Wenn Ihnen ein «gewisses Prickeln» fehlt, dann denken Sie daran, daß auch gute Beziehungen Schwankungen in der leidenschaftlichen Intensität unterworfen sind. Aber wenn auch unser Sexleben nie ganz an das auf Leinwand und Bildschirm gezeigte heranreichen wird, können wir es mit Phantasie und Beharrlichkeit doch neu entfachen.

Es ist weder realistisch noch hilfreich, mein Leben mit dem neuesten Bestseller zu vergleichen.

Ein Mensch, der seine Freunde schätzt, ist für gewöhnlich selbst ein Juwel.

Marjorie Holmes

Ein verläßlicher Freundeskreis ist einer der besten Garanten für Glück und Zufriedenheit. Untersuchungen haben immer wieder ergeben, daß Menschen ohne familiäre oder freundschaftliche Bindungen ein schwächeres Immunsystem und eine höhere Anfälligkeit für Krebserkrankungen und Depressionen haben als jene, die ein geselliges Leben führen. Schon einen Freund, eine Freundin zu haben, dem oder der Sie vertrauen können – nicht nur einen großen Kreis flüchtiger Bekannter –, kann entscheidende Auswirkungen auf Ihre geistige und körperliche Gesundheit haben.

Prüfen Sie Ihre Freundschaften, ob sie die Beziehungen sind, die Ihnen guttun. Ein guter Freund ist ein Mensch, der Sie nicht erschöpft und ausnutzt, sondern Ihnen vernünftig und mitfühlend zur Seite steht. Ein guter Freund wird sich auch von Ihren Phasen der Mutlosigkeit nicht abschrecken lassen, sondern unverdrossen bemüht sein, Ihnen zu helfen – auch wenn Sie versuchen, sich in sich zurückzuziehen. Dafür zu sorgen, daß Sie einige verläßliche Freunde haben, bevor ein «Notfall» eintritt, kann eine der besten Investitionen in Ihre Gesundheit sein.

Heute werde ich meine Freunde besonders schätzen.

Wer weint, vermindert seines Grames Tiefe.

William Shakespeare

Angeblich enthalten Tränen giftige Substanzen: Deshalb sollen sie so reinigend wirken. Doch darüber hinaus ist Weinen auch oft eine emotionale Katharsis. Bei Menschen, die immer ihre Tränen zurückhielten, weil sie Weinen für «unschicklich» oder «schwächlich» hielten, stellte man fest, daß sie ungewöhnlich launisch oder sogar krank wurden, was sich änderte, als sie endlich ihren Tränen freien Lauf ließen.

Falls Sie Ihre Tränen zurückhalten, weil Sie befürchten, sonst für labil oder hysterisch gehalten zu werden, sollten Sie endlich einmal loslassen. Schluchzen Sie, weinen Sie, schreien Sie – lassen Sie sich vom Strom der Tränen die Seele reinigen, stellen Sie das Gleichgewicht zwischen Körper und Geist wieder her.

Weinen stärkt mich emotional und physisch.

Tee stillt Durst und Tränen.

Jeannie Larmoth und Charlotte Turgeon

Wenn eine meiner Freundinnen irgendwelche Probleme hat, brüht sie sich Tee auf, sucht sich ein ruhiges Plätzchen und trinkt bewußt langsam und schweigend. Die Teezeremonie entführt sie aus einer aufreibenden Umgebung, gibt ihr eine kleine Aufgabe, beruhigt und tröstet sie.

In Japan ist die Tee-Zubereitung so ausgefeilt und kompliziert, daß es Jahre dauert, bis man alle Nuancen dieses wichtigen Rituals beherrscht. Der Zubereiter muß sich vollkommen auf jede einzelne Handhabung konzentrieren und alle Schritte schweigend ausführen. Obwohl wir vermutlich dieses japanische Tee-Ritual nie erlernen werden, können wir in uns doch ein ähnliches Gefühl von Ruhe und Versunkenheit hervorrufen, wie es diese uralte Zeremonie bewirkt.

Versuchen Sie es mit dieser Tee-Stunde, wenn Sie sich heute abgespannt und entmutigt fühlen. Verwöhnen Sie sich ein bißchen. Manchmal ist es sehr gut für die emotionale Gesundheit, sich selbst zu einer Tee-Party einzuladen.

Heute gebe ich eine Tee-Party – nur für mich allein.

Den Schlüssel zum Erfolg kenne ich nicht, aber der Schlüssel zum Mißerfolg ist der Versuch, allen gefallen zu wollen.

Bill Cosby

Nie hätte ich gedacht, daß man auch «zu nett» sein könnte, bis ich neulich in einer Studie las, daß Frauen, die jeden Ärger herunterschlucken, stets liebenswürdig sind und sich den Wünschen anderer bereitwillig fügen, ein höheres Todesrisiko eingehen als Frauen, die auf ihren Rechten bestehen, hartnäckig und sogar ein bißchen aufsässig sind.

Gehen Sie nicht davon aus, daß es Sie immer glücklich macht, wenn Sie andere glücklich machen, denn das wäre ein Trugschluß. Anstatt um Demut und Selbstlosigkeit bemüht zu sein, sollten Sie offen Ihre Meinung sagen, Ihrem Ärger Luft machen und von Zeit zu Zeit bewußt wider den Stachel löcken. Sie werden sehen, daß das letzten Endes nicht nur Ihrem körperlichen, sondern auch Ihrem seelischen Wohlbefinden dient.

Heute werde ich vor allem meine eigenen Wünsche befriedigen.

Die Mutter-Kind-Beziehung ist paradox und in gewisser Hinsicht tragisch. Sie verlangt von der Mutter die intensivste Liebe, und doch muß gerade diese Liebe dem Kind dabei helfen, sich von der Mutter weg zu entwickeln und absolut unabhängig zu werden.

Erich Fromm

Eine der kompliziertesten und deprimierendsten Phasen des Mutterseins ist die Rückkehr in den Beruf nach der Geburt eines Kindes. Und doch ist es nur der Beginn des Lernprozesses, in dem wir unsere Kinder, und wenn wir sie noch so lieben, nach und nach in die Welt entlassen müssen, damit sie verantwortungsbewußte und selbständige Erwachsene werden können. Das ist eine deprimierende Erfahrung, die die meisten Mütter durchleben.

Falls Sie darunter leiden, sich von Ihrem Kind trennen zu müssen – zum erstenmal oder weil es plötzlich mehr Zeit mit seinen Altersgenossen verbringen will als mit Ihnen –, dann sorgen Sie dafür, daß die Zeit Ihres Zusammenseins zu etwas Besonderem wird. Unternehmen Sie Dinge, an denen Sie gemeinsam Freude haben, hören Sie sich seine Probleme und Ideen vorurteilsfrei an und zeigen Sie ihm, wie sehr Sie es lieben. Wenn es Ihnen gelingt, Ihre Kinder mit dem Bewußtsein gehen zu lassen, daß Sie immer für sie da sind, werden sie nie wirklich von Ihnen getrennt sein.

Was ich bedingungslos liebe, ist stets in meinem Herzen bei mir.

Die Neigung, Männlichkeit als Bereitschaft zu physischer Gewalt zu definieren, hat eine lange Tradition …

Marshall Fishwick

Erschreckend oft werden auch heute noch Männer gegenüber ihren Frauen fatal gewalttätig. Die Mißhandlung von Frauen ist keineswegs auf ein sozial benachteiligtes Milieu beschränkt. Häufig sind Ehemänner tagsüber angesehene, liebenswürdige Geschäftsleute und Angestellte, abends und nachts jedoch gewalttätige Schläger. Die betroffenen Frauen leben oft jahrelang in Angst und Schrecken. Und viele, die sich endlich von diesen Männern trennen, gehen wieder zu ihnen zurück, weil sie den Versprechen glauben, ihr Verhalten hätte sich geändert. Leider ist das aber fast nie der Fall.

Sollten Sie ein Opfer von Mißhandlungen sein, dann bringen Sie den Mut auf, sich gegen diese Abhängigkeit und Erniedrigung zu wehren. Wenn wir Mißhandlungen hinnehmen, ist das vermutlich nicht unser einziges selbsterniedrigendes Verhalten. Daher sollten unsere ersten Schritte zu einem selbstbestimmten Leben darin bestehen, nach umfassender Information und wirksamer Hilfe zu suchen, um den Mut zu finden, uns vor weiterer Gewalttätigkeit zu schützen.

Ich habe genügend Eigenliebe, um dafür zu sorgen, daß mich auch andere liebevoll behandeln.

Schweigen ist nicht etwas, das wir herstellen. Es ist ein Zustand, in den wir eintreten.

Mother Maribel

Sobald mein Sohn hyperaktiv ist oder verrückt spielt, verordne ich ihm eine «Aus-Zeit», die er allein in seinem Zimmer oder schweigend in einer ruhigen Ecke verbringen muß. Es ist verblüffend, wie sehr eine kurze Zeit erzwungenen Schweigens Stimmung und Verhalten eines Menschen verändern kann. Gelegentlich habe ich das genauso nötig wie mein Sohn. Wenn ich zickig reagiere oder über irgend etwas bekümmert bin, hilft mir nichts mehr als ein Moment des Alleinseins und Schweigens. Nicht immer bringt mir meine «Aus-Zeit» Antworten auf all meine Fragen, aber ich stelle immer wieder fest, daß diese bewußte Rücksichtnahme auf mein Wohlbefinden Balsam für meine Seele ist.

Verordnen Sie sich heute eine Phase des Schweigens. Grübeln Sie in dieser Zeit nicht über Ihre Probleme nach, nutzen Sie sie vielmehr dazu, etwas für Sie Angenehmes zu denken oder für das Positive in Ihrem Leben dankbar zu sein. Genau wie kleine Kinder vor allzuviel Aufregung bewahrt werden müssen, um ihre allgemeine Ausgeglichenheit bewahren zu können, brauchen auch wir hin und wieder Momente des Alleinseins und Nachdenkens, um unser inneres Gleichgewicht wiederzuerlangen oder zu bewahren.

Wie kleine Kinder brauche auch ich gelegentlich «Aus-Zeiten».

Ohne Arbeit siecht das ganze Leben dahin.

Albert Camus

Fast jeder von uns kennt irgend jemanden, der irgendwann einmal seine Arbeitsstelle verloren hat. Einige Menschen erholen sich von diesem Schock sehr schnell, andere versinken in Pessimismus. Psychologen betonen immer wieder, wie wichtig es ist, daß wir in Krisenzeiten die Lösung unserer Probleme schrittweise angehen und uns zuerst einmal klarmachen, welche Bereiche wir immer noch gut im Griff haben. Davon sollten wir ausgehen und nicht in Panik oder Verzweiflung geraten.

Machen Sie eine Liste der Dinge, die erledigt werden müssen, teilen Sie die Aufgaben in zu bewältigende «Portionen» auf. Vermeiden Sie auf jeden Fall, in Selbstvorwürfen zu versinken. Wenn Sie arbeitslos sind, hat das mit Ihrem Wert als Person nichts zu tun. Und vergessen Sie nicht, daß das Gefühl, gebraucht zu werden und produktiv zu sein, ebenso wichtig ist wie Arbeit. Daher sollten wir unseren persönlichen Wert nicht mit unserer Fähigkeit zum Geldverdienen verwechseln.

Meine Selbstachtung und meine Zufriedenheit hängen nicht nur von meiner beruflichen Situation ab.

Ein Hobby dann und wann hält den Trübsinn in Bann.

Phyllis McGinley

Zu den unzufriedensten und unglücklichsten Menschen gehören jene, die außerhalb ihrer Arbeit und ihrer Familie keine weiteren Interessen haben. Viele Frauen verlieren im täglichen Einerlei jeden Bezug zu ihrem kreativen Ich. Ihnen muß man raten, ein bißchen weniger zu putzen und aufzuräumen und statt dessen Dinge zu tun, die ihnen Spaß machen: zu malen, zu tanzen, zu schreiben. Frauen, die ihrem kreativen Ich gestatten, sich in Betätigungen auszuleben, die ihren inneren Bedürfnissen entsprechen, sind glücklicher und selbstsicherer als jene, die sich das verweigern.

Sind Sie heute zu «beschäftigt», um sich einem Hobby zu widmen oder kreativ zu werden? Lassen Sie einfach eine Aufgabe unerledigt, und beschäftigen Sie sich mit etwas, was Sie lange Zeit vernachlässigt haben oder schon immer einmal versuchen wollten. Wir machen uns selten klar, wie deprimierend das tägliche Einerlei auf Dauer wirken kann. Daher sollten wir bewußt nach Möglichkeiten suchen, unserem kreativen Ich Gelegenheit zu geben, sich auszudrükken.

Heute werde ich mir Zeit für eine erfreuliche Tätigkeit nehmen, auch wenn deshalb etwas unerledigt bleibt.

Vertrauen ist das, was das Leben mit all seinen Tragödien, seinen Doppeldeutigkeiten und plötzlichen verblüffenden Freuden erträglich macht.

Madeleine L'Engle

Wenn wir darauf vertrauen, daß unsere Tragödien wie unsere Freuden zu einem unerforschlichen Plan für unser Leben gehören, sind unsere Lasten leichter zu ertragen. Versuchen Sie heute Ihre Schmerzen wie Ihre Freuden als Bestandteil dessen zu akzeptieren, was von höherer Warte aus gesehen für Sie am besten ist – auch wenn Ihnen das sehr schwer erscheint. Es mag einige Zeit dauern, bis Sie verstehen, warum sich dieser oder jener Schicksalsschlag ereignet, aber das Vertrauen in Gott oder eine Macht, die stärker ist als Sie selbst, kann Ihnen dabei helfen, auch die schwersten Stürme zu überstehen.

Meine Prüfungen nützen mir auf eine Weise, die ich jetzt vielleicht noch nicht erkenne.

Wenn sich die Depression anschleicht, informieren Sie sich über das Wesen dieser Bestie: Sie könnten ihr entkommen, ohne zerfleischt zu werden.

R. W. Shepherd

Soviel wie möglich über Depressivität in Erfahrung zu bringen – ob wir sie nun erstmals bemerken oder feststellen, daß sie sich bereits in unserem Leben festsetzen will –, ist ein kluger Akt der Selbsterhaltung. Die Natur dieser «Bestie» zu verstehen und sich nicht zu fürchten, ihr entgegenzutreten, verringert das Risiko, von ihr geschlagen zu werden, und erhöht die Wahrscheinlichkeit, Lösungen zu finden, die uns schon bald zum Normalzustand zurückkehren lassen.

Ich werde der «Bestie» Depressivität furchtlos entgegentreten.

Schicksalsschläge lassen sich ertragen – sie kommen von außen, sind zufällig. Aber durch eigene Schuld leiden – das ist der Stachel des Lebens.

Oscar Wilde

Es gibt weder «richtige» noch «falsche» Gründe für Depressivität. Sobald irgend etwas in uns Gefühle von Niedergeschlagenheit und Mutlosigkeit verursacht, sollten wir versuchen, dem auslösenden Problem zu Leibe zu rücken, anstatt uns Vorwürfe über unsere Empfindungen zu machen.

Belasten Sie das ohnehin bestehende Problem Ihrer pessimistischen Weltansicht nicht noch zusätzlich durch Schuldgefühle. Depressivität kann aus einer Reihe der unterschiedlichsten Gründe resultieren. Sie hängen ebenso mit unserer Umgebung und momentanen Situation zusammen wie mit biologischen Faktoren. Daher sollten wir uns um Beratung, Behandlung und andere Hilfsmöglichkeiten bemühen, anstatt uns vorzuhalten, die «falschen» Gefühle zu haben. Solange wir nicht lernen, daß es bei Depressivität nicht darum geht, uns zu bestimmten Empfindungen zu zwingen, werden wir keinen Frieden finden.

Ich werde mir wegen meiner Niedergeschlagenheit keine Vorwürfe machen.

Für das Konzert des Lebens erhält niemand ein Programm.
Volksweisheit

Irgendwann wird jeder von uns mit Ereignissen konfrontiert, die unser Glücksempfinden oder unser Selbstwertgefühl beeinträchtigen. Wir könnten einen guten Arbeitsplatz oder nahestehende Menschen verlieren, Beziehungsprobleme bekommen oder Dinge tun, die wir bitter bereuen. Gegen diese Dinge können wir kaum etwas unternehmen, da niemand von uns seine Zukunft im voraus kennt.

Da das Leben nun einmal unvorhersehbar ist und negative Ereignisse nicht immer zu vermeiden sind, ist es wichtig, genügend Widerstandskraft und Flexibilität zur Gegenwehr aufzubauen. Indem wir unsere geistigen Fähigkeiten entwickeln und darauf vertrauen, daß wir die Lasten auch tragen können, die uns aufgebürdet werden, wenn wir alle Hilfsangebote nutzen, die es gibt, können wir die Hürden leichter überwinden, die uns das Leben in den Weg legt.

Ich will um die Kraft bitten, das «Programm» meines Lebens bereitwillig zu akzeptieren.

Ein großer Schritt zur Unabhängigkeit ist ein widerstandsfähiger Magen.

Seneca

Häufig können sich Menschen von Depressionen, Schlaflosigkeit und Lustlosigkeit dadurch befreien, daß sie ihren Körper holistisch ins Gleichgewicht bringen. Auch wenn eine Veränderung Ihrer Eßgewohnheiten nicht unbedingt das Allheilmittel für Ihre seelischen Verstimmungen sein muß, kann es Ihrer Gesundheit nur dienen, den Körper von schädlichen Stoffen zu entlasten.

Falls Sie sich unausgewogen oder ungesund ernähren, sollten Sie sich von einem Ernährungswissenschaftler oder Diätetiker beraten lassen. Schon eine kleine Veränderung Ihrer Gewohnheiten könnte viele Ihrer Beschwerden verschwinden lassen. Obwohl Medikamente bei der Behandlung von Depressivität häufig eine Schlüsselrolle spielen, könnte Ihnen ein Versuch mit der Ganzheitsmethode doch zeigen, daß Ihre Ernährung größere Auswirkungen auf Ihre Stimmungslage hat, als Sie angenommen haben.

Ich will von meiner Niedergeschlagenheit unabhängig werden, indem ich mehr auf meinen Magen achte.

Mit Zynismus und Desillusionierung können wir uns genauso wirksam zerstören wie mit Bomben.

Kenneth Clark

Einige der mißmutigsten und unglücklichsten Menschen, die ich kenne, sind fest davon überzeugt, daß jedermann nur darauf aus ist, ihnen zu schaden, daß man niemandem trauen kann und das Leben lebensgefährlich ist. Wenn wir zornig, verkrampft und mißtrauisch sind, ist es kaum möglich, dauerhafte Glücksgefühle zu empfinden. Wenn wir ständig nur auf unser eigenes Wohl bedacht sind, werden wir nie die Freude verspüren können, die es bringt, das dankbare Lächeln eines Menschen zu sehen, dem wir geholfen haben. Und dauernd argwöhnisch über unsere Schulter zu blicken, ob uns auch niemand verfolgt, weckt in uns ängstliche, erbitterte Gefühle und nicht positive oder aufbauende.

Neigen Sie zu Zynismus? Ist ein Glas für Sie stets halb leer und nicht halb voll? Falls das so sein sollte, bemühen Sie sich heute um mehr Vertrauen, Humor und Mitgefühl. Stellen Sie fest, wieviel freier Sie sich dann fühlen. Wenn es Ihnen gelingt, die Welt als im Prinzip harmonisch und gütig zu betrachten, könnten Sie verblüfft erkennen, daß diese Sichtweise für Sie zur Realität wird.

Heute sehe ich die Welt in einem positiven, hoffnungsvollen Licht.

Die Unglücklichen brauchen nichts anderes in dieser Welt als Menschen, die fähig sind, ihnen ihre Aufmerksamkeit zu schenken.

Simone Weil

Wenn uns der große Jammer packt, brauchen wir Menschen, bei denen wir uns aussprechen können, die uns ruhig gegenübersitzen, uns anblicken und konzentriert zuhören. Mit diesem Verhalten sagen sie uns: «Du bist mir wichtig genug, daß ich mir deine Sorgen aufmerksam anhöre.» Wer diese Höflichkeit nicht aufbringen kann, sondern sich pausenlos ablenken läßt, während wir unser Herz ausschütten, gibt uns damit zu verstehen, daß er kein besonderes Interesse für unsere Probleme aufbringt.

Gehen Sie sorgsam bei der Auswahl der Menschen vor, von denen Sie sich Trost und Hilfe erhoffen. Therapeuten werden Ihnen ungeteilte Aufmerksamkeit zuwenden, was einen großen Teil ihrer Wirksamkeit ausmacht, aber das werden auch Freunde und Angehörige, die gute Zuhörer sind. Unter Umständen vermittelt uns allein die schlichte Tatsache, daß sich jemand Zeit für uns nimmt, ein so wärmendes Gefühl des Umsorgtseins, daß es gar nicht mehr bedarf, um unsere Verzweiflung zu vertreiben.

Ich suche heute die Gesellschaft von Menschen, die mir ihre ungeteilte Aufmerksamkeit schenken.

Untersuchungsergebnisse beweisen, daß vierzehn von zehn Menschen Schokolade lieben.

Sandra Boynton

Kaum glaublich, aber wahr: Schokolade ist ein wirksames Mittel gegen Niedergeschlagenheit und Depressivität. Forschungsergebnisse beweisen, daß der Genuß von Schokolade ein ähnliches Wohlgefühl erzeugt, wie wenn man sich leidenschaftlich verliebt. Schon der Geruch von Schokolade kann stimmungshebende Endorphine auslösen, weil die meisten Menschen mit diesem Duft angenehme Gefühle assoziieren. Ein ähnlich aufmunterndes Aroma verströmen Aprikosen, Geißblatt, Jasmin, Kiefern und Zimt.

Falls Sie heute einen «Stimmungsheber» brauchen, versuchen Sie es mit Schokolade. Da schon ein bescheidenes Quantum Süßes oder der Duft warmer Schokolade aufbauend wirken kann – wie wäre es, heute in eine Konditorei zu gehen? Auch wenn die «süße» Therapie Sie vielleicht nicht von allem heilt, was Sie belastet, kann es doch nichts schaden, etwas zu versuchen, was schon so vielen anderen Freude gemacht hat.

Heute sollen angenehme und appetitliche Düfte meine Stimmung heben.

Warum ist es nicht möglich, die mittleren Jahre als Phase eines zweiten Wachstums, einer zweiten Blüte, sogar als eine Art zweiter Pubertät zu betrachten?

Anne Morrow Lindbergh

Die Lebensmitte bringt keineswegs nur das «Leere-Nest»-Syndrom, ein Erschlaffen der Haut und ein Nachlassen der geistigen Kapazitäten. Ganz im Gegenteil: Untersuchungen haben ergeben, daß Frauen nach dem «Auszug» ihrer Kinder geradezu aufblühen, weil sie sich nun den Beschäftigungen widmen können, für die sie zuvor nur selten Zeit fanden. Unsere «Vierziger» und «Fünfziger» sind häufig eine herrliche Phase intellektueller Herausforderungen, sexueller Experimente und der Unabhängigkeit von Terminkalendern.

Anstatt ängstlich auf den «Nachmittag unseres Lebens» zu starren wie ein Kaninchen auf die Schlange, freuen Sie sich vielmehr darauf, mit zunehmendem Alter gelassener, selbstsicherer, weiser und unabhängiger zu werden. Mit der richtigen Einstellung, gesunder Ernährung, anregenden Zielen und Beschäftigungen können Sie diese Zeit in die beste und aufregendste Ihres Lebens verwandeln.

Je älter ich werde, um so besser werde ich.

Den ganzen Winter lang träume ich von meinem Garten. Am ersten warmen Frühlingstag grabe ich mit den Fingern tief in der weichen Erde. Ich spüre ihre Energien, und meine Stimmung steigt in ungeahnte Höhen.

Helen Hayes

Über die Garten-Therapie sind zahlreiche Bücher veröffentlicht worden, und in manchen psychiatrischen Kliniken und Strafanstalten setzt man sie bei der Behandlung abhängiger und depressiver Patienten ein. Die Vorbereitung des Bodens, das Säen und Pflegen der Pflanzen hätten ihm die Hoffnung vermittelt, daß auch er zu einem neuen Menschen aufblühen könnte, erklärte ein Strafgefangener. Und unter Depressionen leidende Patienten betonten, die rhythmischen Bewegungen des Grabens, Jätens und Gießens lenkten sie von ihren Problemen ab und verpflichteten sie dazu, für etwas anderes sorgen zu müssen als für sich selbst.

Konzentrieren Sie Ihre Energien heute auf erdverbundene Tätigkeiten. Falls Sie keinen Garten besitzen, kann die Pflege von Grünpflanzen oder ein paar Kräutern auf dem Fensterbrett große Befriedigung bringen, kann ein heilsames und freudespendendes Erlebnis sein.

Meine Seele blüht auf, wenn ich mit Erde in Berührung komme.

Da ich den Herrn suchte, antwortete er mir und errettete mich aus aller meiner Furcht.

Psalm 34,5

Manchmal sehen wir uns Problemen gegenüber, gegen die irdische Hilfsmittel erfolglos zu bleiben scheinen. Dann ist der Glaube das einzige, was noch helfen kann. Die stärksten und selbstsichersten Menschen, die ich kenne, sind jene, die tief spirituell (aber nicht unbedingt religiös) sind und darauf vertrauen, daß eine höhere Macht als sie selbst die Geschehnisse in ihrem Leben letztendlich zum Guten wenden wird.

Falls Sie heute keine Lösungen für Ihre Schwierigkeiten finden, dann bitten Sie Ihre höhere Macht um Einsicht, Hoffnung und Kraft. Je mehr Sie diese Beziehung in guten wie in schlechten Tagen pflegen, desto intensiver wird Ihr innerer Frieden dann sein, wenn Sie ihn brauchen.

Wenn ich mich am verletzlichsten fühle, kann Gott mir Stärke geben.

Alles, was uns an anderen irritiert, kann uns zu einem besseren Selbstverständnis führen.

Carl Gustav Jung

Eines Nachmittags fühlte ich mich nach der Teilnahme an einer Veranstaltung ausgesprochen niedergeschlagen und durcheinander. Als ich in mir nach den Gründen forschte, kam ich auf das Verhalten des Veranstalters, das nicht anders als feindselig genannt werden kann. Er schien besonderes Vergnügen daran zu finden, die Teilnehmer herunterzumachen, auf ihre Achillesfersen hinzuweisen und jede Wichtigtuerei an anderen zu entlarven. Während ich über unsere Diskussionen nachdachte, erkannte ich, daß er in mir Bereiche angesprochen hatte, die mich zwar seit längerem ärgerten, denen ich mich bislang aber noch nicht gestellt hatte.

Fühlen Sie sich heute verärgert oder verstimmt, weil Sie kürzlich mit einem ganz bestimmten Menschen zusammen waren? Anstatt sich über seine Äußerungen aufzuregen, bemühen Sie sich lieber um Einsicht, was er da in Ihnen aufgerührt haben könnte, das überprüft und notfalls geändert werden sollte.

Immer wenn ich irritiert reagiere, stehe ich kurz vor der Entdeckung von Dingen, die an oder in mir verändert werden müssen.

MAI

Die größte Verpflichtung besteht darin, uns selbst zu amüsieren.

S. J. Perelman

Fachleute vertreten die Ansicht, daß viele der Menschen, die zu Abhängigkeiten und Streßproblemen neigen, als Kinder nie gelernt haben zu spielen. Daher gehört die Förderung des Spiels zur Therapie, eine Sucht zu überwinden oder besser mit Streß-Situationen fertig zu werden.

Spiel kann alles sein, was Sie ohne jeden Zwang tun. Wenn Sie Freude daran empfinden, mit geschlossenen Augen einer Oper zuzuhören, dann ist das Spielen. Wenn Sie zum Tennisschläger greifen, ohne um jeden Preis gewinnen zu wollen, dann ist das Spielen. Und wenn Sie Ihre Arbeit lieben, sie aber nicht übertrieben ernst nehmen und sich auf jeden neuen Tag an Ihrer Arbeitsstelle freuen, dann ist auch das Spielen.

Versuchen Sie heute, Spielen wieder zum Bestandteil Ihres Alltags zu machen, indem Sie etwas Erfreuliches unternehmen – ganz ohne Druck, Terminzwang oder selbstauferlegte Beschränkungen. Die Bereitschaft, wieder zum Kind zu werden, verhilft zu einer positiven Lebenseinstellung und zur Abnahme von Streß und Frustrationen.

Heute werde ich spielen.

Aus ihrem Traum gerissen, fanden ihre Füße keinen festen Halt mehr. Die Wirklichkeit stieß sie ab.

Mary O'Hara

Natalie, eine Boutique-Besitzerin in mittleren Jahren, hat schon immer davon geträumt, ein Musicalstar zu werden. Trotz ihrer mageren Erfolgschancen investiert sie unermüdlich Geld und Zeit in Gesangs- und Tanzstunden und reagiert jedesmal tief deprimiert, wenn es bei einem Vorstellungsgespräch wieder einmal nicht geklappt hat. Weil sie sich mit der Realität nicht abfinden kann, vermutlich nie ein großer Star zu werden, hat Natalies Selbstwertgefühl extremen Schaden genommen.

Wenn wir unerfüllbaren Träumen nachhängen, sollten wir überprüfen, ob sie uns in der Realität nicht unsere Selbstachtung rauben. Die Aufgabe schöner, aber illusionärer Träume verursacht häufig Frustrationen, aber wenn wir sie dadurch bewältigen, daß wir uns realistischere Erwartungen schaffen, wird nicht nur unser Selbstvertrauen gestärkt, sondern auch unser Risiko vermindert, durch «Scheitern» deprimiert zu werden.

Wenn ich die Wirklichkeit akzeptiere, verliert die Traumwelt ihren Einfluß auf mich.

Ich hoffe, daß auch du Vögel liebst. Es ist praktisch. Es erspart, in den Himmel einzugehen.

Emily Dickinson

Daß Vögel in den Menschen angenehme Gefühle hervorrufen, hat einen wissenschaftlichen Grund. Heitere, hohe Töne wie Vogelrufe erhöhen die Konzentration von Serotonin im Gehirn, was sich stimmungshebend auswirkt. Musiktherapeuten weisen darauf hin, daß auch andere Geräusche mit sieben oder acht Schlägen pro Sekunde – etwa ein Trommelwirbel – den gleichen euphorischen Effekt ausüben, weil sie zu einer Verlangsamung der Hirnwellen und einer entspannteren Stimmung führen.

Das Lauschen auf Vogelgezwitscher kann Ihren Tag verschönen und erheitern. Nutzen Sie so oft wie möglich die Geräusche der Natur zur Hebung Ihres Wohlgefühls. Sie sind nicht nur völlig kostenlos, Sie haben auch jederzeit Zugang dazu.

Ich werde auf die Geräusche der Natur achten, um mich zu entspannen.

Wenn wir unsere Gedanken nicht beherrschen, werden sie uns beherrschen.

Ernest Holmes

Vor der Geburt meines zweiten Kindes peinigte mich die Angstvorstellung, daß danach mein Leben völlig aus dem Ruder laufen würde. Als ich meine Befürchtungen einer Bekannten anvertraute, gestand sie, vor der Geburt ihres zweiten Kindes ähnliche Empfindungen gehabt zu haben. Aber dann hätte die Liebe und Zärtlichkeit für ihre Tochter die Erfüllung ihrer vielen Pflichten sehr viel leichter gemacht, und sie konnte sich an die Veränderungen weit besser anpassen, als sie befürchtet hatte. Sie riet mir dazu, mehr an die Freude zu denken, die ein Baby bringt, und weniger an die Arbeit, die damit zusammenhängt, sowie die positiven Aspekte des Mutterseins aufzuschreiben und häufig durchzulesen.

Lassen Sie die Furcht vor dem Unbekannten nicht Ihr ganzes Denken und Handeln beherrschen. Und grübeln Sie nicht ständig über das nach, was kommen könnte. Daran sollten wir uns alle erinnern, sobald unsere Vorstellungen ins Negative umschlagen und anfangen, uns zu beherrschen.

Eine positive Einstellung trägt zu einem positiven Ergebnis bei.

Wenn es dunkel ist, sehen wir die Sterne.

Ralph Waldo Emerson

Nach einer unproblematischen Schwangerschaft verlor ein befreundetes Ehepaar kurz vor der Geburt das dritte Kind durch eine tragische Fehlgeburt. In ihrer Trauer begann die Mutter obsessiv zu trinken, während sich der Vater mehr denn je in seiner Arbeit vergrub. Doch dann brachte der schmerzliche Verlust in gewisser Hinsicht auch Vorteile mit sich. Die beiden begannen das Zusammensein mit ihren beiden verbliebenen Söhnen mehr zu schätzen und kämpften erfolgreich gegen ihre Abhängigkeiten an.

Das beweist, daß wir in dunklen Zeiten mitunter Sterne sehen können, die zuvor für uns unsichtbar waren. Bemühen Sie sich, über die ungerechten und schweren Lasten, die uns das Leben auferlegt, nicht in Verbitterung zu verfallen, denn sie können uns Möglichkeiten bieten, innere Stärke zu gewinnen.

In tiefster Dunkelheit will ich die Sterne in meinem Leben suchen.

Schlechte Haare sind die Hölle.

Shirley Lord

Frauen neigen dazu, ihrem Äußeren einen enorm hohen Wert beizumessen, besonders ihren Haaren. Ich kenne einige sehr selbstbewußte und erfolgreiche Frauen, die in tiefe Depressivität versinken, sobald ihre Frisur nicht sitzt.

Denken Sie heute darüber nach, wie groß die Aufmerksamkeit ist, die Sie so nebensächlichen Dingen wie Ihrem Aussehen zuwenden, besonders Ihren Haaren. Tragen Sie seit Jahren immer denselben Schnitt, weil Sie sich vor einer Veränderung fürchten? Oder lassen Sie sich von anderen diktieren, wie Sie am besten aussehen? Die Überzeugung, daß innere Schönheit Vorrang vor äußerer hat, ist ein Zeichen für Selbstvertrauen und zufriedene Gelassenheit. Sobald Sie begreifen, daß wegen einer nicht perfekt sitzenden Frisur die Welt nicht untergeht, steigen Ihre Chancen, auf Dauer «gute Tage» zu erleben.

Ich bin mehr, als für Augen sichtbar ist.

Wer aufhört zu lernen, ist alt – ob mit zwanzig oder achtzig. Wer weiterlernt, bleibt jung.

Henry Ford

Allzu häufig verzichten Frauen mit zu wenig ausgeprägtem Selbstwertgefühl auf die Chance, sich Ziele zu setzen, die ihr Wissen erweitern. Frauen entscheiden sich häufig für qualitative Vervollkommnung auf Gebieten, die sie bereits beherrschen. Männer tendieren hingegen dazu, mit «Lernzielen» neue Fähigkeiten zu entwickeln oder eine Herausforderung zu meistern. Frauen gehen offenbar von der Annahme aus, als dumm zu erscheinen, wenn sie etwas nicht absolut perfekt machen.

Dieser Hang zum Perfektionismus kann uns beruflich wie persönlich schaden. Ein gesunder, lebensvoller Mensch ist bereit, Risiken einzugehen, und unermüdlich darauf aus, etwas Neues zu lernen. Fassen Sie den Entschluß, heute etwas Neues und Aufregendes in Angriff zu nehmen. Sie erwerben sich dadurch nicht nur neue Fähigkeiten, sondern finden auch zu einer ganz neuen Lebenseinstellung.

Wenn ich mir Lernziele setze, bleibe ich jung und werde zufriedener mit mir selbst.

Der Schlaf ist für den ganzen Menschen, was das Aufziehen für die Uhr.

Arthur Schopenhauer

Die meisten Frauen schlafen zu wenig. Eine Studie zeigt, daß Ehefrauen generell durchschnittlich eine Stunde weniger schlafen als ihre Männer.

Im Beruf unterliegen wir leicht dem Irrtum, unseren «Wert» dadurch beweisen zu können, daß wir eine Stunde länger bleiben als unsere männlichen Kollegen. Wenn unsere Eltern Zuwendung und Pflege benötigen, sind wir häufiger als unsere Brüder bereit, diese Aufgabe zusätzlich zu unseren eigenen Pflichten zu übernehmen. Wenn wir Mütter sind, schlafen wir weit weniger tief als unsere Männer, da wir auf die Bedürfnisse unserer Kinder viel intensiver eingespielt sind als sie.

Falls Sie nicht genügend schlafen, sollten Sie Ihren Tagesablauf verändern. Rationalisieren Sie Ihre Pflichten und schieben Sie – wenn möglich – untertags kurze Schlafpausen ein. Übermüdung führt mit Sicherheit zu Gereiztheit, Niedergeschlagenheit und Verkrampfungen. Je mehr Schlaf Sie finden, desto weniger werden Sie unter Melancholie oder Stimmungsschwankungen leiden.

Ich werde heute ausreichend schlafen, um in Topform zu sein.

Für manche von uns ist Depressivität ein gelegentlicher Gast, der leise kommt und still wieder geht. Für andere ist sie ein unsichtbarer, aggressiver Eindringling, der unsere Körper und Seelen in seine Gewalt bringt.

Ellen McGrath

Da sich Depressivität auf vielfältige Weise zeigen kann, wird sie von Medizinern häufig falsch diagnostiziert. Untersuchungen haben bewiesen, daß Ärzte die Symptome bei der überwiegenden Mehrheit ihrer Patientinnen anderen Erkrankungen zuschreiben, beispielsweise einem chronischen Erschöpfungszustand oder einer Ernährungsstörung. Auch wir selbst schließen unter Umständen die Möglichkeit einer beginnenden Depression aus, weil wir nicht genügend darüber wissen, oder wir halten irgendeine Abhängigkeit für die Ursache unserer Stimmungsschwankungen.

Nehmen Sie Ihre depressiven Stimmungen unter die Lupe und versuchen Sie zu klären, ob sie rein sporadisch oder vorhersehbar auftreten. Forschen Sie in Ihrem familiären Umfeld nach irgendwelchen genetischen Bezügen, die dazu beitragen könnten, daß Sie sich besser verstehen. Sprechen Sie ganz offen mit Medizinern über Ihre Stimmungen und Gefühle, denken Sie aber daran, daß gute Kenntnisse über uns selbst der beste Weg sind, die richtige Therapie zu finden.

Ich werde Symptome von Depressivität nicht ignorieren.

Die Mutter-Tochter-Beziehung ist ein Zweikampf.

Candice Bergen

Nur sehr wenige Frauen haben eine wirklich gute, problemlose Beziehung zu ihrer Mutter. Irgendwann sind wir alle mit unseren Müttern über die verschiedensten Themen in Streit geraten: wie wir uns kleiden, welche Freundschaften wir pflegen, welche Überzeugungen wir haben und wie wir uns benehmen. Sehr häufig bereinigen wir unsere Differenzen mit unseren Müttern erst, wenn wir erwachsen sind, und oft genug bedarf es dazu größter Anstrengung und Überwindung.

Wir müssen uns vor Augen führen, daß die Beziehung zwischen Mutter und Tochter dem Wesen nach ein Kampf ist: Die Mutter versucht, die Tochter nach ihrem Ebenbild zu erziehen, und die Tochter ringt um Eigenständigkeit. Sobald wir das einsehen, begreifen wir auch, warum uns unsere Mütter sowohl erbosen als auch begeistern können, und wir werden ihnen nicht mehr die Macht einräumen, uns zu deprimieren.

Ich lasse mir vom Verhalten meiner Mutter nicht vorschreiben, wie ich mich ihr gegenüber verhalte.

Behandlung von Depressionen mit all ihren physischen, mentalen und emotionalen Symptomen ist Behandeln verletzter Spiritualität.

Leo Booth

Sehr oft haben depressive Menschen die Hoffnung in die Zukunft verloren und sind der Überzeugung, ihr Gott hätte sie verlassen. Die geistige Einstellung, die Spiritualität, beeinflußt jedoch unsere Wahrnehmung von uns selbst und der Welt um uns. Wenn wir diesen wichtigen Bereich ignorieren oder vernachlässigen, macht uns das anfällig für Depressivität und destruktives Verhalten.

Spirituell zu sein heißt, engen Kontakt mit unserer Kreativität zu halten. Oft sagen Künstler, sie fühlten sich Gott am nächsten, wenn sie kreativ sind, und viele von uns haben diese Empfindung, wenn wir etwas tun, was uns Freude macht. Das Wissen darüber, was unseren Sinn für das Wunderbare weckt, bringt uns auf den Weg zur Spiritualität.

Falls Ihre Niedergeschlagenheit mit dem Gefühl zusammenhängt, jeden Kontakt zu Ihrer Kreativität und Unverwechselbarkeit verloren zu haben, dann denken Sie über Möglichkeiten nach, ihn wiederzubeleben. Sobald wir lernen, uns in unserer Gesamtheit auszudrücken, wird unsere Spiritualität geheilt und unsere Gefühle werden stabiler.

Heute werde ich meine verletzte Spiritualität pflegen.

In sportlichen Wettkämpfen entdecken viele Menschen ihr Paradies.

Robert Lynd

Untersuchungen zufolge erfahren Mädchen, die in den kritischen Teenagerjahren sportliche Betätigungen zugunsten von Verabredungen mit Jungen und der Pflege ihres äußeren Erscheinungsbildes aufgeben, eine drastische Minderung ihres Selbstwertgefühls. Im Gegensatz dazu neigen Mädchen, die Mannschaftssportarten treiben oder sich in sportlichen Wettkämpfen engagieren, nur selten zu Drogen- oder Alkoholmißbrauch und haben eine dreifach so hohe Chance, ihren Schulabschluß erfolgreich zu beenden.

Jede Aktivität, die Ihren Körper in Bewegung und zum Schwitzen bringt, wird in Ihnen das Gefühl hervorrufen, zu erstarken und Ihr Leben besser unter Kontrolle zu haben. Wenn Sie zu einer Sportmannschaft gehören, wirkt das jedem Gefühl von Isolation grundsätzlich entgegen. Schon ein paar Gymnastikstunden haben positiven Einfluß auf Stimmungslage und Ich-Gefühl.

Sportliche Betätigung stimmt Sie aber nicht nur zufriedener und dient Ihrer Gesundheit; sie kann auch ein ausgezeichnetes Training dafür sein, den Wettkampf des Lebens zu bestehen.

Ich werde mein emotionales «Paradies» heute bei sportlicher Betätigung entdecken.

Man kann auf die Welt nicht reagieren, ohne sehr oft schwermütig zu werden.

Erich Fromm

Wenn wir allzu sensibel sind, müssen wir lernen, uns zu schützen. Verzichten Sie in Phasen von Niedergeschlagenheit einfach auf die Lektüre von Zeitungen und üben Sie Fernsehabstinenz. Schotten Sie sich ab, da negative Nachrichten Ihre Stimmung weiter dem Nullpunkt zutreiben. Hören Sie statt dessen beruhigende Musik, lesen Sie anregende, aufbauende Bücher und spielen Sie mit Ihren Kindern. Einige Tage Abstand von der aktuellen Berichterstattung rücken darüber hinaus vieles in ein ausgewogeneres Licht. Nichts ist, wie es auf Anhieb erscheint.

Haben Sie Nachsicht mit sich, wenn Sie sich heute besonders verletzbar fühlen. Wenn Sie glauben, Ohren und Augen vor den Nachrichten verschließen zu müssen, dann tun Sie das. Die Erde dreht sich auch weiter, wenn Sie sich einmal nur um sich selbst kümmern. Und wenn Sie sich wieder stärker fühlen, werden Sie besser in der Lage sein, Mitgefühl für andere zu empfinden, ohne sich selbst Schaden zuzufügen.

Ich trage zur Stabilität und zur Harmonie der Welt bei, wenn ich mich stabil und harmonisch fühle.

Wenn man den Gesang der Lerche gehört hat, durch hohes Gras gelaufen ist und frisch umgebrochene Erde gerochen hat, kann man nie wieder uneingeschränkt froh über die Städte sein, die die Menschheit wie eine lähmende Last auf dem Rücken trägt.

Gwyn Thomas

In Großstädten wohnende Menschen tendieren weit mehr zu Depressivität und mentalen Störungen als jene, die in ländlicher Umgebung leben. Einen Grund dafür sehen Experten in der Tatsache, daß Großstadtbewohner häufiger Zeugen von Not und Gewalt werden als die Menschen in Kleinstädten oder auf dem Lande und daß das Großstadtleben Angstgefühle begünstigt.

Eine ländliche Umgebung übt auf Menschen einen eigenartigen Zauber aus, der Geist und Seele spontan aufleben läßt. Ein paar friedliche Stunden des Pflanzens, Pflegens und Gießens in einem Garten können Balsam für eine bedrückte Seele sein.

Versuchen Sie heute, einen Garten oder einen Park aufzusuchen oder machen Sie einen Ausflug aufs Land. Manchmal hilft eine Wiederbegegnung mit den Lebensrhythmen der Natur, um in uns Neuland zu erschließen und wieder Freude am Leben zu finden.

Heute verwöhne ich mich mit der Natur.

Das Haus zu putzen, solange die Kinder noch klein sind, ist so, als würde man den Weg fegen, bevor es zu schneien aufgehört hat.

Mary Kay Blakeley

Wenn wir Kinder haben oder bemüht sind, unsere Berufstätigkeit mit den Aufgaben einer Hausfrau unter einen Hut zu bringen, ist es nahezu unmöglich, ein makelloses Zuhause zu haben – es sei denn, wir opfern diesem Ziel jede freie Minute. Finden Sie sich mit der Tatsache ab, daß Kinder sehr viel schneller Chaos anrichten, als Sie es beseitigen können, und daß Ihre einzige Chance, nicht durchzudrehen, darin besteht, Ihre Meßlatte für Ordnung und Sauberkeit niedriger zu hängen.

Falls Sie mit allzu vielen Bällen jonglieren müssen, sollten Sie einen realistischeren Blick für das gewinnen, was zu bewältigen ist und was nicht. Unter Perfektionisten finden Frustrationen und Mutlosigkeit ihre leichtesten Opfer. Verzichten Sie deshalb heute auf die Erledigung einer Aufgabe, die ohnehin nicht «perfekt» auszuführen wäre. Ihr Zufriedenheitspegel wird sehr rasch ansteigen.

Heute ist die Realität der Maßstab für meine Erwartungen.

Mit dem Ritual ziehen wir das Heilige an. Das Ritual ist der Funke, der nicht verlöschen darf.

Christina Baldwin

Seit den sechziger Jahren hat die Zahl der Menschen drastisch zugenommen, die mit sich selbst und ihren Lebensperspektiven unzufrieden sind. Soziologen führen dies unter anderem auf die hohen Scheidungsraten und das Auseinanderbrechen der Kernfamilie zurück. Ohne Rituale wie regelmäßige Abendessen im Familienkreis, Spielnachmittage oder gemeinsam verbrachte Ferien können sich Menschen durchaus beziehungslos und ungeliebt fühlen. Oft kann unsere Depressivität auch daran liegen, daß in unserer Kindheit feste Rituale gefehlt haben oder daß wir versäumten, sie in unser Erwachsenenleben zu übernehmen.

Gibt es in Ihrem Leben Rituale, die tröstlich und verläßlich sind? Machen Sie sich heute den Wert von Ritualen bewußt und schaffen Sie sich neue, falls sie Ihnen seit längerem fehlen. Sie werden Sie nicht nur als Erinnerung an glücklichere Zeiten aufmuntern, sondern auch das Gefühl wecken, ein sinnerfülltes Leben zu führen.

Ich werde mein Leben mit einem tröstlichen Ritual bereichern.

Lernen, mit dem zu leben, was einem in die Wiege gelegt wurde, macht den Prozeß, die Kompliziertheit und die Gestaltung des Lebens aus.

Diane Wakoski

Manche Frauen sind von ihrer äußeren Erscheinung so besessen, daß sie glauben, andere Menschen hätten nichts anderes zu tun, als über ihren nicht ganz makellosen Teint oder ihre breiten Hüften zu tuscheln. Derartige Zwangsvorstellungen können solche Frauen dazu bringen, das Zusammensein mit anderen Menschen zu meiden, depressiv zu werden, sich zu isolieren oder sich riskanten Schönheitsoperationen zu unterziehen.

Falls Sie heute niedergeschlagen sind, weil Sie sich für «häßlich» halten, dann fragen Sie sich, ob diese Ansicht vom unrealistischen Vergleich mit hochgestylten Models stammt. Machen Sie sich bewußt, daß die Akzeptanz Ihres Äußeren – und nicht das Grübeln darüber, wie Sie aussehen «sollten» – der einzige Weg dazu ist, das Glück eines ausgeglichenen Ichs zu erfahren.

Mein Äußeres ist ein wundervoller und einmaliger Ausdruck dessen, was ich bin.

Man muß Dinge tun, von denen man glaubt, man schaffe sie nicht.

Eleanor Roosevelt

Psychologen nennen eine Frau, die niemals «nein» sagen kann, eine Typ-E-Frau. Die Typ-E-Frau möchte niemanden vor den Kopf stoßen und würde sich lieber ein Bein ausreißen, als einem anderen Leiden zuzufügen. Frauen, die nicht zu Typ-E-Frauen werden wollen, müssen drei wichtige Fähigkeiten lernen: «nein» zu sagen, zu delegieren und zu verhandeln. Wenn uns beispielsweise jemand um etwas bittet, was wir nur unter negativen Auswirkungen für uns selbst erfüllen können, müssen wir entweder ablehnen, zustimmen und einen anderen darum bitten, uns etwas von der Belastung abzunehmen, oder zustimmen, aber nur unter für uns günstigeren Bedingungen.

Falls Sie Ihren Standpunkt nicht deutlich genug vertreten können und unter Ihrem Mangel an Willensstärke leiden, sollten Sie sich vor allem über Ihre Bedürfnisse und Grenzen klarwerden. Wenn Sie lernen, selbstsicherer aufzutreten, so ist das nicht nur emotional bereichernd, es könnte Sie auch auf den Weg zu einem anregenderen und lohnenderen Leben führen.

Heute stehe ich für mich selbst ein.

Der Schmerz macht, daß wir die Freude fühlen, so wie das Böse macht, daß wir das Gute erkennen.

Ewald von Kleist

Den Auswirkungen einer Fehlgeburt wird häufig zu wenig Aufmerksamkeit geschenkt. Fehlgeburten sind «nichts Besonderes», dennoch dauert es lange Zeit, sich davon zu erholen. Die Mutter muß nicht nur das jähe Ende ihrer Vorfreude auf das Kind verwinden, sondern sich auch mit den Stimmungsschwankungen auseinandersetzen, die durch die hormonalen Veränderungen ausgelöst werden.

Falls Sie unter den Folgen einer Fehlgeburt leiden, sollten Sie sich bewußt machen, daß Sie Zeit brauchen, um sich körperlich und seelisch von diesem Verlust zu erholen. Erwarten Sie nicht, sich sofort wieder in die Aktivitäten stürzen zu können, mit denen Sie sich vor Ihrer Schwangerschaft beschäftigt haben, und lassen Sie sich ausreichend Zeit, sich emotional mit der neuen Situation abzufinden. Mit Geduld, Zuwendung und einigen Ritualen zur Verarbeitung Ihrer Trauer werden Sie diese Phase Ihres Lebens schließlich ohne seelische Schäden überstehen können.

Ich muß trauern – aber nicht verzweifeln.

Der Mutter Vorwürfe zu machen, ist nur eine negative Art, sich noch immer an sie zu klammern.

Nancy Friday

Wie wir in unserer Kindheit und Jugend mit unseren Müttern auskommen, ist von entscheidender Bedeutung dafür, ob aus uns glückliche, ausgeglichene Erwachsene werden. Heftige Auseinandersetzungen sind nichts Außergewöhnliches, da Mütter ihre Position durch das Verlangen der Tochter nach Unabhängigkeit bedroht sehen. Aber wenn Mütter ihre Töchter ständig heruntermachen, können dauerhafte Schäden entstehen. Unseren Müttern jedoch für unsere Probleme als Erwachsene Vorwürfe zu machen, ohne die eigentlichen Gründe dafür anzusprechen, verewigt die gestörte Beziehung nur.

Erforschen Sie, wie Ihre Mutter erzogen wurde, wie sie von ihrer Mutter behandelt wurde. Hat sie genug Liebe und Fürsorge erhalten, um eine gute Mutter werden zu können? Anstatt Ihrer Mutter heute Vorwürfe zu machen, versuchen Sie, Verständnis für sie aufzubringen. Wenn Sie in der Lage sind, von der Rolle des Opfers in die einer «Überlebenden» zu wechseln, werden Sie bessere Voraussetzungen für den Umgang mit Ihren eigenen Kindern schaffen.

Wenn ich meine Mutter so akzeptiere, wie sie ist, liebe und respektiere ich mich selbst.

Ich habe viele Hunderte von Patienten behandelt ... Unter jenen in ihrer zweiten Lebenshälfte – das heißt über fünfunddreißig – gab es nicht einen, dessen Problem nicht letzten Endes darin bestanden hätte, eine religiöse Lebenseinstellung zu finden.

Carl Gustav Jung

Einer der ersten Schritte in Richtung einer wie auch immer gearteten Religiosität oder Spiritualität besteht darin, in ihr einen Bestandteil unseres alltäglichen Lebens zu sehen und nicht etwas, was davon isoliert ist. Eine geistig orientierte Einstellung wird häufig durch kleine tägliche Bekräftigungen erreicht und nicht unbedingt durch den großen Entschluß einer Konversion. Spiritualität kann auch Verständnis und Nachsicht gegenüber Menschen, die uns erzürnen oder verstimmen, bedeuten oder uneigennützige Unterstützung Hilfsbedürftiger oder eines förderungswürdigen Anliegens.

Falls Sie sich heute verwirrt und desorientiert fühlen, richten Sie Ihr Augenmerk auf Ihre geistige Orientierung. Indem Sie sich spirituellen Möglichkeiten öffnen, fördern Sie die innere Stärke, die Sie nötig haben, wenn Depressivität und andere Probleme auf Sie einstürmen.

Heute bemühe ich mich um eine geistig orientierte Lebensperspektive.

Wer die Zeit verklagen will, daß so zeitig sie verraucht, der verklage sich nur selbst, daß er sie nicht zeitig braucht.

Friedrich von Logau

Wenn man mutlos und deprimiert ist, kann man sich häufig nicht auf das Notwendigste konzentrieren, und die Stunden rasen dahin, ohne daß man irgend etwas wirklich Wichtiges zustande bringt. Falls Sie gerade unter einer depressiven Phase zu leiden haben, stellen Sie allmorgendlich eine Liste Ihrer Aufgaben zusammen. Notieren Sie auch scheinbar triviale Dinge, denn in dieser Verfassung neigen Sie zur Vergeßlichkeit. Und wenn Sie dann noch wissen, welche Betätigungen Ihnen zu welcher Tageszeit am besten von der Hand gehen, können Sie den größten Nutzen aus Ihrem natürlichen Biorhythmus ziehen und sogar noch leistungsfähiger sein.

Machen Sie heute die Zeit zu Ihrer Freundin. Wenn es Ihnen gelingt, sich an einen realistischen Tagesplan zu halten, werden Sie sich am Ende des Tages nicht fragen müssen, wo die Stunden geblieben sind. Depressivität ist berüchtigt dafür, die Tage unproduktiv verstreichen zu lassen, aber mit ein wenig Organisation und Entschlossenheit können Sie sich wehren und die Kontrolle über Ihre Zeit zurückgewinnen.

Heute übe ich Disziplin in meiner Zeitplanung.

Verlorne Liebe, wo ist da Ersatz für?

Johann Wolfgang von Goethe

An irgendeinem Punkt unseres Lebens müssen wir uns alle mit dem Ende einer Liebesbeziehung auseinandersetzen und um diesen Verlust trauern. Obwohl auch Männer leiden, wenn eine Liebe zerbricht, neigen wir Frauen mehr dazu, unsere Fähigkeit zur Aufrechterhaltung einer Beziehung höher zu bewerten, und machen uns unangemessene Vorwürfe, wenn wir «versagen». Wenn wir traurig sind, weil ein Mensch, der uns Liebe und Zärtlichkeit gegeben hat, nicht mehr zu unserem Leben gehört, ist das verständlich und normal, aber sobald unsere Trauer so extensiv wird, daß wir unverhältnismäßig leiden, wird unsere Depression nur schlimmer.

Versuchen Sie, sich den Verlust einer verlorenen Liebe nicht noch schwerer zu machen, als er bereits ist. Erlauben Sie sich und Ihren Gefühlen eine Phase der Trauer. Dann aber machen Sie sich so leidenschaftslos wie möglich klar, was Sie aus dieser Beziehung gelernt haben, das für Ihre Zukunft nützlich sein kann. Geben Sie sich vor allem keine Schuld an dem Bruch. Liebesbeziehungen scheitern aus einer Vielfalt von Gründen, die nichts mit der Person des Verlassenen zu tun haben.

Ich suche nach Beziehungen, die mir Freude bringen.

Irgendwo Wurzeln zu haben ist vermutlich das wichtigste, aber am wenigsten anerkannte Bedürfnis der menschlichen Seele.

Simone Weil

Das Gefühl, nirgendwohin zu gehören, kann tief deprimieren. Wenn wir in einer Stadt leben und dort nur wenig Freunde und kaum Kontakte zu Nachbarn haben, ist es sehr schwer, ein Gefühl der Zugehörigkeit zu entwickeln. Auch wenn wir uns an unserem Wohnort nicht recht wohl fühlen, ist es schwierig, Wurzeln zu schlagen. Je intensiver unsere Abneigung gegen unsere Umgebung ist, desto mehr werden wir uns selbst isolieren und in Depressivität verfallen.

Falls Sie sich auch «wurzellos» fühlen, dann sorgen Sie bewußt für ein Mindestmaß an Wohlgefühl, wo immer Sie leben. Gestalten Sie Ihre Wohnung so behaglich wie möglich, suchen Sie Kontakt zu den Nachbarn, treten Sie einem Club oder Verein bei. Neue Bekannte und Freunde, Orte, wo man uns kennt, erkennt und anerkennt, bringen das Gefühl von innerer Zufriedenheit, das sich immer dann einstellt, wenn man sicher sein kann, irgendwo hinzugehören.

Heute bemühe ich mich, dort tiefer zu wurzeln, wo ich nun einmal bin.

Wenn man aufgehört hat zu trinken, muß man sich mit der erstaunlichen Persönlichkeit befassen, die einen überhaupt zum Trinken gebracht hat.

Jimmy Breslin

Die ersten Phasen der Gesundung von einer Sucht wie dem Alkoholismus sind häufig von euphorischem Stolz und von dem Gefühl bestimmt, daß nichts schiefgehen kann. Doch bald sehen wir uns unvermeidlich neuen Herausforderungen gegenüber. Da wir uns in eine Abhängigkeit geflüchtet haben, um dadurch schmerzlichen Erkenntnissen über uns selbst oder unsere Lebensumstände auszuweichen, wartet deren Lösung noch immer auf uns. Untersuchungen kamen zu dem Ergebnis, daß Perioden obsessiv-zwanghaften Verhaltens und Anfälle von Angst in der ersten Zeit der Abstinenz häufiger auftreten als in den Jahren zuvor.

Vergessen Sie heute nicht, daß die ersten Schritte aus einer Abhängigkeit mit emotionalen Hürden gespickt sind. So wichtig es ist, unsere Fortschritte zu feiern, so müssen wir doch auch wissen, daß Depressivität in diesem Stadium nicht ungewöhnlich ist und daß ihre Behandlung wichtig ist, um einen Rückfall in die Abhängigkeit zu verhindern.

Ein Leben ohne stimmungsbeeinflussende Substanzen heißt auch, daß ich mitunter akuten Schmerz empfinde.

Wenn Gott mir doch nur ein deutliches Zeichen geben würde! Beispielsweise ein gutgefülltes Konto unter meinem Namen auf einer Schweizer Bank.

Woody Allen

Eines Tages fühlte ich mich so ausgelaugt, daß ich nicht mehr weiterwußte. In meiner Verzweiflung bat ich Gott um ein Zeichen, wie ich meinen Seelenfrieden wiederfinden konnte. Wenige Stunden später erhielt ich ein Buch geschenkt zum Thema Streßvermeidung. Ich las es unverzüglich und profitierte in hohem Maße von den Ratschlägen des Autors.

Nicht immer erhält man so deutliche Zeichen, wenn man um Hilfe bittet. Manchmal geben Träume nützliche Hinweise; man erhält den Anruf eines Freundes oder trifft jemanden, der zufällig zur rechten Zeit das richtige Wort sagt.

Wenn Sie sich durch irgendeine Situation mattgesetzt fühlen, dann bitten Sie Gott oder Ihre ganz persönliche höhere Macht um ein Zeichen. Und dann achten Sie auf alles, was eine Antwort enthalten könnte. Manchmal werden die besten Antworten in sehr verschlüsselter Form erteilt, aber wenn wir aufmerksam genug sind, werden sie uns nicht entgehen.

Die Antworten auf meine Gebete sind nicht immer auf Anhieb erkennbar.

Das Gefährliche an Beruhigungsmitteln ist die Tatsache, daß sie Seelenfrieden verkaufen. Wenn man sich seinen Frieden mit einer Pille erkauft, gewöhnt man sich an billige anstelle von gründlichen Lösungen.

Max Lerner

Es ist verlockend, im Zustand der Niedergeschlagenheit das Heil in Tabletten zu suchen. Aber wenn wir bei Nebeneffekten, beispielsweise bei Schlaflosigkeit, auch noch zu Beruhigungsmitteln greifen, schaffen wir uns zusätzliche Probleme. Sedativa können nicht nur zu Abhängigkeit führen, sondern auch den letzten Rest von Energie und Initiative in uns lähmen.

Beruhigungsmittel und Anti-Depressiva sind zwei ganz verschiedene Dinge. Tranquilizer «stellen ruhig», während Anti-Depressiva die Körpersubstanzen aktivieren, die Stimmungsveränderungen bewirken. Ehe Sie gegen Schlaflosigkeit und Angstgefühle Medikamente einsetzen, sollten Sie es erst einmal mit warmen Bädern, der Biofeedback-Methode, morgendlicher Gymnastik und einer gesunden Ernährung versuchen. Auch wenn die Wirkung vielleicht länger auf sich warten läßt als bei Tabletten, dürfen Sie damit doch auf eine langfristige Lösung hoffen.

Ich werde zur Linderung meiner Beschwerden nicht zu «billigen Lösungen» greifen.

Regel Nummer eins: Rege dich nicht über Banalitäten auf. Regel Nummer zwei: Es ist alles banal. Und wenn du weder kämpfen noch fliehen kannst, laß dich treiben.

Robert S. Eliot

Häufig führt Streß zu Depressionen, und wenn Sie sich des Ausmaßes von Streß nicht bewußt sind, dem Sie unterworfen sind, werden Sie sich unter Umständen nicht rechtzeitig gegen die Auswirkungen wehren können. Psychologen empfehlen, unsere «Streß-temperatur» häufig durch die Beantwortung folgender Fragen zu messen: Nimmt meine Vergeßlichkeit zu? Leide ich unter Schlaflosigkeit? Kann ich mich nicht konzentrieren? Werde ich häufig ungeduldig? Unterliege ich Stimmungsschwankungen? Reagiere ich auf meine nähere Umgebung gereizt? Schon *eine* positive Antwort kann unter Umständen auf eine Belastung durch Streß hinweisen, die zu Depressivität und anderen Beschwerden führt, wenn sie nicht rechtzeitig erkannt und beseitigt wird.

Überprüfen Sie heute, inwieweit Sie Streßfaktoren unterliegen. Lassen Sie sich vom Strom des Lebens treiben, statt ständig dagegen anzukämpfen. So können Sie Ihren Streß erheblich vermindern und Wohlbefinden und Zufriedenheit beträchtlich steigern.

Heute achte ich auf eine absolut normale «Streßtemperatur».

Freundschaft ist eine Seele in zwei Körpern.

Aristoteles

Männer und Frauen unterscheiden sich in vielerlei Hinsicht auf bemerkenswerte Weise. Darunter auch in der Art, wie sie kommunizieren. Von klein auf neigen Männer dazu, «handfeste» Informationen wie Sportergebnisse auszutauschen, während Frauen einander Gedanken und Gefühle mitteilen. Psychologen sprechen bei diesem Unterschied von «Report-» beziehungsweise «Rapport-Gesprächen». Wenn sie niedergeschlagen sind, brauchen jedoch alle Menschen «Rapport-Gespräche». Als Frauen haben wir es leichter, die Aufmerksamkeit mitfühlender Freundinnen zu gewinnen. Männer sind häufig sehr schnell und geschäftsmäßig mit Lösungen bei der Hand. Aber Frauen wollen für gewöhnlich zunächst einmal einen Menschen, der Mitgefühl zeigt, bevor sie sich an die Lösung ihrer Probleme machen.

Nutzen Sie jede Möglichkeit zu einem «Gespräch unter Frauen», wenn Sie heute Unterstützung bei der Bewältigung irgendeiner Sache brauchen, die Sie innerlich in Frage stellen. In Zeiten der Not kann Ihnen ein «Rapport-Gespräch» das Gefühl vermitteln, wieder «vollständig» zu sein.

Wenn ich mich unvollständig fühle, können meine Freunde mir dazu verhelfen, mich wieder als «Ganzes» zu empfinden.

Nicht jedem ist es gegeben, bei Niederlagen zu glänzen.
Jane Aiken Hodge

Unsere Fähigkeit, auf Rückschläge zu reagieren, hängt oft von unserer Erziehung ab. Menschen, die als Kinder keine Gelegenheit erhielten, ihre Widerstandskräfte in positiver Weise zu trainieren, und dabei von ihren Eltern unterstützt wurden, können als Erwachsene schon aus geringfügigsten Anlässen in Hoffnungslosigkeit versinken. Durch Therapien und das Beispiel anderer, die Widrigkeiten mit Würde meistern, können wir jedoch lernen, ohne selbstzerstörerisches Verhalten auf Niederlagen zu reagieren.

Lassen Sie sich nicht entmutigen, wenn Ihre Abwehrmechanismen gegen Rückschläge nur mangelhaft entwickelt sind, während andere Menschen alles Negative «mit links» zu bewältigen scheinen. Die nötigen Bewältigungsmechanismen lernen wir in der Kindheit, und wenn in unserer Familie keine entsprechenden Rollenmodelle zur Verfügung standen, dürfen wir uns deswegen keine Vorwürfe machen. Wir können jedoch noch als Erwachsene lernen, immer nur einen Tag um den anderen zu leben, uns professioneller Hilfe zu versichern und unsere inneren Reserven so zu kräftigen, daß wir immer etwas haben, auf das wir uns verlassen können.

Heute lerne ich, mich nicht unterkriegen zu lassen.

Viele Menschen haben eine falsche Vorstellung von dem, was wahres Glück bedeutet. Es wird nicht durch Nachgiebigkeit gegen sich selbst erreicht, sondern durch die Hingabe an ein lohnendes Ziel.

Helen Keller

Tagtäglich etwas Gutes zu tun, etwas von seiner Energie einem lohnenden Ziel zu widmen, ist immens wichtig. Dabei kann es um so scheinbar selbstverständliche Dinge gehen wie unserer Familie Liebe und Zuneigung zu zeigen, einem Freund einen Weg abzunehmen oder gemeinsam mit anderen Nachbarn einer alten Dame beim Putzen ihrer Wohnung zu helfen. Was wir machen, ist unerheblich, solange unsere Aktivitäten darauf ausgerichtet sind, aus Überzeugung etwas für einen anderen Menschen zu tun.

Wieviel Ihrer Zeit widmen Sie der Nachgiebigkeit sich selbst gegenüber und wieviel uneigennützigen Zielen? Bemühen Sie sich darum, diese beiden Bereiche Ihres Lebens in einem ausgewogenen Gleichgewicht zu halten, da zu wenig Nächstenliebe oder das Fehlen einer gemeinnützigen Aufgabe fast immer in Gefühlen von Leere, Einsamkeit und Depressivität endet.

Wenn ich meine Energien einer guten Sache widme, stärke und bereichere ich mich selbst.

JUNI

Nur wenn wir uns von Stunde zu Stunde erneut dem Risiko aussetzen, leben wir. Und oft genug ist unser Vertrauen auf einen guten Ausgang das einzige, was diesen positiven Ausgang bewirkt.

William James

Es ist nicht leicht, Risiken einzugehen, wenn wir niedergeschlagen sind, aber die Alternative besteht darin, alles beim alten zu belassen. Falls Sie im Moment nichts unternehmen können, was Ihre Situation verändert, so stellen Sie zumindest eine Liste der Dinge zusammen, die Sie gern tun würden, falls Sie mutig genug wären – beispielsweise selbstbewußter im Beruf zu sein oder sich einer Bürgerbewegung anzuschließen. In nicht zu ferner Zukunft könnten Sie durchaus die Energie aufbringen, Ihre Wünsche zu verwirklichen, und das Resultat könnte auch das Ende Ihrer Depressivität sein.

Kleine Risiken geben mir das Gefühl, lebendig zu sein.

Die Narren treiben das Gespött mit der Sünde; aber die Frommen haben Lust an den Frommen. Das Herz kennt sein eigen Leid, und in seine Freude kann sich kein Fremder mengen.

Sprüche 14, 9/10

In Zwölf-Stufen-Programmen wie dem der Anonymen Alkoholiker gibt es einen Schritt, der die Mitglieder auffordert, vergangene Handlungen wiedergutzumachen, mit denen sie anderen Schaden zugefügt haben. Sie werden darüber hinaus dazu angehalten, sich täglich ihre Aktivitäten bewußt zu machen und die unverzüglich zu ändern, für die sie sich schämen. Alle, die das befolgen, stellen fest, daß das viel zur Wiederherstellung ihres inneren Friedens beiträgt.

Wenn wir unter Mutlosigkeit und Niedergeschlagenheit leiden, sollten wir vielleicht versuchen, Frieden mit Menschen zu schließen, mit denen wir Differenzen haben. Das könnte das Gefühl stärken, Herr über unsere Gefühle zu sein und nicht umgekehrt.

Falls Sie heute eine Moll-Phase haben, so könnte das möglicherweise daran liegen, daß Sie sich Gedanken über eine Handlung oder Bemerkung machen, mit der Sie einen anderen verletzt haben. Alle von uns begehen Fehler, die korrigiert werden müssen, und je schneller wir das erkennen und die nötigen Schritte zur Änderung unseres Verhaltens tun, desto besser werden wir uns fühlen.

Heute werde ich mindestens eine Veränderung vornehmen.

Wenn dich dein Kind nie gehaßt hat, bist du nie eine Mutter gewesen.

Bette Davis

Eine gute Mutter ist nicht unbedingt immer der beste Kumpel ihres Kindes. Wenn wir unsere Kinder erziehen und ihrem Verhalten Grenzen setzen, sorgen wir nicht nur für ihre Sicherheit, sondern wir lassen sie dadurch auch wissen, daß wir sie lieben und für sie sorgen. Diese noblen Ziele können jedoch viel an Glanz verlieren, wenn unsere Kinder in uns «Kerkermeister» sehen, die ihnen ihre Rechte verwehren, und uns das auch wissen lassen.

Kindererziehung ist eine der schwersten – und gelegentlich deprimierendsten – Aufgaben der Welt, und in den meisten Fällen stehen wir ihnen völlig unvorbereitet gegenüber. Aber wir können sie bewältigen, wenn wir unseren Humor bewahren und die Perspektive für die unablässigen Herausforderungen dieser Verantwortung nicht verlieren. Und uns immer wieder sagen, daß ein Eingehen auf alle Wünsche unserer Kinder, nur um sie bei Laune zu halten, schädlich für sie ist.

Wenn ich weiß, daß ich aus Liebe handle, kann ich damit leben, daß meine Kinder mich dann und wann hassen.

Haß und Angst sind psychische Krankheiten ... die verheerendsten Krankheiten unserer Zeit.

H. A. Overstreet

Auf meine Frage, was die Menschen in die Depressivität und damit in ihre Praxis trieb, erklärte mir eine Therapeutin: Haß und Angst. Das seien die Hauptgründe für Streß, Angstgefühle, Verhaltensstörungen und Abhängigkeiten, und der Haß sei für gewöhnlich ein Resultat der Angst.

Erforschen Sie heute die Ursachen Ihrer Niedergeschlagenheit. Ist Ihr Motiv vielleicht Angst? Angst vor Zurückweisung, Angst vor Mißachtung oder sogar Angst, Ihr Selbstwertgefühl zu verlieren? Die Einsicht, daß Ängste für gewöhnlich zu Abwehr und Abwehr zu Depressionen führen, kann uns mitunter zu der Erkenntnis verhelfen, warum wir uns so und nicht anders verhalten, und uns helfen, unsere Gefühle anders einzusetzen.

Wenn ich aus Ängsten heraus handle, agiere ich aus dem Dunkel meines Ich heraus.

Sie haben Ihre Figur verloren, und Sie haben Ihren Ruf verloren. Verlieren Sie nicht Ihre Fassung, Sie haben nur eine.

Oscar Wilde

Sehr viele Frauen sind mit ihrem Gewicht so unzufrieden, daß sie ständig Abmagerungskuren machen, ob sie sie nun wirklich brauchen oder nicht. Dummerweise erwarten die meisten dieser Frauen, die Pfunde, die sie im Lauf etlicher Jahre zugenommen haben, buchstäblich über Nacht loszuwerden. Sie versuchen es mit allen nur möglichen Methoden, die sie letzten Endes noch viel deprimierter machen, als sie ohnehin schon waren.

Falls Sie tatsächlich abnehmen müssen, dann gehen Sie gesundheitsbewußt und auf eine Weise vor, die Ihre Chancen vergrößert, Ihr «neues» Gewicht auf längere Zeit beizubehalten. Unter Umständen ist die Hilfe von «Weight Watchers» oder einer anderen Selbsthilfegruppe sehr nützlich. Mit richtiger Ernährung, regelmäßiger sportlicher Betätigung und einer besseren Beherrschung Ihrer Kontrollmechanismen können Sie nicht nur Ihre Figur, sondern auch Ihre Emotionen verändern.

Maßvolles Essen gesunder Nahrung trägt zu einem gesunden Körper und Geist bei.

Erst nach dem Tod kommt der wirkliche Abschied: die ersten sechs Monate des schmerzlichen Verlustes.

Alan Gregg

Eine ihrer schwierigsten Entwicklungsphasen hat eine Frau nach dem Tod ihres Vaters zu überstehen. Untersuchungsergebnisse beweisen, daß für die Persönlichkeitsentfaltung einer Tochter entscheidend ist, wie sie von ihrem Vater behandelt wurde. Wenn unser Vater stirbt, haben wir die Empfindung, mit ihm den ersten Mann zu verlieren, der uns bedingungslos liebte und für den wir stets etwas Besonderes waren – ganz gleich, was wir auch taten.

Den Verlust eines Menschen zu betrauern ist sehr wichtig, vor allem, wenn es sich um ein Familienmitglied handelt. Um einen Tod richtig zu verarbeiten, müssen wir uns auf eine Weise von dem Toten verabschieden, die uns gemäß ist, beispielsweise durch einen Gottesdienst oder irgendein ganz persönliches Ritual. Sobald wir unseren Abschied beendet haben, was durchaus Monate dauern kann, ist es einfacher, uns an die gemeinsam verbrachte glückliche Zeit zu erinnern und den Menschen mit Freude, nicht mit Traurigkeit im Gedächtnis zu behalten.

Ich werde das Andenken des Menschen, den ich verloren habe, durch die Erinnerung an unsere gemeinsam erlebte Freude ehren.

Für Langstrecken-Leidende gibt es am Ende des Lebens keine Medaillen.

Jo Ann Larsen

Oft leiden berufstätige Mütter unter bohrenden Schuldgefühlen, daß ihr Leben und das ihrer Kinder sehr viel glücklicher und problemloser sein könnte, wenn sie nicht arbeiten würden.

Wenn wir berufstätige Mütter sind, müssen wir die «Wenn-ich-doch-nur»-Gedanken und die Schuldgefühle verbannen und statt dessen uns in Erinnerung rufen, daß auch Fulltime-Mütter von Streß und Sorgen nicht verschont bleiben und daß Ausgeglichenheit und ein breiteres Interessenspektrum nur zwei der Vorzüge sind, die eine aushäusige Tätigkeit mit sich bringt.

Wenn ich unter Schuldgefühlen leide, mindere ich die Qualität der Zeit, die ich mit meinen Lieben verbringe.

Als Noah seine Arche baute, hat es nicht geregnet.

Howard J. Ruff

In Zeiten, in denen wir uns für unbesiegbar halten und glücklich fühlen, wollen wir nicht mit den dunkleren Aspekten unseres Lebens konfrontiert werden. Aber zu wissen, wohin wir uns notfalls wenden können, wenn eine dunkle Phase auf uns zukommt – und das ist früher oder später nahezu unvermeidlich –, ist so gut wie ein Bankkonto. Und wenn wir aus einer Familie kommen, die nicht nur aus unverbesserlichen Optimisten besteht, ist das Sammeln von Information über genetisch bedingte Depressivität ebenso wichtig, als würden wir uns über eine Anfälligkeit gegenüber Herzleiden oder Krebserkrankungen informieren.

Kennen Sie die Hilfsmöglichkeiten, die Ihnen im Fall des Auftretens von Depressionen zur Verfügung stehen? Wird eine mögliche Therapie von Ihrer Krankenkasse bezahlt? Welche Institutionen und Selbsthilfegruppen gibt es in Ihrer Nähe? Anstatt diese Vorschläge als abwegig und morbide abzutun, sollten Sie sich daran erinnern, daß Vorbeugen schon immer besser war als Heilen – besonders dann, wenn es um mentale und psychische Leiden geht.

Heute will ich mich vorausschauend pflegen, um mich nicht später heilen zu müssen.

Uns lehrt eigener Schmerz, der anderen Schmerzen zu teilen.

Johann Wolfgang von Goethe

In einer Talkshow berichtete eine Frau darüber, wie sie ihren eigenen Schmerz über eine gerade erlittene Fehlgeburt überwand, als sie in den Fernsehnachrichten einen Bericht über Menschen sah, die ihr gesamtes Hab und Gut bei einer Hochwasserkatastrophe verloren hatten. «Es half mir in meiner Verzweiflung sehr, alle Sachen und Kleidungsstücke, die ich für das Baby vorbereitet hatte, zusammenzupacken und diesen Menschen zu schicken», erklärte sie.

Wenn Sie das Gefühl haben, über ein Mißgeschick verzweifeln zu müssen, halten Sie Ausschau nach jemandem, dem Sie helfen können. Sie werden überrascht feststellen, wie sehr eine andere Blickrichtung Ihre generelle Lebenseinstellung verändert, Ihr Selbstgefühl hebt und Gefühle von Hilf- und Hoffnungslosigkeit schwinden läßt.

Heute richte ich meinen Blick auf die Not anderer.

Humor ist der Schwimmgürtel des Lebens.

Wilhelm Raabe

Eine Frau, bei der sich bereits Anfang Fünfzig die ersten Symptome der Alzheimerschen Krankheit zeigten, überließ sich ganz ihrer Verzweiflung. Tag für Tag saß sie hinter zugezogenen Gardinen und beklagte ihre ungewisse Zukunft. Sie wurde schließlich durch den Kontakt zu einer Selbsthilfegruppe und die Tatsache gerettet, daß sie ihren Humor dazu nutzte, mit ihrer Behinderung fertig zu werden. Anstatt ängstlich in ihren vier Wänden zu bleiben, verließ sie mit Stadt- und Busplänen das Haus und scherzte mit Freunden darüber, daß sie ihren Geburtstag nur vergesse, weil sie nicht älter werden wolle. Daß sie es lernte, über ihre Krankheit lachen zu können, hat ihr das schwere Los erheblich erleichtert.

Suchen Sie heute in all Ihrer Niedergeschlagenheit entschlossen nach einem Grund zum Lachen. Ob Sie sich nun eine Filmkomödie ansehen oder eine Freundin treffen, die für ihren Hang zur Komik bekannt ist: Zu lachen, wenn einem am wenigsten danach zumute ist, ist eine der wirkungsvollsten Methoden, einen Schimmer von Hoffnung in einer scheinbar hoffnungslosen Welt zu entdecken.

Solange ich noch lachen kann, bin ich nicht besiegt.

Willst du, daß sich die Gegenwart von der Vergangenheit unterscheidet, so studiere die Vergangenheit.

Baruch Spinoza

So oft wiederholen wir Verhaltensweisen, von denen wir genau wissen, daß sie uns schon früher mehr geschadet als geholfen haben. Dazu gehört alles suchterzeugende Verhalten wie Rauchen, Trinken, Eßorgien und Kaufräusche.

Überprüfen Sie heute Ihre Aktivitäten, ob noch immer solche dabei sind, die Sie bereits in der Vergangenheit nur deprimiert haben. Sobald Sie Ihr für Sie schädliches Verhalten ändern können – beispielsweise das Zusammensein mit jemandem, der Ihnen nicht guttut, oder mit dem Rauchen aufzuhören –, werden Sie feststellen, daß etwas von dem Glück, das Ihnen bisher gefehlt hat, durch die Änderung in Ihrer Lebensführung «herbeigezaubert» werden kann.

Ich werde aus meinen Fehlern der Vergangenheit lernen – nicht sie wiederholen.

Seien Sie nett: Jeder, dem Sie begegnen, kämpft einen schweren Kampf.

John Watson

Jeder von uns hat seinen Kampf zu kämpfen, und wir alle können Mitgefühl und Unterstützung gebrauchen. Falls Sie heute deprimiert sind, so vergessen Sie nicht, daß auch andere Menschen ihr Päckchen zu tragen haben und Sie nicht der einzige sind, der von Liebenswürdigkeit und Zuwendung nur profitieren kann. Für andere ein offenes Ohr zu haben und mit ausgestreckter Hand auf sie zuzugehen ist nicht nur liebenswürdig, sondern auch klug, weil man dann auch Ihnen Zuneigung zeigen wird, wenn Sie es dringend nötig haben.

Ich bin nicht der einzige Mensch mit Problemen.

Wenn du etwas aus deinem Leben machen willst, höre nicht auf Ratschläge, wie fachkundig sie auch klingen mögen. Tu's.

Michael Caine

Wenn wir uns einer neuen Herausforderung gegenübersehen, schrecken wir oft in der Überzeugung zurück, ihr nicht gewachsen zu sein. Und wenn wir uns Rat bei unseren Freunden einholen, bekommen wir häufig weitere Dämpfer. «So ein Risiko würde ich an deiner Stelle nicht eingehen», warnen sie oder: «Hast du auch die Folgen gründlich genug bedacht?» Aber die Geschichte ist voll von erfolgreichen Menschen, die sich über den Rat ihrer Freunde und Verwandten hinweggesetzt und etwas getan haben, wozu sie nicht unbedingt genügend Mittel oder Geld besaßen.

Wenn es Sie bedrückt, für eine Veränderung in Ihrem Leben bei Freunden und Angehörigen nicht genügend Ermutigung und Unterstützung zu finden, sollten Sie sorgsam überprüfen, ob deren Ablehnung wirklich begründet ist. Wenn nicht, müssen Sie sich allein, aber entschlossen an die Verwirklichung Ihrer Träume machen. Es ist zwar deprimierend, wenn andere unsere Träume nicht verstehen, aber noch deprimierender ist es, nicht die Energie aufzubringen, an die eigenen Möglichkeiten und an sich selbst zu glauben.

Wenn ich an mich glaube, ist mir alles möglich.

Wer die Macht des Tanzes kennt, ist Gott näher.

Mevlana Jalaluddin Rumi

In der afrikanischen Kultur ist hingebungsvoller Tanz eines der Mittel, um Harmonie zwischen Körper und Seele herzustellen, zu innerer Ruhe und Glück zu finden. Auch unsere Tanztherapeuten sind dazu ausgebildet, Menschen diesen Rhythmus finden zu lassen und sie zu lehren, frei von allen Hemmungen ihre Gefühle auszudrücken.

Geben Sie sich heute der Freiheit des Tanzes hin – ganz gleich, ob allein oder mit einem Partner. Das mag Ihnen zuerst vielleicht befremdlich vorkommen, aber nach einiger Zeit werden Sie feststellen, daß Tanzen Ihre Atmung ausgleicht und angenehme Endorphine in Ihrem Körper anregt. Wenn Ihre Seele erst einmal gelernt hat, sich durch Bewegung auszudrücken, werden Sie verstehen, warum der Tanz seit Jahrtausenden als «beseligend» betrachtet wird.

Heute gebe ich mich dem beschwingenden Rhythmus des Tanzens hin.

Wenn ein Mensch ohne innere Kämpfe lebt, wenn er alles widerspruchslos hinnimmt, bleibt er so, wie er ist.

G. I. Gurdjieff

Phasen von Melancholie, Schuldgefühlen, Mißmut, Scham oder Reue müssen nicht immer schädlich sein. Diese Emotionen veranlassen uns häufig dazu, unser Verhalten, unsere Handlungen zu überprüfen und uns zu fragen, ob wir auf dem richtigen Weg sind, die richtigen Freunde haben, uns richtig verhalten. Sobald ich Gewissensbisse über etwas empfinde, was ich getan oder gesagt habe, bin ich mein strengster Kritiker. Aber ohne diese kleinen inneren Stiche wäre ich vermutlich nie darauf gekommen, daß an mir irgend etwas einer Überprüfung und notfalls der Korrektur bedarf.

Sehen Sie Ihrer Mutlosigkeit und den Selbstzweifeln heute entschlossen ins Gesicht, weil es Sie verändern und davon abhalten wird, in Stagnation zu verharren. Das Leben ist beständigem Wandel unterworfen, und jedes Unterdrücken von Gefühlen, die Veränderung auslösen, kann Sie nur von der Weiterentwicklung und vom Reiferwerden abhalten.

Mutlosigkeit und Mißmut sind für gewöhnlich Anzeichen dafür, daß ich etwas an mir verändern muß.

Ein Freund ist ein Mensch, vor dem man laut denken kann.
Ralph Waldo Emerson

Eins der häufigsten Anzeichen für Depressivität ist die Neigung, uns zu isolieren, wenn wir den Austausch mit anderen am dringendsten brauchen. Schwere Zeiten können ein deutliches Warnsignal dafür sein, daß sich selbst genügen nicht immer ratsam oder hilfreich ist. Auch wenn es vieles geben mag, das wir allein schaffen können: das Abschütteln der Depressivität gehört gewöhnlich nicht dazu. Im Laufe der Jahre habe ich festgestellt, daß mir ein Gespräch mit einer bestimmten Freundin, die alle meine Stimmungen kennt, die mich schätzt und akzeptiert, am ehesten hilft, meinen «Blues» zu überwinden.

In Krisenzeiten ist es weniger wichtig, einen großen Freundeskreis zu haben, als einen einzigen treuen Verbündeten, dem man sein Herz ausschütten kann, der einem Zuneigung und Achtung entgegenbringt und Vertraulichkeit garantiert. Suchen Sie sich heute zumindest einen Freund oder Angehörigen, der Ihnen die Unterstützung gewährt, die Sie brauchen. Vergessen Sie aber nicht, auch für ihn da zu sein, wenn er eine ähnliche Krise durchlebt.

Heute werde ich einen vertrauten und erprobten Freund um Beistand bitten.

Niemand ist so zur Dankbarkeit fähig, wie jemand, der das Reich der Dunkelheit überwunden hat.

Elie Wiesel

Viele Jahre lang hielt ich viele Geschenke des Lebens für ganz selbstverständlich. Ich lebte in der Illusion, daß Gesundheit, ein Zuhause, Ferienreisen, Liebe und Zuneigung der Eltern und allgemeines Wohlbefinden zu dem gehört, was mir das Leben «schuldig» sei. Erst mit Ende Zwanzig erkannte ich, wie privilegiert – und undankbar – ich gewesen war. Plötzlich und unvorbereitet mußte ich auf viele Dinge verzichten, die ich bis dahin für selbstverständlich gehalten hatte, gewann dadurch aber eine ganz neue Lebenseinstellung und bin heute schon für kleine Dinge dankbar. Jeder Morgen, an dem ich bei guter Gesundheit erwache, ist ein Geschenk. Essen auf dem Tisch und ein Dach über dem Kopf zu haben ist für mich kein «Recht» mehr. Anstatt über die «schlechten Zeiten» zu hadern, bin ich dankbar dafür, durch sie zur Dankbarkeit fähig geworden zu sein.

Das «Reich der Dunkelheit» wird mich zu einem Morgen der Dankbarkeit führen.

Das Geheimnis des Lebens ist Ausgeglichenheit; das Fehlen von Ausgeglichenheit ist die Zerstörung des Lebens.

Inayat Khan

Vielen der unglücklichsten Frauen, die ich kenne, fehlt die Ausgeglichenheit in ihrem Leben. Entweder sind sie im Beruf überbeansprucht, von den Kindern überlastet, allzu sehr auf ein bestimmtes Ziel konzentriert oder in irgendeiner Form abhängig. In jedem Fall hat ein Einzelaspekt ihres Lebens so große Dimensionen angenommen, daß alle anderen Bereiche wie Freundschaften, Familie, Hobbys und die Weiterentwicklung der eigenen Persönlichkeit ins Hintertreffen gerieten.

Achten Sie heute darauf, daß Sie den verschiedenen Aspekten Ihres Lebens, die für Ihre körperliche und seelische Gesundheit wichtig sind, genügend Aufmerksamkeit schenken: geistiger Entwicklung, sportlicher Betätigung, vernünftiger Ernährung, Freunden, Familienangehörigen und dem «Spielen». In China ist man davon überzeugt, daß der Mensch das Optimum an Gesundheit und emotionalem Wohlbefinden durch die Ausgeglichenheit der beiden Lebenspole – Yin und Yang – erreicht.

Heute trachte ich nach Ausgeglichenheit in meinem Leben.

Wenn du das Geld zu deinem Gott erhebst, wird es dich peinigen wie der Teufel.

Henry Ford

Ein Ehepaar, dessen Hauptziel darin bestand, Reichtümer anzuhäufen, arbeitete zwölf bis vierzehn Stunden am Tag, machte kostspielige Urlaubsreisen und umgab sich mit Statussymbolen. Als sich die Ehepartner dann den mittleren Jahren näherten, empfanden sie trotz ihres «glücklichen Lebens» eine seltsame Leere. Plötzlich erkannten sie, daß Geldverdienen nicht viel bedeutet, wenn die Arbeit nicht auch befriedigt. Die beiden kündigten ihre Jobs, suchten und fanden Aufgaben, die direkt zum Wohl ihrer Wohngemeinde beitrugen. Sie verdienen weniger, aber sie lieben ihre Arbeit und sind ausgefüllt und zufrieden.

Oft hat Depressivität ihre Ursache darin, daß wir die «falschen» Dinge anbeten. Überprüfen Sie heute Ihre Prioritäten, ob auch Sie diesem Trugschluß erlegen sind. Schon eine kleine Veränderung Ihrer Wertmaßstäbe könnte Ihre Niedergeschlagenheit vertreiben.

Aus bescheidenen Betätigungen erwächst häufig große Befriedigung.

Wenn Glück tatsächlich aus körperlichem Wohlbefinden und absoluter Sorglosigkeit bestünde, dann wäre das glücklichste Individuum weder ein Mann noch eine Frau; ich glaube, es wäre eine Kuh.

William Phelps

Viele von uns gehen von der irrigen Annahme aus, daß unsere Probleme in dem Moment gelöst sind, wenn unserem Leben jeglicher Streß und die alltäglichen Alltagssorgen genommen werden. Doch damit unterschätzen wir in gefährlicher Weise die Bedeutung von Stimulation und Konflikten und die Befriedigung, die aus der erfolgreichen Bewältigung von Schwierigkeiten resultiert. Früher habe auch ich angenommen, daß ein sorgenfreies Leben ohne große Verantwortung ein Freifahrtschein ins Glück ist.

Falls Sie pessimistischer Stimmung sein sollten, trachten Sie danach, die Aktivität in Ihrem Leben zu erhöhen und nicht zu vermindern. Lernen Sie Streß und Ungewißheit schätzen, weil sie die Faktoren sind, die Ihre Neugierde wachhalten, Sie energiegeladen und lebensprühend halten. Ein geruhsames Leben mag ein schöner Traum sein, aber in der Realität ist es ein Rezept für Unzufriedenheit und Unglücklichsein.

Je beschäftigter ich bin, desto weniger gerate ich in Gefahr, depressiv zu werden.

Gib deinem Kummer Worte. Der Gram, der nicht spricht, wispert im überlasteten Herzen fort und bringt es zum Brechen.

William Shakespeare

Fassen Sie Ihren Kummer heute in Worte – sprechen Sie sie aus oder schreiben Sie sie auf. Äußern Sie sich über die Dinge, die Sie bedrücken, auch wenn Sie der Meinung sind, in Ihrer Umgebung sei man daran nicht interessiert. Vielleicht stellen Sie überrascht fest, daß andere Menschen Ihnen gern helfen würden, aber bisher nicht richtig wußten, wie, und daß Sie nur den Mund zu öffnen brauchen, um Erleichterung zu finden und die Unterstützung, die Sie sich erhoffen.

Heute spreche ich über das, was mir Kummer macht.

Liebe dich selbst, dann ergibt sich alles andere. Man muß sich wirklich lieben, um in dieser Welt etwas bewirken zu können.

Lucille Ball

Psychologen vertreten die Auffassung, daß wir Frauen größere Probleme mit dem Selbstwertgefühl haben als Männer, selbst wenn wir in einer verständnis- und liebevollen Familie aufgewachsen sind. Zu einem Teil liegt das an dem Druck, den die Gesellschaft auf uns ausübt, und zum anderen an der Tatsache, daß wir mehr als Männer Belästigungen und Mißhandlungen ausgesetzt sind, für die wir uns häufig selbst verantwortlich machen.

Wie sehen Sie sich selbst? Bilden Sie sich nach einer Kündigung sofort ein, für Ihren Job nicht gut genug gewesen zu sein, oder ziehen Sie Rationalisierungsmaßnahmen Ihres Arbeitgebers in Betracht? Halten Sie sich für unattraktiv, weil Sie keine Figur wie ein Mannequin haben? Wir müssen lernen, uns selbst zu lieben und uns immer wieder selbst zu bestätigen. Dann fällt es uns viel leichter, innere Zufriedenheit zu finden.

Ich liebe mich so, wie ich bin.

Wir sollten immer verzeihen: dem Reuigen um seinetwillen, dem Reuelosen um unsertwillen.

Marie von Ebner-Eschenbach

Sechs Jahre lang wurde eine Frau von Alpträumen, Phasen tiefer Depression und Wutanfällen gepeinigt, weil ihr Ehemann, mit dem sie siebzehn Jahre verheiratet war, mit ihrer Schwester geschlafen hatte. Nachdem sie sechs Jahre lang ihren Groll mit sich herumgetragen und extreme Stimmungsschwankungen durchlitten hatte, beschloß sie endlich, ihrer Schwester zu verzeihen. Das brachte ihr nicht nur inneren Frieden, sondern sie fühlte sich auch zum ersten Mal seit Jahren wieder frei und glücklich.

Leiden auch Sie darunter, einem Menschen etwas nicht verzeihen zu können, was er getan oder gesagt hat? Überlegen Sie, wie sehr Sie sich damit selbst schaden, und stellen Sie sich vor, wieviel freier Sie sich ohne diese Belastung fühlen könnten. Verzeihen ist eine der schwersten Aufgaben, aber wenn wir den Mut dazu aufbringen können, auch die heilsamste Methode gegen erlittene Kränkungen.

Heute bin ich mutig genug, verzeihen zu können.

Wir sollten einander stets mit einem Lächeln begegnen, denn Lächeln ist der Beginn der Liebe.

Mutter Teresa

Für ein Stirnrunzeln muß man dreizehn Muskeln anspannen, für ein Lächeln nur zwei. Also ist es im Sinne der Energieeinsparung nur ratsam, zu lächeln. Selbst wenn Sie den Mund zu einem «gezwungenen» Lächeln verziehen, werden Sie sich bald danach sehr viel wohler fühlen, weil die Muskelkontraktion die Blutzirkulation so verändert, daß stimmungshebende Endorphine in Ihrem Gehirn freigesetzt werden. Wenn Sie Mißmut und Niedergeschlagenheit mit einem Lächeln kaschieren, dauert es gewöhnlich nicht lange, bis Ihre Stimmung Ihrem Gesichtsausdruck entspricht.

Bemühen Sie sich um eine heitere Miene, ganz gleichgültig, wie Sie sich fühlen. Wenn Ihnen diese kleine Überwindung dazu verhilft, Ihre Stimmung zu heben und die Welt in einem rosigeren Licht zu sehen, dann sind Sie Ihrer emotionalen Gesundheit einen Schritt näher.

Heute lächle ich, selbst wenn mir nicht danach ist.

Wir schlafen dann am tiefsten, wenn wir uns einbilden, alles fest unter Kontrolle zu haben.

Annie Dillard

Wenn unvorhersehbare Ereignisse wie Todesfälle oder Naturkatastrophen eintreten, kann man erleben, daß Menschen, die man für am besten auf so etwas vorbereitet hält, am schlechtesten damit fertig werden. Je höher Intelligenz, Selbstvertrauen und Einkommen eines Menschen, desto größer die Möglichkeit, nach dem Tod des Ehepartners in Depressivität zu verfallen, ergab eine Untersuchung unter Witwen und Witwern. Die Wissenschaftler zogen daraus den Schluß, daß Menschen, die sich einbilden, ihr Leben unter Kontrolle zu haben, vermutlich durch unvorhergesehene Ereignisse mehr aus der Bahn geworfen werden als andere.

Verfallen Sie nicht dem Irrtum, daß uns Äußerlichkeiten vor Unglücksfällen und Katastrophen bewahren können. Finden Sie sich vielmehr mit der Tatsache ab, daß wir nicht alle Schalthebel des Lebens bedienen können und daß uns der Glaube an eine höhere Macht die Kraft geben kann, die Tragödien zu überstehen, die uns zustoßen.

Die Ereignisse kann ich nicht kontrollieren, wohl aber meine Reaktionen auf sie.

Für Depressionen gibt es keine perfekte Lösung, und das sollte es auch nicht. So eigenartig es auch klingen mag, wir sollten froh darüber sein. Es bewahrt uns unsere Menschlichkeit.

Lesley Hazleton

Für Depressivität gibt es kein Allheilmittel. Viele Medikamente haben Nebenwirkungen, und was dem einen hilft, kann bei anderen wirkungslos bleiben. Informieren Sie sich möglichst umfassend darüber, was für Hilfsmittel es gegen Depressionen gibt und wie sie wirken. Fragen Sie Ihren Arzt nach möglichen Alternativen, und erforschen Sie sie gründlich. Depressivität ist ein heilbares Leiden, jedoch nur, wenn Sie beharrlich nach der Lösung suchen, die für Sie die beste ist.

Ich bin offen für alle Vorschläge, meine Niedergeschlagenheit zu bekämpfen.

Solange Frauen Sklavinnen bleiben, werden Männer Schurken sein.

Elizabeth Cady Stanton

In einer Talkshow diskutierte ein Ehepaar darüber, wie sehr der Mann das Leben seiner Frau dominierte. Er war so überfürsorglich und mißtrauisch, daß sie kein eigenes Auto fahren, weder ein Telefon noch Freundinnen haben durfte. Die Frau war über ihre Lage deprimiert und empört, brachte es aber auch dann noch fertig zu lächeln, als sie zugab, ihrem Mann nie zu widersprechen oder für ihre Rechte einzutreten.

Solange wir den Männern in unserem Leben gestatten, uns als minderwertig zu behandeln, werden wir ihre Sklavinnen bleiben. Gibt es auch in Ihrer Beziehung zu einem Mann eine Ungerechtigkeit, die Sie zwar deprimiert, die Sie aber stillschweigend hinnehmen? Sehen Sie in sich endlich den Menschen, der Liebe, Achtung und Gleichberechtigung verdient, und verhalten Sie sich entsprechend. Es kann nicht lange dauern, bis Ihnen genau das gegeben wird.

Ich bin niemandem untertan.

Lebe, wie du, wenn du stirbst, wünschen wirst, gelebt zu haben.

Christian Fürchtegott Gellert

Schock, Ablehnung, Zorn und ein Hadern mit dem Schicksal sind für gewöhnlich die Reaktionen, wenn der Arzt eine für uns negative Diagnose stellt. Viele Menschen sagen aber auch, daß eine solche Diagnose sie lehrte, jeden einzelnen Tag zu genießen, ihnen die Kraft gab, schädliche Beziehungen zu beenden und ungerechte Behandlung durch andere nicht mehr zu akzeptieren. Anstatt ihre Zeit mit Vorhaben zu verschwenden, die sie nicht weiterbrachten, widmeten sie sich Dingen, die sie wirklich tun wollten, und verfolgten sie mit Leidenschaft.

Selbst wenn Sie so glücklich sind, keine lebensbedrohende Krankheit zu haben, sollten Sie Ihre Zeit gut nutzen, sich darüber klarwerden, womit Sie sich beschäftigen, wie Sie Ihr Leben gestalten, wem Sie nacheifern wollen. Machen Sie den heutigen Tag zum Beginn eines kostbaren und sinnvollen Lebens.

Heute lebe ich so, als gäbe es für mich kein Morgen mehr.

Menschen sind wie Buntglasfenster. Sie schimmern und funkeln, wenn die Sonne scheint, aber in der Dunkelheit zeigt sich ihre wahre Schönheit nur dann, wenn im Inneren ein Licht leuchtet.

Elisabeth Kübler-Ross

Die dunklen Tage unseres Lebens geben uns die Möglichkeit, unsere innere Stärke zu erkennen. Bei manchen von uns ist sie sehr ausgeprägt, weil wir mit so viel Liebe aufgezogen wurden, daß unser Selbstbewußtsein unerschütterlich ist, oder weil wir davon überzeugt sind, daß es einen Gott gibt, auf den wir bauen können. Andere jedoch müssen feststellen, daß Rückschläge ihr seelisches Gleichgewicht schwer erschüttern und daß sie intensiv und hart daran arbeiten müssen, ihre Zuversicht und ihren Optimismus wiederzuerlangen.

Zu welcher der beiden Gruppen Sie auch gehören: Versuchen Sie heute zu «funkeln» und zu «leuchten» – trotz aller Dunkelheit, die Sie umgeben mag. Lesen Sie inspirierende Bücher, beten oder meditieren Sie, tun Sie irgend etwas, das Ihre Spiritualität bereichert. Vergessen Sie nicht, daß es an sonnigen Tagen leicht ist zu strahlen, daß man aber beträchtlichen Mut und große Stärke braucht, um von innen heraus zu leuchten, wenn die Stürme toben.

Heute lasse ich mein inneres Licht leuchten.

Wenn Sie sich mit Schuldgefühlen herumplagen, weil Sie aufgrund der Umstände Ihren Kindern kein ideales Heim bieten können, so tut das Ihnen nicht gut. Es tut auch Ihren Kindern nicht gut.

Janet Woititz

Aufgrund der großen gesellschaftlichen Veränderungen in den letzten Jahrzehnten haben viele Frauen, deren Mütter noch «Nur»-Hausfrauen waren, Berufe ergriffen. Diese «Zweiteilung» stellt viele von uns vor die Frage, ob wir auch das Richtige für uns und unsere Kinder tun. Obwohl wir Freude an unserer Arbeit haben, obwohl wir wissen, daß unsere Kinder wohlversorgt sind, versinken viele von uns immer wieder in Depressivität und Selbstzweifeln. Wenn wir aber sicher sind, die richtige Entscheidung getroffen zu haben, kann unsere Familie die Früchte unserer inneren Ausgeglichenheit und Zufriedenheit ernten.

Der wichtigste Beitrag, den ich zu einem glücklichen Zuhause beisteuern kann, ist, daß ich meinen Entscheidungen vertraue.

JULI

«Wir Menschen sind voller unberechenbarer Gefühle, die Logik nicht erklären kann.»

Captain James T. Kirk, «Raumschiff Enterprise»

Sobald uns jemand Unrecht getan hat, sind unsere Freunde oft schnell mit der Feststellung bei der Hand, wie gut es uns ohne diesen Menschen gehen würde und wie glücklich wir uns schätzen können, daß uns endlich die Augen über ihn aufgegangen sind. Doch so leicht ist es nicht, die Gefühle für jemanden kurzerhand zu «kappen», der uns sehr nahegestanden hat. Melancholie, Bedauern, selbst Rachegedanken sind durchaus verständliche Empfindungen, wenn eine intime Beziehung endet, besonders dann, wenn dieses Ende nicht unsere Entscheidung war.

Gefühle sind in der Tat unberechenbar, daher sind Versuche, Schmerz und Trauer rational bewältigen zu wollen, häufig zum Scheitern verurteilt. Üben Sie heute Nachsicht mit sich und lassen Sie sich nicht gegen Ihren Willen zu einem Verhalten nötigen, von dem andere glauben, es sei gut für Sie.

Ich werde meinen Gefühlen erlauben, irrational zu sein, wenn es mir hilft.

Wer sich nicht ausruhen kann, kann auch nicht arbeiten.

Harry Emerson Fosdick

Eins der klassischen Anzeichen für Depressivität ist eine Veränderung der Schlafgewohnheiten. Jeder Versuch, der Müdigkeit mit Unmengen von Kaffee beikommen zu wollen, endet nur mit Kopfschmerzen, noch intensiveren Stimmungsschwankungen und dem akuten Zusammenbruch, wenn die Wirkung des Koffeins nachläßt. Schlaftabletten oder ein Glas Alkohol machen zwar schläfrig, schaffen aber langfristig nur weitere Probleme. Gegen Schlafstörungen sollte man mit therapeutischen Mitteln vorgehen.

Falls Sie niedergeschlagen sind und sich Ihr Schlafverhalten merklich verändert hat, sollten Sie professionelle Hilfe suchen. Mit einer Kombination aus Therapie, streßabbauenden Methoden und den für Sie richtigen Medikamenten sollten Sie bald wieder genügend erholsamen Schlaf finden, um mit Freude und gesund arbeiten und leben zu können.

Wenn ich mich ausreichend erholen kann, ist alles im Leben leichter zu bewältigen.

Man sollte nur von einem ernsthaft überzeugt sein: nichts allzu ernst zu nehmen.

Samuel Butler

Eine gefeierte Countrysängerin wurde von Depressionen erfaßt, nachdem sie ihre Mutter verloren hatte, das Klimakterium durchstehen mußte und ihre Karriere in eine Flaute geriet. Die Sängerin zog sich aufs Land zurück, machte eine Psychotherapie, verbrachte viel Zeit in ihrem Garten und dachte darüber nach, was sie sich von ihrem Leben erhoffte. Nach drei Jahren sah sie ein, daß sie ihrer Karriere eine viel zu hohe Bedeutung beigemessen und ihr vieles geopfert hatte. Sie machte sich bewußt, daß ihre Depressionen zum Teil auf die Erkenntnis zurückzuführen waren, wieviel Zeit sie bereits mit Trivialitäten verschwendet hatte.

Nehmen auch Sie etwas so ernst, daß es andere, wichtige Dinge in den Hintergrund treten läßt? Von einem Vorhaben geradezu besessen zu sein oder einer letztendlich vorübergehenden Sache zuviel Bedeutung beizumessen, kann zu innerer Unausgeglichenheit führen. Streben Sie danach, tagtäglich in Ihr Leben zu schlüpfen wie in einen locker fallenden Mantel, und Sie werden feststellen, daß es Sie nie einengt.

Ich will auf Ausgeglichenheit und Mäßigkeit in meinem Leben bedacht sein.

So gern wir unsere Lieben auch haben .... von Zeit zu Zeit herrscht in ihrer Abwesenheit ein unerklärbarer Frieden.

Anne Shaw

Eine berufstätige Frau und Mutter von sechs Kindern erzählte, daß sie gelegentlich Zuflucht in einem nahegelegenen Hotel sucht, das Telefon abstellt, ein Kräuterbad nimmt und zehn Stunden tief und ungestört schläft. Diese eine Übernachtung reicht für gewöhnlich aus, ihr Nervenkostüm zu regenerieren.

Ganz unabhängig davon, wie sehr Sie Ihre Angehörigen und Freunde lieben, sollten Sie sich nicht genieren zuzugeben, daß eine vorübergehende kurze Trennung von ihnen Balsam für die Seele ist. Planen Sie Ihr Alleinsein – ein Besuch bei Freunden, ein Tagesausflug in die nächste Stadt, eine Nacht in einem Hotel –, bei dem Sie sich erholen und wieder zu Kräften kommen können. Denken Sie daran, daß Fürsorge für sich selbst auch ein Geschenk für Ihre Nächsten ist, die von Ihrer inneren Zufriedenheit nur profitieren können.

Eine gelegentliche Abwesenheit ist gut für meine Seele.

Es ist erschreckend, wie abhängig von Drogen wir alle geworden sind und wie leicht es für die Ärzte ist, sie als universelles Patentrezept gegen unsere Leiden zu verschreiben.

Charles, Prinz von Wales

Einer der verhängnisvollsten Fehler von Ärzten besteht darin, Frauen ganz automatisch Tabletten zu verschreiben, wenn sie über Angstgefühle, Schlaflosigkeit und Depressivität klagen. Unglücklicherweise werden Medikamente zu oft als erstes Heilmittel betrachtet, weil Tabletten leicht zu nehmen und unmittelbar Wirkungen zu sehen sind. Sehr viel schwieriger ist es jedoch, die wirklichen Ursachen herauszufinden und sie ohne Medikamente zu beseitigen.

Medikamente sind nur ein Bereich aus einem breiten Spektrum von Möglichkeiten. Gesunde Ernährung, Gymnastik, Therapien, ganzheitliche Behandlungsmethoden und ausreichend Ruhe können vieles von dem liefern, was wir brauchen, um Depressivität und Streß zu bekämpfen. Stets sollten wir zunächst alternative Methoden erwägen, bevor wir zu Medikamenten greifen – und letzteres nie ohne ärztliche Diagnose und Beobachtung unseres Zustands.

Ich muß akzeptieren, daß es keine Blitzlösung für meine Probleme gibt.

6. Juli

Es wurden mehr Dinge durch Gebete bewirkt,
als diese Welt sich träumen läßt.

Alfred Tennyson

Die Macht des Gebetes ist durch eine Reihe wissenschaftlicher Studien belegt. Als beispielsweise in einem Krankenhaus für eine bestimmte Patientengruppe ohne deren Wissen gebetet wurde, erholten sich diese Menschen schneller und neigten weniger zu Rückfällen als andere, für die nicht gebetet wurde. Selbst Pflanzen sollen auf eine derartige Fürsprache mit besserem Wachstum und größerer Blütenpracht reagiert haben.

Versuchen Sie heute zu beten, auch wenn Sie das noch nie getan haben. Es ist kostenlos, ganz intim und mit wenigen, ganz persönlichen Worten getan. Wenn es Ihnen lieber ist, so bitten Sie jemanden, mit Ihnen oder für Sie zu beten. Es wird Sie erstaunen, wieviel mehr Trost und Kraft es bringen kann, eine unsichtbare Macht um Hilfe zu bitten, als den Versuch zu unternehmen, Ihre Probleme allein zu lösen.

Heute vertraue ich mich der Macht des Gebetes an.

Verfolge dein Glück.

Joseph Campbell

Viele Menschen fühlen sich elend, weil sie ihre Tage mit Dingen verbringen, die ihnen keine Freude bereiten. Sie haben Jobs, die ihnen keinen Spaß machen, umgeben sich mit Menschen, die ihnen nicht gefallen, und verbringen ihre Freizeit mit Aktivitäten, die weder nützlich noch amüsant sind. Es ist kaum verwunderlich, daß sie auf die Dauer unglücklich und unzufrieden sind. In solchen Fällen empfehlen Therapeuten häufig die Zusammenstellung einer Liste der Dinge, die diese Menschen am liebsten machen würden, die für sie am erstrebenswertesten sind.

Was steht auf Ihrer Liste? Wünschen Sie sich, durch Ihre Arbeit die Welt ein bißchen besser zu machen? Einen Roman zu schreiben? Zu reisen? Wie Ihre Antworten auch ausfallen mögen, es ist stets möglich, vieles von dem, was Sie sich wünschen, in Ihren Alltag zu holen. Klarheit über das, was Ihnen Freude bringt, und das Bemühen, diese Freude häufiger zu erfahren, führen nicht nur zu mehr Zufriedenheit, sondern vermindern auch Ihr Risiko, in Depressivität zu verfallen.

Heute werde ich mindestens eine Sache tun, die mich glücklich macht.

Die Geduldigen mögen ja durchaus belohnt werden – doch nur mit Dingen, die Ungeduldige zurückgelassen haben.

Abraham Lincoln

Studien haben bewiesen, daß Frauen nach Schicksalsschlägen dazu neigen, sich in sich selbst zurückzuziehen, über ihr Los nachzugrübeln und wenig oder nichts zur Lösung ihrer Probleme zu unternehmen, während Männer unverzüglich aktiv werden. Glücklicherweise ist das kein unabwendbares Schicksal: Frauen, die gelernt haben, ihre Probleme sofort in Angriff zu nehmen, vermindern nicht nur ihr Risiko, depressiv zu werden, sondern erhöhen auch ihre Chancen, das zu bekommen, was sie sich wünschen.

Manchmal fühlen wir uns so mutlos, daß uns die Vorstellung, aus uns herauszugehen und «ungeduldig» zu agieren, geradezu absurd erscheint. Und doch ist es genau das, was wir tun müssen, um unsere Depressivität zu überwinden. Traurig zu Hause zu sitzen sorgt garantiert dafür, daß Ihre Probleme sich noch vergrößern.

Wenn ich aktiv werde, bin ich immer im Vorteil.

Sie haben ein ganz bezauberndes Kind. Aber wenn es dreizehn ist, wird es von bösen Geistern entführt, die an seiner Stelle einen Fremden zurücklassen, der Sie keine Sekunde in Frieden läßt.

Jill Eikenberry

Seit ich sie das letztemal sah, hat sich die Einstellung meiner Freundin zu ihrem Sohn ungeheuer verändert. All die Wunderdinge, die sie mir damals über ihn erzählte, schienen sich jetzt ins Gegenteil verkehrt zu haben: Das großartigste Kind der Welt war zum typischen Teenager herangewachsen!

Aber auch andere Familienangehörige und Freunde durchlaufen Phasen, die uns aufregen und kränken können. Im Laufe der Zeit verändert sich jeder Mensch, und das ist gut so. Bemühen Sie sich um Toleranz, und sehen Sie über die Schwächen anderer ebenso nachsichtig hinweg, wie Sie das auch von ihnen erwarten, wenn es um Ihre eigenen «Makken» geht. Und wenn Sie es mit einem Heranwachsenden zu tun haben, dann vergessen Sie nicht, daß dessen ungestümes Ringen um Unabhängigkeit irgendwann ein Ende finden wird und Sie dann einen reifen, sensiblen jungen Erwachsenen unter Ihrem Dach haben.

Auf die Veränderung in der Persönlichkeit anderer reagiere ich flexibel, tolerant und humorvoll.

Wir alle kennen die Einsamkeit und haben gelernt, daß Liebe die einzige Lösung ist und daß Liebe in der Gemeinschaft entsteht.

Dorothy Day

Über den Vorteil von Heimarbeit ist viel geschrieben worden, besonders für Frauen mit Kindern. Aber sie ist nicht für jeden die perfekte Lösung. Wenn Sie ein geselliger Mensch sind, kann sich diese Form isolierter Arbeit deprimierend auswirken. Es ergeben sich meist auch noch andere Schwierigkeiten. Eine Frau z. B. ging wieder ins Büro zurück, weil sie einen Babysitter engagieren mußte, um zu Hause konzentriert arbeiten zu können. Und selbst dann war es schwer für sie, am Schreibtisch sitzen zu bleiben, wenn sie ihr Kind weinen hörte.

Wenn Sie festgestellt haben, daß die Heimarbeit nicht die Vorteile gebracht hat, die Sie sich davon erhofften, überprüfen Sie, ob Sie der richtige Typ für diese Arbeitsform sind.

Auch tagsüber mit anderen Erwachsenen zusammenzusein kann ausgesprochen stimmungshebend wirken. Wenn Sie das brauchen, dann tun Sie Ihrer Familie und sich selbst einen größeren Gefallen, wenn Sie den Tag in der Umgebung verbringen, die Ihnen Freude und Befriedigung verschafft, als traurig zu Hause zu sitzen.

In Gesellschaft zu sein ist für mich mitunter besser als das Alleinsein.

Die menschliche Seele braucht Sicherheit ebenso wie Risiko... Die durch das Fehlen jeden Risikos verursachte Langeweile ist auch eine Erkrankung der Seele.

Simone Weil

Forscher haben überraschende Wege entdeckt, die Menschen dabei helfen, Apathie oder Langeweile zu überwinden. Eine davon ist, Risiken einzugehen. Es scheint Menschen Aktivität und Lebenswillen wiederzugeben, wenn sie Dinge tun, deren Ausgang ungewiß ist.

Falls Sie niedergeschlagen sind, fehlt Ihnen unter Umständen ein wohlkalkuliertes Risiko, um sich wieder «lebendig» zu fühlen. Nehmen Sie sich etwas Neues und Ungewohntes vor, das keine allzu schädlichen Konsequenzen hat, falls es fehlschlägt. Sich kopfüber in eine Affäre zu stürzen wäre beispielsweise kein akzeptables Risiko, einen unbekannten Menschen zum Kaffee einzuladen wäre eins. Es ist tatsächlich so, daß unsere Seelen krank werden und unser Geist stagniert, wenn unser Alltag ausschließlich in vorhersehbaren, eingefahrenen Bahnen verläuft. Also bereichern Sie Ihr Leben durch die Aufregung des Risikos, und Sie werden sehen, daß nicht nur Amüsement, sondern auch Glück die erfreuliche Belohnung sind.

Heute gehe ich ein belebendes Risiko ein.

Humor ist in heiterer Gelassenheit erinnertes Gefühlschaos.

James Thurber

Es gibt Tage, da scheint alles zu mißlingen und Chaos regiert! Nehmen Sie's leicht, wenn Ihnen heute alles schiefgeht, was schiefgehen kann, und Sie von emotionalem Chaos umgeben zu sein scheinen. Es ist eine herzerfrischende Eigenschaft, über sich selbst und sein Pech lachen zu können, anstatt in Depressivität zu verfallen, und je schneller Sie es schaffen, eine unerträgliche Situation mit Humor zu ertragen, desto erträglicher werden Sie sie finden.

Heute lache ich über mein Chaos.

Es entbehrt nicht einer gewissen Traurigkeit, sich sagen zu müssen, daß man Abschied genommen hat... von dem Alter und den Umständen, die uns in die Lage versetzen, kleine Kinder eng und leidenschaftlich zu betreuen.

Colette

Manchmal bin ich von meinen beiden Kindern so hingerissen, daß ich mich frage, wie ich es ertragen soll, wenn sie nicht mehr von mir in den Arm genommen werden und keine Gutenachtgeschichten mehr hören wollen. Jede Mutter, die ich kenne, hat ihre Kinder mit einer gewissen Melancholie größer werden sehen. Doch das sind Empfindungen, die wir bewältigen müssen, wenn unsere Kinder selbständige, gesunde und unabhängige Menschen werden sollen.

Wenn Sie unter dem deprimierenden Gefühl leiden, daß Ihre Kinder viel zu schnell heranwachsen, dann denken Sie daran, daß nicht nur die Kindheit eine wundervolle Zeit ist. Auch die Jugend- und Erwachsenenjahre bringen uns gute Momente des Zusammenseins mit unseren Kindern. Je mehr wir uns auf das freuen können, was noch vor uns liegt, desto weniger geraten wir in Gefahr, stets rückwärts gewandt zu leben und uns nach dem zu sehnen, was gewesen ist.

Jede Lebensphase meiner Kinder ist etwas ganz Besonderes.

Eine Frau kauft immer irgend etwas.

Ovid

Wenn wir aus Niedergeschlagenheit zwanghaft für uns oder andere einkaufen, unterliegen wir sehr wahrscheinlich unbewußt dem Irrtum, mit dem nächsten Berg Kosmetika oder dem nächsten großzügigen Geschenk für eine Freundin würde unser Selbstbewußtsein zunehmen. Aber Einkäufe können keine emotionalen Probleme lösen. Wenn wir unsere Kreditkarten bis zum letzten Pfennig ausschöpfen, um Dinge zu kaufen, die wir nicht wirklich brauchen, weist das lediglich darauf hin, daß wir uns tiefersitzenden Gefühlen von Unzulänglichkeit und Niedergeschlagenheit nicht zu stellen wagen.

Achten Sie heute auf Ihre Einkaufsgewohnheiten, besonders dann, wenn Sie sie als Mittel gegen Depressivität einsetzen. Es gibt Selbsthilfegruppen für Menschen, die unter zwanghaftem Kaufrausch leiden. Vielleicht hilft Ihnen der Gedankenaustausch mit gleichermaßen Betroffenen. Der Schlüssel zu Glück und Zufriedenheit liegt im Verzicht auf exzessives Verhalten, doch diese Fähigkeit lernt man nur durch stete Wachsamkeit, dauernde Übung und nicht nachlassende Energie.

Heute kaufe ich nur das, was ich brauche – nicht das, was ich haben möchte.

Das Mysteriöse ist eine der schönsten Erfahrungen, die wir machen können.

Albert Einstein

Häufig bringen Krisen und lebensverändernde Ereignisse ungewöhnliche geistige Erfahrungen. Gerade verzweifelte Menschen berichten immer wieder von «mysteriösen» Ereignissen: Träume oder Meditationssitzungen vermitteln ihnen Gefühle inneren Friedens, die sie anderswo nicht finden konnten und die ihnen halfen, die schwierige Zeit zu überstehen.

Seien Sie sich heute der Tatsache bewußt, daß Probleme und Depressivität auch ungewöhnliche Gefühle von Spiritualität hervorrufen können, die wir sonst vielleicht nicht haben würden. Der Gott, an den wir glauben, hat es mitunter leichter, uns zu erreichen, wenn wir am verletzlichsten sind. Deshalb nutzen Sie diese Phase, um offen für die vielfältigen Möglichkeiten zu sein, durch die wir getröstet werden können, wenn wir Trost am nötigsten brauchen.

Ich finde immer den Frieden, den ich brauche, wenn auch nicht immer auf eine Weise, die ich sofort verstehe.

Was für ein herrliches Leben ich doch hatte! Ich wünschte nur, ich hätte das früher erkannt.

Colette

Wenn wir deprimiert sind, neigen wir dazu, alles in schwärzesten Farben zu malen und unser Leben als leer und trostlos anzusehen. Aber das ist lediglich ein vorübergehender mentaler Zustand. Kurze Zeit später ist man wieder «normal» und staunt über die negativen Dinge, die man über sich selbst gesagt und gedacht hat.

Falls Sie sich gerade in einer Phase der Schwarzmalerei befinden, dann machen Sie sich bewußt, daß Depressivität irreale und ungenaue Denkstrukturen fördert. Alles sieht dann sehr viel schlimmer und hoffnungsloser aus, als es tatsächlich ist. Warten Sie deshalb ab, bis Sie sich in einer besseren Gemütsverfassung befinden, bevor Sie große Entscheidungen treffen oder wichtige Schritte unternehmen. Vor allem aber vergessen Sie nicht, daß auch die Tage, die Sie in Düsternis verbringen, unwiederbringliche Tage Ihres Lebens sind. Je eher Sie Ihre Lebenslust wiederfinden, desto mehr dieser Lebenstage können Sie genießen.

In meinem Leben gibt es immer etwas, wofür ich dankbar sein kann.

Wenn Freunde aufhören, füreinander offen und hilfsbereit zu sein, verliert die Welt etwas von ihrem Glanz.

Anatole Broyard

Freundschaften gehören zu jenen Dingen, auf die sich eine Frau in Krisenzeiten am meisten verläßt. Und wenn eine Freundschaft an Eifersucht, Verärgerung oder Mißverständnissen scheitert, kann das extrem schmerzlich sein, besonders wenn einem der betreffende Mensch sehr nahesteht. Auch wenn es demütigend sein kann: Eine Seite muß die Initiative ergreifen, um die Freundschaft zu kitten.

Wenn Sie über eine Verstimmung in einer Freundschaftsbeziehung deprimiert sind, dann fragen Sie sich, ob die guten Zeiten, die Sie mit diesem Menschen verbracht haben, eine aktuelle Krise nicht bei weitem überwiegen. Falls Sie dann zu der Erkenntnis kommen, auf die Beziehung nicht verzichten zu wollen, gehen Sie auf Ihre Freundin/Ihren Freund zu, und sprechen Sie offen über das, was Sie quält. Der emotionale Wert einer guten Freundschaft ist nicht in Gold aufzuwiegen, also verzichten Sie nicht wegen eines Problems darauf, das weit weniger wichtig ist als die Beziehung selbst.

Heute unternehme ich etwas zum Erhalt meiner Freundschaften.

Totaler Sex-Entzug führt zu Reizbarkeit.

Elizabeth Blackwell

Jeder von uns durchläuft vermutlich irgendwann einmal eine sexlose Phase. Ein Partner könnte vorübergehend das Interesse verlieren, auf eine ausgedehnte Reise gehen oder auf Medikamente angewiesen sein, die lusthemmende Nebenwirkungen haben. Auch die hohen Scheidungsraten und die Tatsache, daß eine Frau damit rechnen muß, im Durchschnitt fünfzehn Jahre ihres Lebens als Witwe zu verbringen, machen es wahrscheinlich, irgendwann ohne ständigen Partner leben zu müssen.

Welche Gründe Ihre sexuelle Enthaltsamkeit auch haben mag: Es gibt für alle Lösungen. Falls uns die rechte Leidenschaft für unseren Partner abhanden gekommen ist, können Ehepaar-Therapien neue Wege zu sexueller Erfüllung aufzeigen. Die notwendige Einnahme von Medikamenten kann so dosiert werden, daß die Libido darunter nicht leidet. Und es ist ein neuer Trend zu beobachten, daß sich Frauen in ihren mittleren Jahren vermehrt anderen Frauen zuwenden. Auch Masturbation ist ein wirksames Mittel zur Wiederbelebung der Sexualität. Die Anregung und Bewahrung sexueller Lust ist nicht nur für Ihren Körper gut, sondern auch für Ihre Seele.

Sexuelle Befriedigung ist ein Weg zum Glück.

Viele von uns verbringen ihre ersten zwanzig Jahre damit, das Verhalten Verletzter zu lernen, und die nächsten zwanzig damit, diese Wunden zu heilen... Ich bin davon überzeugt, daß die zweite Lebenshälfte der Frau eine profunde Chance zur Veränderung ist.

Cathleen Rountree

Wenn wir älter werden, sehen wir uns einer Vielzahl emotionaler Probleme gegenüber: Wir können irgendwann keine Kinder mehr kriegen, verlieren unser jugendliches Aussehen und müssen erleben, daß nahestehende Menschen sterben. Als Resultat dieser Veränderungen leiden mehr Frauen als Männer unter Depressivität, wobei das Risiko um die Lebensmitte am größten ist. Aber mit der richtigen Einstellung können die mittleren zu den besten Jahren unseres Lebens werden.

Altern ist ein natürlicher Prozeß. Das zu akzeptieren und sich darauf vorzubereiten ist ein wichtiger Schritt dazu, die positiven Angebote des Alters zu erkennen. Die Lebensmitte kann zu einer wundervollen Phase werden, in der wir all das zu unserem Vorteil nutzen, was wir gelernt haben; sie kann aber auch eine trostlose Zeit werden, wenn wir die richtige Einstellung dazu nicht finden. Es liegt an uns, welchen Weg wir wählen und wie wir altern.

Ich bin so alt, wie ich mich fühle.

Ein weltlicher Verlust verwandelt sich häufig in einen geistigen Gewinn.

Inayat Khan

Wenn wir etwas verloren haben, ersetzen wir es oft durch etwas Besseres und Wertvolleres. So wird Menschen, die ausgeraubt wurden, oft bewußt, daß ihr kostbarster Besitz das Leben ist, und sie entwikkeln eine höhere Wertschätzung für die sogenannten kleinen Dinge.

Versuchen Sie, sich über einen weltlichen Verlust nicht allzu sehr zu grämen. Auch wenn Sie sich für gewisse Zeit leer und traumatisiert fühlen, werden Sie doch mit Geduld und innerer Betrachtung in sich einen Raum schaffen, in den etwas Wertvolleres und Dauerhafteres einziehen kann.

Ich fürchte mich nicht vor den leeren Räumen in meinem Leben.

Die verdrängte Erinnerung ist wie ein Störenfried in einem Konzertsaal. Man kann ihn hinauswerfen, aber er wird an die Tür hämmern und das Konzert weiter stören. Der Analytiker öffnet die Tür und sagt: «Wenn du versprichst, dich anständig zu benehmen, kannst du wieder hereinkommen.»

Theodor Reik

Verdrängte Erinnerungen können oft zu destruktivem Verhalten und periodischer Niedergeschlagenheit führen. Unterdrückte Kindheitserinnerungen drängen nicht selten an die Oberfläche, wenn sich die Menschen in ihrem Erwachsenenleben sicher fühlen. Sie tauchen bruchstückhaft auf und können nie wieder ganz ins Unterbewußtsein zurückgedrängt werden.

Falls sich in Ihrem Inneren ein «Störenfried» bemerkbar macht, der sich nicht vertreiben läßt, der in Ihnen Gefühle der Niedergeschlagenheit verursacht, sprechen Sie mit einem Therapeuten darüber, ob die Gründe dafür nicht in verdrängten Kindheitserinnerungen liegen können. Indem Sie sich in professionelle Hände begeben, kommen Sie nicht nur der Erklärung für Ihre Stimmungsschwankungen näher, sondern schaffen sich auch einen sicheren Hafen, in dem die Heilung einsetzen kann.

Meine Erinnerungen können mich heilen, wenn ich sie auf eine positive Weise verarbeite.

In unserer Zivilisation befürchten Männer, nicht männlich genug zu sein, und Frauen, ausschließlich als Frauen betrachtet zu werden.

Theodor Reik

Viele Frauen, die bewußt keinen Beruf ergriffen haben, leiden manchmal unter Depressionen, weil sie meinen, ihr «Nur»-Hausfrauendasein werde von unserer Gesellschaft nicht genug anerkannt. Eines der Ziele der Frauenbewegung bestand darin, den Frauen die absolut freie Berufswahl zu ermöglichen. Und wenn wir Mutter und Hausfrau zu sein als Beruf gewählt haben, dann sollten wir auf diese Entscheidung stolz sein.

Wir sollten dabei nicht vergessen, daß manche Menschen nur deshalb von «Nur-Hausfrauen» reden, weil sie keine Ahnung davon haben, wie schwer das ist und wieviel Kreativität es verlangt. Andere wiederum bedauern insgeheim vielleicht, sich das nicht leisten zu können. Da unser persönliches Glück aber letztlich von den Ansichten anderer unabhängig ist, müssen wir lernen, uns über andere Meinungen hinwegzusetzen, und davon überzeugt sein, die für uns richtige Wahl getroffen zu haben.

Ich verfolge einen Weg, der mir Glück bringt – unabhängig von der Meinung anderer.

Der Geruchssinn ist ein machtvoller Zauberer, der uns über Tausende von Meilen und alle Jahre unseres Lebens hinwegträgt.

Helen Keller

Die meisten Menschen verbinden mit bestimmten Gerüchen, z. B. dem Duft ofenwarmen Brots oder frischer Tannen, glückliche Erinnerungen. Von unseren Sinnen ist der Geruch am direktesten mit dem Erinnerungsvermögen verbunden, weil er im limbischen System des Gehirns angesiedelt ist, wo Düfte wahrgenommen und Gefühle gespeichert werden. Vor allem aber brauchen Gerüche nicht verbal dechiffriert zu werden, um Erinnerungen wachzurufen, so daß sie uns besonders gut zugänglich sind.

Erinnern Sie sich an eine glückliche Zeit in Ihrem Leben und überlegen Sie, welche Düfte Sie damit assoziieren. Erinnert Sie der Duft von Keksen an Besuche bei Ihrer Großmutter? Bringt Sie Salzgeruch in der Luft an die Strände Ihrer Jugendzeit zurück? Entdecken Sie die Düfte, die Ihnen Freude bereiten, und versuchen Sie, diese in Ihren Alltag einzubeziehen, weil sie Ihnen unmittelbar Erleichterung und Wohlgefühl bringen können.

Ich werde mich mit Düften umgeben, die mich glücklich stimmen.

Gute Taten und heiße Bäder sind die besten Mittel gegen Depressionen.

Dodie Smith

Es herrscht kein Mangel an Möglichkeiten, mit denen Sie sich aufmuntern können, wenn Sie sich niedergeschlagen fühlen. Aber jeder von uns reagiert anders, daher ist es wichtig, aus der Vielfalt das herauszusuchen, was am besten wirkt. Sich die Dinge ins Bewußtsein zu rufen, für die man dankbar sein sollte, und sich ein bißchen zu verwöhnen – beispielsweise mit einem entspannenden Bad –, sind zwei der wirksamsten Mittel gegen Depressivität. Auch anderen Menschen zu helfen oder sportliche Betätigung kann Wunder wirken. Sinnliche Lusterfahrungen wie Sex, eine Massage oder das Hören von Musik haben sich gleichfalls als bewährte Waffen gegen Melancholie erwiesen.

So viele Formen von Depressivität es gibt, so viele Heilmittel gibt es auch. Probieren Sie einige Methoden aus und beobachten Sie Ihre Reaktion. Die Erkenntnis dessen, was auf Ihre Seele am beruhigendsten wirkt, ist ein machtvolles Abwehrinstrument gegen Depressivität.

Heute unternehme ich etwas, was mich auch schon früher aufgemuntert hat.

Ich denke nie an die Zukunft. Sie kommt früh genug.

Albert Einstein

Wenn ich niedergeschlagener Stimmung bin, neige ich dazu, meine Zukunft in schwärzesten Farben zu sehen und mir angsterregende Szenarien auszumalen, deren Opfer ich mit Sicherheit werden muß. Gegen eine derart negative Zukunftsperspektive kämpfe ich häufig erfolgreich dadurch an, daß ich mir immer wieder vorhalte, von Tag zu Tag zu leben und keine Gedanken an das Morgen zu verschwenden. Dadurch kann ich mich wieder auf das Nächstliegende konzentrieren und belaste meinen Geist und meinen Körper nicht mit überflüssigen Sorgen.

Machen Sie sich heute keine Gedanken über das Morgen. Wenn wir zu intensiv über ungelegte Eier nachgrübeln, kann das unsere Depressivität nur vertiefen. Bemühen Sie sich daher darum, Ihre düsteren Gedanken durch positives Denken und zielgerichtete Aktivitäten zu vertreiben. Wenn es Ihnen gelingt, das wirklich Gute in Ihrem Leben zu erkennen und nicht nur das potentiell Negative zu sehen, dann wird Ihre Zukunft mit Sicherheit heller, als Sie es sich vorgestellt haben.

Heute konzentriere ich mich auf das Nächstliegende.

Gebete sind gut, aber wenn der Mensch die Götter anruft, sollte er selbst nicht untätig bleiben.

Hippokrates

Eine feste Glaubensüberzeugung ist zweifellos ein guter Kompaß in schweren Zeiten, aber ich denke, man muß sich auch selbst helfen. So kenne ich einen Mann, der trotz seiner tiefen Religiosität mit keinem seiner privaten und beruflichen Probleme fertig wurde. Sobald an seinem Arbeitsplatz irgendein Konflikt auftrat, zog er sich in sein Büro zurück. Und wenn seine Kinder Schwierigkeiten hatten, begann er zu trinken. Vielleicht hatte er seine Sorgen in seinen morgendlichen Gebeten Gott anvertraut, aber tagsüber schien ihm jede Energie zu fehlen, sich selbst zu helfen.

Machen Sie sich heute bewußt, daß der Glaube an ein höheres Wesen unschätzbar ist, daß aber Gebete am wirksamsten sind, wenn man selbst ein wenig «nachhilft». Erwarten Sie keine Wunder, solange Sie nicht Ihr Bestes dazu beitragen, sie auch geschehen zu lassen.

Wenn ich mir selbst helfe, dann hilft mir Gott.

In Kalifornien geht jedermann zu einem Therapeuten, ist ein Therapeut oder ein Therapeut, der einen Therapeuten aufsucht.

Truman Capote

In manchen Kreisen ist es chic, einen Therapeuten zu haben und darüber zu diskutieren, welche unserer Probleme er oder sie gerade zu bewältigen versucht. Viele Menschen brüsten sich sogar damit, professionelle Hilfe zu suchen, um danach zu verkünden, wieviel besser sie sich fühlen. Andere wiederum können sich nicht mal dazu überwinden, zum Telefonhörer zu greifen, um Kontakt zu einem Experten aufzunehmen, weil sie befürchten, dann hilflos, schwach und unsicher zu erscheinen.

Wenn Sie professionelle Hilfe brauchen, davor aber zurückschrecken, weil man «sowas» in Ihrer Umgebung nicht tut, dann sollten Sie derartige Klischees vergessen. Obwohl es sehr schwer ist, überkommene Verhaltensmuster zu durchbrechen, können wir doch nur zu unserer Individualität und zu unserem eigenen Glück finden, wenn wir unsere Passivität überwinden und uns über die Meinungen anderer Menschen hinwegsetzen.

Heute handele ich ausschließlich in meinem Interesse.

Zu viele Menschen, zu viele Anforderungen, zuviel zu tun; tüchtige, geschäftige, eilige Menschen. – Das ist doch kein Leben.

Anne Morrow Lindbergh

Weil ich zu Hause arbeite, gibt es keine eindeutige Trennung zwischen meinen häuslichen Betätigungen und meiner Arbeitszeit. Wenn ich nicht aufpasse, verfalle ich zu unpassenden Zeiten in die «andere Rolle», ärgere mich darüber, habe Schuldgefühle und bin unzufrieden. Schließlich habe ich mich dazu durchgerungen, feste Regeln dafür aufzustellen, wann ich welche Rollen ausfülle, und mich peinlich genau daran zu halten. Auch wenn es immer mal wieder zu Ausnahmen kommt, macht es mich glücklicher und zufriedener, eine klare Ordnung der Dinge zu haben.

Es ist wichtig, unsere Zeit diszipliniert einzuteilen und auch einmal «nein» sagen zu können. Wenn wir uns nicht darüber klar sind, wie und mit wem wir unsere Zeit verbringen, setzen wir uns dem Risiko aus, eine überlastete Frau mit allen Symptomen der Depressivität und Erschöpfung zu werden.

Ich werde mir meine Zeit klug und überlegt einteilen.

Spiritualität ist einfach Überlebendigkeit.

Fritjof Capra

Menschen, die Gott meiden, weil sie Religion als Unterdrückung und Heuchelei betrachten, sollten sich daran erinnern, daß zwischen Spiritualität und Religiosität ein Unterschied besteht. Wenn Sie Ihre Spiritualität zu entdecken beginnen, könnte Ihnen das so vorkommen, als würden Sie aus langer Benommenheit erwachen. Sie könnten einen Sinn in Ihrem Leben erkennen, der Ihren Alltag bereichert und lebendiger macht.

Falls Sie sich nicht sehr lebendig fühlen, dann kann das daran liegen, daß Sie den Kontakt zu Ihrer Spiritualität verloren haben. Es gibt viele Möglichkeiten, ihn wiederzubeleben: Sie können versuchen, sich in Gedichte zu versenken, Ihre körperlichen Grenzen erforschen, regelmäßig meditieren oder einen Gottesdienst besuchen, um nur einige zu nennen. Es ist lebenswichtig, den Kontakt zu Ihrer Spiritualität her- oder wiederherzustellen, weil sonst stets ein Schatten über Ihrem Glück liegt und eine Leere in Ihnen ist.

Wenn ich mit meiner Spiritualität in Verbindung bin, erfüllt mich das mit Vitalität.

Machen Sie sich nichts vor. Diese Frauen, die von Titelseiten auf Sie herablächeln, haben nie Babys geboren. Ihre Kinder wurden alle von professionellen Stuntfrauen zur Welt gebracht.

Dave Barry

Nach meinen beiden Geburten mußte ich schwer kämpfen, um wieder in Form zu kommen. Beim ersten Mal hatte ich mein Normalgewicht nach einigen Wochen wieder, beim zweiten Mal trug ich monatelang fünfzehn überflüssige Pfunde mit mir herum und wurde schließlich ausgesprochen depressiv. Erst Gespräche mit Freundinnen, die ebenfalls zwei Kinder hatten, gaben mir wieder Hoffnung, und meine Niedergeschlagenheit verflog. Sie erinnerten mich daran, daß es das wichtigste war, ein weiteres gesundes Kind zu haben.

Haben Sie Geduld mit sich selbst und pflegen Sie sich, wenn Sie deprimiert darüber sind, wie Ihr Körper nach einer Geburt reagiert. Mit Zeit, Gymnastik, ausgewogener Ernährung und viel Ruhe werden Sie Ihre Energien wiederfinden und wieder so sein wie früher. Vergleichen Sie sich nicht mit anderen, denn jeder Körper reagiert anders, und Ihre Erholung nach der Geburt geht nach Ihren eigenen Rhythmen vor sich.

Ich liebe meinen Körper und die Wunder, die er vollbringen kann.

Der August ist ein tuckischer Monat.

Edna O'Brien

Der August ist häufig ein Monat der Melancholie. Bei manchen Menschen hängt dieses Hochsommer-Tief mit der schwülen Luft und einem relativ seltenen Zustand zusammen, der als «sommerbedingte Gefühlsstörung» bezeichnet wird. Die darunter Leidenden stellen fest, daß das Übermaß von Hitze und Helligkeit in ihnen depressive Gefühle auslöst, die an Manien grenzen können. Eine Klimaveränderung, Medikamente und Therapien können den betroffenen Menschen Linderung bringen. Jene von uns, die nicht unter «sommerbedingter Gefühlsstörung» leiden, aber dennoch depressiv sind, haben vielleicht deprimierende Kindheitserinnerungen an die im August endenden Sommerferien oder bevorzugen ganz einfach kühlere Monate.

Wenn der August stets eine problematische Zeit für Sie ist, sorgen Sie für eine Phase der Entspannung und Erholung. Vergessen Sie vor allem nicht, daß – wie endlos die sommerlichen Hundstage auch erscheinen mögen – ein bißchen Planung für die Zukunft die Wochen im Fluge vergehen lassen kann.

Ich werde vorausplanen, um sicherzustellen, daß der August kein «tückischer» Monat für mich wird.

AUGUST

Die herkömmliche Ansicht, daß die natürliche Beziehung zwischen Mann und Frau, Eltern und Kindern eine intensive Zuneigung sei und daß nur ein Ungeheuer gegenüber einem Mitglied der Familie ein anderes Gefühl hegen könnte, übt eine hypnotische Wirkung aus.

George Bernard Shaw

Gute Familienbeziehungen sind leider nicht immer möglich. Wenn es uns bei allem vernünftigen Bemühen nicht gelingt, sie herzustellen und zu bewahren, müssen wir uns damit möglichst ohne Schuldgefühle abfinden und uns darauf konzentrieren, unser Glück auf anderen Gebieten unseres Lebens zu suchen und zu finden. Nutzen Sie die durch Familienfehden aufgewühlten Emotionen lieber dazu, sich einen eigenen Bereich mit den Menschen zu schaffen, mit denen Sie in Harmonie leben können. Auch wenn Sie sich Angehörigen verbunden fühlen, die Sie deprimieren, müssen Sie den Abstand und die Kraft finden, dafür zu sorgen, daß diese Bande Sie nicht ersticken.

Ich lasse mich von unglücklichen Familienbanden nicht fesseln.

Die Opferbereitschaft braucht, wie jede Fähigkeit, stets eine gewisse Feinabstimmung. Es ist eine Sache, auf ein paar Minuten Schlaf zu verzichten, um ein Kind über einen bösen Traum hinwegzutrösten, aber eine ganz andere, die gesamte Berufskarriere für ein Kind zu opfern.

Carol Pearson

Bei der Vielzahl beruflicher Möglichkeiten machen sich viele von uns Vorwürfe, auf Gelegenheiten zu verzichten, von denen frühere Frauengenerationen nur träumen konnten. Und doch verspüren die meisten auch das Verlangen, zu Hause bei ihren Kindern zu sein. Es gibt viele Wege, beidem gerecht zu werden: Teilzeitbeschäftigung, Heimarbeit, flexible Arbeitszeiten. Aber wenn wir den Entschluß fassen, ganz auf eine Berufstätigkeit zu verzichten, dann müssen wir ganz sicher sein, damit auch auf Dauer glücklich zu werden.

Auch wenn es anstrengend ist, eine berufstätige Mutter zu sein, so haben Studien doch übereinstimmend ergeben, daß Berufstätigkeit ein Optimum an Wohlgefühl unter Müttern bewirkt. Bevor Sie also Ihre Karriere zugunsten Ihrer Familie «opfern», sollten Sie ganz sicher sein, daß das eine Entscheidung ist, mit der Sie auch auf Dauer zufrieden und glücklich sein können.

Ich kann gewisse Opfer bringen, ohne zur Märtyrerin zu werden.

Die Fülle des Lebens besteht in den Wagnissen des Lebens.
Edith Hamilton

Zu den am meisten genannten Ursachen für Depressivität gehört das Gefühl, etwas im Leben zu verpassen und seine Möglichkeiten nicht voll auszuschöpfen. Ein bekannter Motivforscher rät dazu, im Kampf gegen unterentwickeltes Selbstgefühl und Depressivität bewußt riskante, aber selbstbestätigende Handlungen einzusetzen: beispielsweise häufiger seine Meinung zu sagen, sich gegen Menschen zu wehren, die einen herabsetzen, oder konkrete Schritte zur Förderung der beruflichen Karriere zu unternehmen. Die Angst vor der eigenen Courage zu überwinden baut Selbstvertrauen auf.

Leben ohne Risiko ist unmöglich, und Selbstzweifel entstehen unvermeidlich, sobald man etwas Neues in Angriff nimmt. Akzeptieren Sie, sich beim Versuch, aus der Depressivität auszubrechen, zunächst unbehaglich zu fühlen, bleiben Sie aber entschlossen bei der Stange – ganz gleich, wie es ausgeht. Je mehr Sie riskieren, leben und lernen, desto mehr entwickelt sich Ihr Selbstvertrauen und desto größer werden die positiven Veränderungen in Ihrem Leben sein.

Ich will die Fülle des Lebens erfahren, indem ich mich heute einem seiner Wagnisse stelle.

Die Leidenschaft flieht, die Liebe muß bleiben.

Friedrich von Schiller

Eine der üblichsten – und unerfreulichsten – Nebenwirkungen von Depressivität ist die Abneigung gegen intime Beziehungen. Treiben Sie sich also nicht zu Höchstleistungen im Bett an, falls Sie gerade einen seelischen Tiefpunkt erleben. Wenn Sie sich zur körperlichen Liebe zwingen, um Ihrem Partner einen «Gefallen» zu tun, kann das schließlich zu Abneigung und Widerwillen führen.

Wenn Ihr Interesse am Sex eine Zeitlang auf Sparflamme geschaltet ist, machen Sie sich bewußt, daß es auch in der Sinnlichkeit Ebbe und Flut gibt. Wenn Ihre «Ebbe» jedoch allzu lange anhält, suchen Sie den Rat eines Experten, weil die Intimität zwischen zwei Menschen eins der größten Geschenke des Lebens ist. Wenn Sie zu lange ohne die Freuden dieser Nähe auskommen müssen, kann das Ihre Niedergeschlagenheit nur intensivieren und Ihnen den Menschen entfremden, den Sie lieben.

Ich sehe es mir nach, wenn ich nicht die Energie aufbringe, Leidenschaft zu empfinden.

Jeder Grashalm hat einen Engel, der sich über ihn beugt und ihm zuflüstert: «Wachse, wachse.»

Talmud

Immer mehr Menschen sind davon überzeugt, einen Schutzengel zu haben, der sich immer dann bemerkbar macht, wenn sie ihn am nötigsten brauchen. So erklärte mir eine Frau, sie sei absolut sicher, der Mann, der sie morgens an der Bushaltestelle immer so mitfühlend anlächle, sei ihr Schutzengel, der ihre Sorge um ihren todkranken Vater kennt. Eine andere Freundin war überzeugt, der Mann, der auf einem abgelegenen Straßenabschnitt den Reifen ihres Autos wechselte und dann wieder in der Dunkelheit verschwand, sei ihr persönlicher Engel gewesen.

Rechnen Sie heute damit, unerwartet Hilfe oder Trost zu bekommen, wenn Sie sich niedergeschlagen und erschöpft fühlen. Ob es Ihnen bewußt ist oder nicht: Für gewöhnlich taucht ein mitfühlender Mensch genau in dem Moment auf, in dem Sie ihn am dringendsten brauchen.

Es gibt immer einen Engel, der sich über mich beugt.

Wenn sich jemand zuversichtlich in Richtung seiner Träume bewegt und danach strebt, das Leben zu leben, das er sich vorgestellt hat, wird ihm letzten Endes unerwarteter Erfolg zuteil.

Henry David Thoreau

Oft werden wir von depressiven und pessimistischen Überlegungen dazu veranlaßt, Abschied von unseren Träumen zu nehmen, besonders dann, wenn wir nicht ganz sicher sind, den richtigen Kurs zu verfolgen. Aber manchmal brauchen wir unseren Bestrebungen nur eine geringfügig andere Richtung zu geben. Das kann bedeuten, uns mehr Zeit einzuräumen oder eine Fähigkeit zu erlernen, die uns hilft, das gesetzte Ziel zu erreichen. Wichtig ist nur, daß wir uns von vorübergehenden Rückschlägen nicht völlig entmutigen lassen.

Biographien von Menschen, die ihre Ziele allen Widrigkeiten zum Trotz erreicht haben, sind gute «Mutmacher». Ebenso die Erinnerung daran, was Sie ursprünglich dazu veranlaßt hat, dieses bestimmte Vorhaben verwirklichen zu wollen. Ganz gleich, was Sie auch tun: Halten Sie vor allem an Ihren Träumen fest, denn ohne Träume ist unser Leben «ein Vogel mit gebrochenen Schwingen, der nicht mehr fliegen kann», wie ein Dichter gesagt hat.

Ich werde meine Träume unter keinen Umständen aufgeben.

Wir alle sind zu Einzelhaft in unserer Haut verurteilt – lebenslänglich.

Tennessee Williams

Es gibt eine Geschichte von einer Gruppe von Frauen, die nachts in Seehunde verwandelt werden, im Meer herumtollen und bei Tagesanbruch ihre menschliche Gestalt wieder annehmen. Eines Tages wird einer der Frauen ihre Seehundhaut gestohlen, und sie kann sich nachts nicht mehr in die verspielte, unbekümmerte Robbe verwandeln. Jahrelang zieht sie trostlos umher, weil sie «ihre Haut verloren» hat. Erst als sie ihr wiedergegeben wird, findet sie wieder Freude am Leben. Die Moral dieser Geschichte ist, daß wir alle eine «Haut» haben, in der wir uns wohl und glücklich fühlen und daß wir beim vorübergehenden Verlust dieser Hülle in Depressionen versinken.

Fühlen Sie sich heute wohl in Ihrer Haut? Wenn nicht, dann denken Sie darüber nach, was mehr Freude, Kreativität und Selbstvertrauen in Ihr Leben bringen könnte. Streben Sie danach, diese Dinge – oder Menschen – regelmäßig in Ihren Alltag zu integrieren.

Heute schlüpfe ich in die Haut, die mir Freude bringt.

Medikamentöse Behandlung ohne Aufklärung ist unanständig.

Toni Cade Bambara

Die meisten Medikamente haben Nebenwirkungen. Zum Beispiel gleichen einige Antidepressiva zwar Stimmungsschwankungen aus, verursachen aber einen trockenen Mund, Verstopfung, eine Verminderung des Sexualtriebs und Gewichtszunahme. Andere führen zu Lethargie und Schlaflosigkeit. Viele Nebenwirkungen lassen zwar mit der Zeit nach, aber Sie sollten sich gründlich informieren, bevor Sie sich für die Einnahme eines bestimmten Medikaments entscheiden.

Greifen Sie nie zu einem Medikament, weil es bei einem Freund so gut anschlägt oder weil Sie in der Presse Wunderdinge über seine Wirkung gelesen haben. Informieren Sie sich über Ihren Körper und Ihre Möglichkeiten und zögern Sie nicht, ein Medikament zu wechseln, wenn es nicht so anschlägt wie erhofft. Die Einnahme eines Antidepressivums kann für Sie den Unterschied zwischen Lebensfreude und Apathie ausmachen, aber gehen Sie vorsichtig damit um. Seien Sie Ihrem Arzt eine aktive Partnerin, die ihre Reaktionen und Fortschritte genau beobachtet.

Ich gehe verantwortungsbewußt mit den Medikamenten um, die ich für meine emotionale Gesundheit einnehme.

Manchmal stellen sich die größten Mißgeschicke als die größten Glücksfälle heraus.

Charles Colson

Anfang der siebziger Jahre wurde Charles Colson wegen seiner Beteiligung am Watergate-Skandal zu einer Gefängnisstrafe verurteilt. In der Haft bekannte er sich zum Christentum und machte es sich nach seiner Entlassung aufgrund seines neuen Glaubens zur Aufgabe, anderen Häftlingen zu helfen.

Völlig unabhängig davon, wie deprimiert Sie sich heute fühlen: Beziehen Sie Trost aus der Tatsache, daß viele Menschen, die einmal ähnlich empfanden, aus ihrem Schmerz gelernt und es geschafft haben, sich ein neues Leben aufzubauen. Persönliche Tragödien verwandeln sich tatsächlich häufig in Glücksfälle, und auch wenn wir heute den Grund für unseren momentanen Schmerz nicht erkennen, wird uns die Zukunft doch unzweifelhaft zeigen, wie bereichernd unsere Erfahrungen waren.

Mein größtes Mißgeschick könnte zu meinem größten Glücksfall werden.

Herzlichkeit ist ansteckend ... Schon eine liebevolle Seele in der Familie übt einen beschwichtigenden und harmonisierenden Einfluß auf alle Mitglieder aus.

Henry Van Dyke

Forschungsergebnisse weisen darauf hin, daß Stimmungen «ansteckend» sind und wir dazu neigen, Handlungen und Gefühlsäußerungen der Menschen unserer Umgebung nachzuahmen. Sobald Sie eine gewisse Zeit mit einem deprimierten Menschen zusammen sind, werden Sie irgendwann ähnlich niedergeschlagen reagieren, ganz unabhängig davon, wie Ihnen tatsächlich zumute ist. Und die Gesellschaft unbeschwerter Leute reißt uns mit, selbst wenn wir zunächst ausgesprochen mürrisch gestimmt sein sollten.

Achten Sie heute einmal auf die Menschen, mit denen Sie sich umgeben. Falls Sie sich gerade in einem seelischen Tief befinden, dann wäre es klug, sich Bekannte und Freunde zu suchen, die Ihre Stimmung heben können. Eine sorgsame Wahl der Menschen, mit denen Sie Umgang haben, und deren Wirkung auf Ihre Stimmung zu beobachten kann eine der einfachsten Methoden sein, die Wahrheit über Ihre Gefühle herauszufinden.

Heute lasse ich mich von der optimistischen, unbeschwerten Stimmung eines Menschen «anstecken».

Ein Freund im Leben ist viel, zwei sehr viel, drei kaum möglich.

Henry Adam

Manchmal sind Rückschläge notwendig, um die wirklich wertvollen Dinge des Lebens zu erkennen, besonders im Zusammenhang mit Freundschaften. Falls Sie unter Depressivität leiden, wird sich ein wahrer Freund, eine echte Freundin darum bemühen, Ihnen zu helfen, Ihnen vorurteilsfrei zuhören und Sie daran erinnern, wie unverwechselbar und liebenswert Sie sind. Wer einen oder zwei solcher Freunde im Leben findet, der ist aufrichtig zu beneiden.

Seien Sie nicht darüber deprimiert, daß Sie irrtümlich annahmen, Sie hätten einen großen Freundeskreis, auf den Sie sich verlassen können. Qualität geht hier eindeutig vor Quantität, und zu erkennen, wer Ihre wahren Freunde sind, ist eine der wertvollsten Einsichten, die wir in dunklen Zeiten gewinnen können.

Ich bin dankbar für meine wahren Freunde.

Ein Kind ist ein Ungeheuer mit Locken und Grübchen.
Ralph Waldo Emerson

Es gibt auf der Welt keinen schwereren «Beruf» als den einer Mutter. Ob wir zu Hause bei den Kindern bleiben oder außer Haus berufstätig sind, als Mütter sehen wir uns alle mit den Problemen der Kindheit wie Ungehorsam und Trotz konfrontiert. Auch wenn wir unsere Kinder noch so lieben, fahren wir manchmal doch aus der Haut und sagen Dinge, die wir später bereuen. Das ist ganz und gar nicht ungewöhnlich, kann uns aber doch deprimieren, wenn wir unrealistisch annehmen, wir müßten immer vernünftig und freundlich sein.

Wenn Sie heute das Gefühl haben, dem mütterlichen Streß einfach nicht mehr gewachsen zu sein: Entspannen Sie sich. Kindheitsphasen kommen und gehen, und mütterliche Selbstzweifel und Ängste sind normal. Reden Sie mit Freundinnen, die gleichaltrige oder ältere Kinder haben, das wird Sie trösten, Ihr Selbstvertrauen und Ihre Toleranz stärken. Sie werden sehen, daß Ihre Depressivität verfliegt und sich die Begeisterung für den schwierigen Beruf einer Mutter wieder einstellt.

Heute will ich liebevoll und geduldig mit meinen Kindern und mir selbst sein.

Das Leben ist wie ein Kartenspiel. Die Karten, die uns zugeteilt werden, repräsentieren unsere Bestimmung; die Art, wie wir sie ausspielen, den freien Willen.

Jawaharlal Nehru

Wir alle erleiden irgendwann Schicksalsschläge, auf die wir keinen Einfluß haben. Krankheit, geschäftliches Pech, Probleme der Kinderlosigkeit, der Verlust eines nahestehenden Menschen, das alles sind Schläge, die eine gewisse Phase der Trauer und der Anpassung erfordern. Doch irgendwann sollten wir entschlossen die Schultern straffen und uns mit der Situation abfinden. Wenn wir unsere Zeit damit vergeuden, mit dem Schicksal zu hadern, verlängern wir die Trauer. Wenn wir uns aber zusammenreißen und versuchen, das Beste aus der gegebenen Situation zu machen, können wir nur gewinnen.

Anstatt sich von den Karten entmutigen zu lassen, die Ihnen zugeteilt wurden, setzen Sie Ihre Energien zur Lösung der Probleme ein, die Sie bedrücken. Auch wenn Schicksalsschläge unvermeidbar sind, liegt es doch an uns, unseren freien Willen zur Lösung der Schwierigkeiten einzusetzen.

Ich finde mich mit dem ab, was ich nicht ändern kann.

Für den Menschen in der Vakuumglocke, leer und zum Schweigen gebracht wie ein totes Baby, ist die ganze Welt ein böser Traum.

Sylvia Plath

Es kommt häufig vor, daß Depressionen mit Halluzinationen und Sinnestäuschungen verbunden sind, die zu einem Gefühl von Irrealität führen können. Diese Formen von Stimmungsstörungen sind nicht allein durch «sanfte Methoden» oder in Selbsthilfegruppen zu heilen, sie gehören in ärztliche Behandlung. Depressivität entzieht dem Körper viele Substanzen, die wir zur Regulierung unseres Denkens und Verhaltens brauchen. Eine Kombination aus Medikamenteneinnahme und Therapie ist in solchen Fällen oft der einzige Weg zur Gesundung.

Falls Sie von Zwangsvorstellungen heimgesucht werden, sich selbst oder andere verletzen zu müssen, wenn Ihre Gedanken irreale Züge annehmen, sollten Sie unverzüglich medizinische Hilfe in Anspruch nehmen. Wenn Sie längere Zeit von destruktiven Vorstellungen gequält werden, muß Ihnen ein Experte helfen, die Realität von der Irrealität zu trennen. Sonst fügen Sie sich – und möglicherweise anderen – Schaden zu. Bei rechtzeitigem ärztlichen Eingreifen kann in solchen Fällen schnell geholfen werden.

Wenn mir die Welt wie ein endloser Alptraum vorkommt, suche ich Hilfe.

Kein Tag ist so schlecht, daß er nicht mit einem Schläfchen verbessert werden könnte.

Carrie Snow

Biologisch sind wir darauf programmiert, nach dem Mittagessen zu ruhen, wenn der Energiepegel sinkt. Es gibt kaum einen Menschen, der sich nach einem Nickerchen oder einer Meditationspause nicht sehr viel gelassener, ausgeglichener und «zupackender» fühlen würde. Meditationsexperten behaupten, daß zwei Zehnminutensitzungen sowohl die geistigen Kräfte stärken als auch Depressivität und Angstgefühle bekämpfen.

Den meisten von uns ist der Luxus eines Mittagsschlafs zwar verwehrt, aber es ist nahezu jedem möglich, sich irgendwann ein ruhiges Plätzchen zu suchen und wenige Minuten lang die Augen zu schließen. Nehmen Sie heute eine kurze Pause vom Alltag, und gestatten Sie Ihrem Geist, alle Sorgen und Kümmernisse hinter sich zu lassen. Auch wenn sich dadurch nicht alle Ihre Probleme auf Anhieb lösen, verringern Sie durch tägliche kurze Entspannungspausen doch das Risiko, daß Sie Angstgefühle und Erschöpfung in die Depressivität führen.

Heute räume ich meinem Geist und Körper wiederbelebende Pausen ein.

Ein Kritiker ist ein Mensch, der die Trägheit der Meinung den Strapazen des Handelns vorzieht.

John Mason Brown

Es gibt Menschen, die nie etwas Positives oder Ermutigendes zu sagen haben, ganz gleich, was man auch tut. Unter der Vorspiegelung, «helfen» zu wollen, kritisieren sie an unseren Träumen und Ideen, unserem Aussehen herum und machen unsere Freunde herunter. Selbst wenn man sich auf Wolke siebzehn befindet, landet man bei einer Begegnung mit ihnen nach einigen Worten im tiefsten Jammertal. Meistens sind das Leute, die nie den Mut aufbrachten, ihre eigenen Träume zu verwirklichen, und deshalb die anderer zerstören müssen.

Sagen Sie sich heute, daß abwertende Äußerungen Ihnen gegenüber oft aus einem Gefühl der Unzulänglichkeit heraus erfolgen, das nichts mit Ihnen zu tun hat, und daß es Ihre Aufgabe ist, sich davon nicht beeinflussen zu lassen. Wenn jemand Sie nur negativ kritisiert, vermeiden Sie das Zusammensein mit ihm, wenn Sie Aufmunterung und Unterstützung brauchen. Lassen Sie sich in Ihrem Leben nicht von Menschen beeinträchtigen, die als Kritiker stets im Parkett sitzen, während Sie mitten auf der Bühne stehen.

Heute lasse ich weder meine Stimmung noch meine Pläne von Kritik beeinflussen.

Der Eintritt in den Ruhestand rührt den Schmerz der Trennung wieder auf, das Gefühl des Verlassenseins, der Einsamkeit und der Nutzlosigkeit, die durch den Verlust eines geliebten Menschen verursacht werden.

Simone de Beauvoir

Obwohl sich viele Menschen auf ihren Ruhestand freuen, löst die Aufgabe des Berufs oft Depressivität aus. Fachleute vertreten die Ansicht, daß Depressionen oft ältere Menschen befallen, die zwar eine lebenslange Disposition dazu haben, einen Ausbruch aber erst erleben, wenn sich ihr Leben entscheidend verändert.

Menschen über sechzig neigen eher zu Depressivität als jede andere Altersgruppe. Bedauerlicherweise sind sie aber auch diejenigen, die am wenigsten Hilfe suchen.

Falls Sie oder jemand in Ihrer Umgebung nach Eintritt in den Ruhestand unter Depressionen leidet, tun Sie diese Gefühle nicht als etwas ab, das mit der Zeit schon wieder vergehen wird. Ältere Menschen brauchen mehr als andere Unterstützung und Behandlung beim Auftreten von Depressivität, daher achten Sie auf möglicherweise auslösende Ereignisse und handeln Sie unverzüglich, falls nötig.

Ich will nicht vergessen, daß der Trauer des Abschieds ein erfreulicher Neubeginn folgen kann.

Der Mann, der in anderer als zärtlicher Absicht Hand an eine Frau anlegt, ist ein Schuft, für den die Bezeichnung Feigling eine große Schmeichelei wäre.

John Tobin

Eine große Zahl von Frauen leidet unter Mißhandlungen durch ihren Partner. Manche haben schon in ihrer Kindheit Schläge und Mißachtung hinnehmen müssen und halten sie daher für unabwendbar. Andere glauben, auf die finanzielle Unterstützung ihrer Partner nicht verzichten zu können, oder dulden Gewalt, weil ihr die Erregung leidenschaftlichen Sexes folgt. Allen gemein ist jedoch ein unterentwickeltes Selbstwertgefühl, das ihnen sagt, sie hätten es nicht anders verdient.

Falls Sie in Ihrer Beziehung nicht geliebt, sondern mißhandelt werden, unternehmen Sie sofort Schritte, um diese entwürdigende Situation zu beenden. Es gibt viele Institutionen und Therapien, die Frauen in Ihrer Lage helfen. Jede Form von Mißhandlung ist unverdient und verachtenswert. Sobald Sie sich bewußt machen, daß Sie von anderen Liebe und Achtung verdienen, fällt es Ihnen auch leichter, sich diese Gefühle selbst entgegenzubringen.

Ein Mann, der mich ohne jede Zärtlichkeit berührt, verdient meine Liebe nicht.

Alle grausamen Menschen bezeichnen sich als Muster an Offenheit.

Tennessee Williams

Wenn uns das heulende Elend packt, wollen wir nicht hören, daß wir uns nur zusammenreißen müssen, daß es anderen Menschen sehr viel schlechter geht als uns und daß unsere Probleme so schlimm gar nicht sind. Wir wollen – und brauchen – Mitleid und Trost, haben das Bedürfnis, verwöhnt zu werden und daß man uns sagt, jeden Grund der Welt zu haben, uns elend zu fühlen.

Erinnern Sie sich heute daran, daß es für verschiedene Gelegenheiten verschiedene Freunde gibt und wir uns von Fall zu Fall an die richtigen wenden müssen. Suchen Sie sich die mitfühlenden unter ihnen aus, wenn Sie sich erst einmal Ihrem Schmerz hingeben wollen, und sparen Sie sich die schonungslos offenen für den Zeitpunkt auf, an dem Sie bereit sind, entschlossen die Ärmel hochzukrempeln und Ihren Problemen zu Leibe zu rücken.

Freunde, die meinen Kummer nachempfinden und mich in dunklen Stunden trösten, heilen meine Seele.

Laß dir den Sonntag nicht nehmen... Wenn deine Seele keinen Sonntag hat, wird sie zur Waise.

Albert Schweitzer

Um die über uns hereinbrechenden Stürme überstehen und die Wechselfälle des Lebens besser bewerten zu können, brauchen wir eine gewisse spirituelle Grundlage: das sichere Gefühl für das Gute und Böse, den Glauben an eine höhere Macht und die Erfüllung, die aus der Nächstenliebe entspringt.

Die Spiritualität, die uns in Zeiten der Not helfen kann, muß sich nicht unbedingt in allwöchentlichen Gottesdienstbesuchen ausdrücken, aber für viele Menschen ist eine ruhige Stunde der Einkehr am Sonntag sehr erholsam und bereichernd. Wenn Sie die kirchliche Religiosität ablehnen, dann versuchen Sie, sich «sonntägliche Momente» dadurch zu schaffen, daß Sie geistige Literatur lesen, meditieren oder beten. Den «unfehlbaren» Weg zur Spiritualität gibt es nicht, aber wenn Sie keinerlei Versuche unternehmen, sich innerlich zu bereichern, könnten Sie tatsächlich in die Gefahr geraten, daß Ihre Seele «verwaist».

Heute bringe ich den «Sonntag» in mein Leben.

Sorgen lassen sich leichter mit Suppe hinunterschlucken als ohne.

Jüdisches Sprichwort

Eine der größten Versuchungen besteht darin, unsere Niedergeschlagenheit durch Essen zu «versüßen». Bedauerlicherweise essen wir dann aber meistens nicht das, was nahrhaft und gesund für uns ist, sondern das, was uns vorübergehende Befriedigung verspricht oder uns beruhigt. Aber gerade wenn wir deprimiert sind, ist es noch wichtiger als sonst, genau darauf zu achten, die Nahrung zu uns zu nehmen, die uns kräftigt und nicht noch zusätzlich schwächt.

Untersuchungen haben nachgewiesen, daß der gute Rat unserer Großmütter, bei allen Beschwerden erst einmal eine Tasse Hühnerbrühe zu trinken, etwas für sich haben könnte. Hühnerbrühe enthält infektionsbekämpfende Substanzen, die in Zeiten der Erschöpfung, in denen unser Körper Nährstoffe braucht, helfen können.

Achten Sie darauf, was Sie zu sich nehmen, wenn Sie unter Depressivität oder Streß leiden. Ihre Nahrung hat große Auswirkungen auf Ihre Stimmungslage, Ihr Reaktionsvermögen und einen erholsamen Schlaf. Wenn Sie Ihren Körper wie ein wichtiges und wertvolles Instrument pflegen, wird er Sie auch nicht im Stich lassen, wenn Sie ihn am nötigsten brauchen.

Heute nehme ich die Nahrung zu mir, die gut für mich ist.

Nimmt man einigen Menschen die Sorgen, so nimmt man ihnen ihren Lebenszweck. Oder zumindest ihren Gesprächsstoff.

Toni Cade Bambara

Phasen von Depressivität durchzustehen und dabei den Trost und die Hilfe von Freunden zu suchen ist eine Sache. Ständig über sein schweres Los zu stöhnen und zu klagen, ohne jemals die nötigen Schritte zu einer Veränderung der Situation zu unternehmen, jedoch eine ganz andere.

Lassen Sie von Ihren Problemen Ihr ganzes Leben bestimmen? Brauchen Sie sie vielleicht sogar, um sich lebendig und wichtig zu fühlen? Fragen Sie sich genau, ob Ihre Depressivität möglicherweise zu Ihrem einzigen Mittel geworden ist, die Aufmerksamkeit und Anteilnahme Ihrer Freunde und Angehörigen zu erregen. Anstatt ein Mensch zu sein, der auf die Frage «Wie geht's?» stets und ständig negativ reagiert, bemühen Sie sich, das Positive und Gute in Ihrem Leben zu erkennen und zu betonen – so lange, bis es Ihnen zur Gewohnheit und damit zur Wahrheit geworden ist.

Ich lasse nicht zu, daß mir Kummer zum Lebenszweck wird.

Nehmen Sie sich nur vor, nie wieder verletzlich zu sein: Totales Vergessen kann ebenso destruktiv sein wie absolutes Erinnern.

Helen MacInnes

Ein Bereich der Psychologie hat sich darauf spezialisiert, Menschen mit Abhängigkeiten, Phobien und Depressionen dadurch zu helfen, daß man nach den Ursachen in einem früheren Leben der Betroffenen forscht. Ergebnisse sprechen dafür, daß die entspannte Erinnerung an eine frühere Existenz und eine Aufarbeitung der dort erlittenen Traumata eine wirksame Methode sein kann, sich selbst zu heilen. Therapeuten behaupten, daß selbst Menschen, die nicht an Reinkarnation glauben, durch diese «Vorleben-Therapie» geholfen werden kann.

Wenn wir auch für unkonventionelle Behandlungsmethoden offen sind und unsere Phantasie zur Lösung unserer Probleme einsetzen, erhöhen wir unsere Chancen, Glück und Zufriedenheit zu finden.

Ich werde bei der Wahl der Methoden, die mir helfen können, nicht engstirnig sein.

Zorn ist ein Signal und eines, auf das man achten sollte.
Harriet G. Lerner

Eine der Maskierungen von Depressivität ist Zorn: gegen Menschen, Institutionen und uns selbst. Eine der bekanntesten Methoden, deprimierten Menschen zu helfen, ihre Wutanfälle abzubauen, ist die Kunst-Therapie. Sexuell mißbrauchte Frauen werden dabei beispielsweise aufgefordert, in bildlicher Form darzustellen, wie sie sich selbst und ihre Angreifer sehen. Die Bilder werden dann als symbolische «Vernichtung» der Täter verbrannt, zerrissen oder zerschnitten.

Macht sich Ihre Depressivität auch in Form von Zorn Luft, Zorn auf andere oder auf sich selbst? Stellen Sie sich die Quelle Ihrer Wut vor und malen Sie sie. Sorgen Sie sich nicht darum, ob Ihnen ein «vollkommenes» Bild gelingt. Bei der Kunst-Therapie geht es vor allem darum, Ihren Emotionen auf eine ungefährliche Weise Luft zu verschaffen, die Ihnen erlaubt, Ihren Schmerz auf eine ganz neue Weise zu sehen. Wenn Sie diese therapeutische Methode dazu nutzen, Ihre Emotionen ohne jede Angst vor möglicher Vergeltung auszudrücken, sind Sie Ihrem Ziel einen Schritt näher: Ihre bedrohliche Depressivität abzuschütteln.

Heute male ich meine Gefühle.

Nichts gegen Prinzipien – aber nur im Prinzip.

Volksmund

Vor etlichen Jahren geriet ich in eine Zwangsjacke bitterer Selbstvorwürfe. Ich hatte mir vorgenommen, meinen Sohn so lange wie möglich zu stillen, mußte ihn aber wegen einer langen und unaufschiebbaren Reise früher abstillen als geplant. Obwohl mir kaum eine andere Wahl blieb, machte ich mir ständig Vorwürfe und verglich mich mit meinen nichtberufstätigen Freundinnen, die ihre Kinder ein Jahr oder länger stillten und mir häufig zu verstehen gaben, daß Brustbabys klüger seien als Flaschenbabys. Erst nach einigen Jahren und der Feststellung, daß ich einen pfiffigen, rundum zufriedenen und ausgeglichenen Jungen hatte, konnte ich mir «verzeihen».

Haben Sie heute ein wenig Nachsicht mit sich selbst, und hängen Sie keinen unrealistischen Erwartungen darüber nach, was Sie tun oder lassen «sollten». Bemühen Sie sich einfach, Ihr Bestes zu geben. Der Verzicht auf Selbstvorwürfe ist das Vernünftigste und Gesündeste, was Sie für sich tun können.

Das Wort «sollte» streiche ich heute aus meinem Vokabular.

Mit den Jahren werden unsere Körper wandernde Autobiographien, die Freunden und Fremden gleichermaßen von den kleineren und größeren Spannungen unseres Lebens erzählen.

Marilyn Ferguson

Manchmal hilft ein «aufrechter Gang» bei der Bewältigung von Depressivität und Streß. Wenn sie ihren Klienten eine bessere Haltung beibringt, fühlen sie sich häufig körperlich wie gefühlsmäßig besser, berichtet eine Therapeutin.

Selbstsichere, zuversichtliche Menschen halten sich auf eine Weise gerade, die Optimismus und Energie ausdrückt. Wenn es uns gelingt, eine solche Haltung zu lernen und uns als Sieger zu betrachten, verändern wir damit nicht nur unsere Körperhaltung, sondern auch unsere Lebenseinstellung.

Heute halte ich mich stolz und aufrecht.

In Familien gibt es häufig Themen, über die nicht gesprochen, die nicht einmal angedeutet werden.

Joyce Carol Oates

Sobald wir glauben, unter Depressivität zu leiden, sollten wir Nachforschungen darüber anstellen, ob sie möglicherweise genetischen Ursprungs ist. Leider ist das oft keineswegs so einfach, wie es den Anschein haben mag. In früheren Generationen wurde «Schwermut» nicht als Krankheit diagnostiziert und oft geheimgehalten. Dennoch sollten Sie fragen, ob in der Familie jemand bekannt ist, der als «in sich gekehrt» oder «hypernervös» galt, zu häufigen «Unfällen» neigte oder drogen- oder alkoholabhängig war. Natürlich sollte auch auf Selbstmordversuche und Stimmungsschwankungen geachtet werden. Finden Sie heraus, ob Sie eine Neigung zu depressivem Verhalten geerbt haben. Bestimmte Formen von Depressivität sind eindeutig vererbbar. Das Wissen, ob das bei Ihnen so ist, kann nicht nur zur richtigen Therapie verhelfen, sondern auch dazu, künftigen Anfällen vorzubeugen.

Heute «schnüffle» ich in meiner familiären Vergangenheit.

Ich schreibe, um herauszufinden, was ich denke, was ich beobachte, was ich sehe und was es bedeutet. Was ich mir wünsche, und wovor ich mich fürchte.

Joan Didion

Eine bekannte Methode, unseren Gefühlen Ausdruck zu verleihen, ohne einen anderen Menschen zu verletzen, ist das Schreiben. Psychologen versichern, daß uns beispielsweise Briefeschreiben nicht nur von unseren Haßgefühlen befreit, sondern auch zu unserer emotionalen und physischen Gesundheit beiträgt. Manche Menschen führen auch gern Dialoge mit ihren Computern, um ihre Ängste und Frustrationen loszuwerden. Sie stellen Fragen zu ihren inneren Gefühlen in kleinen Buchstaben und lassen ihre Emotionen dann in Großbuchstaben «antworten».

Behalten Sie Ihre Gefühle heute nicht für sich. Schreiben Sie es sich von der Seele, falls Sie über irgend etwas empört oder deprimiert sind. Vertrauen Sie Ihre täglichen Gedanken und Empfindungen einem Tagebuch an. Das ist immer noch die preiswerteste und beste Therapiemethode überhaupt.

Heute schreibe ich, um meinen Gedanken auf die Spur zu kommen.

Beliebt zu sein ist wichtig. Sonst mögen die Menschen Sie vielleicht nicht.

Mimi Pond

Jeder von uns fragt sich dann und wann, ob man ihn mag oder nicht. Die Fähigkeiten, beliebt zu sein, lassen sich trainieren. In seinem zum Klassiker gewordenen Buch «Wie man Freunde gewinnt» zeigt Dale Carnegie viele ausgezeichnete Methoden, durch die man sich Freunde schafft, extrovertierter und selbstsicherer wird. Eine davon ist das Interesse an anderen Menschen. Wenn Sie sich stets nur mit sich selbst und Ihren Problemen befassen, wird niemand gern mit Ihnen zusammensein wollen. Eine andere Methode ist die, Komplimente zu machen. Aufgesetzte Schmeicheleien mag niemand, aber eine anerkennende Bemerkung öffnet Herzen. Und lächeln Sie! Ein Mensch, der häufig lächelt, zieht andere an wie Honig die Bienen.

Es ist nie zu spät, an unserer Persönlichkeit zu feilen. Wenn wir mit unseren Mitmenschen besser auskommen, fühlen wir uns zweifellos weniger deprimiert, und unser Selbstvertrauen nimmt zu.

Wenn ich ein guter Freund bin, fehlt es mir nie an Freunden.

Anblick und Klang vollkommener Dinge verursachen eine gewisse Qual.

Adrienne Monnier

Es gibt wohl kaum ein weibliches Wesen, das auf eine schöne Frau nicht eifersüchtig wäre, weil deren scheinbare Vollkommenheit unsere Unsicherheit über unser Aussehen und unsere Figur noch verstärkt. Wenn wir im Leben Vollkommenheit zum Maßstab unserer Entwicklung machen, kann es uns geradezu schmerzen, «Perfektion» im Leben anderer zu entdecken.

Lassen Sie sich heute nicht von der scheinbaren «Vollkommenheit» im Leben eines anderen Menschen dazu verleiten, in Frustration zu verfallen. Vergleichen ist nicht nur unproduktiv und unsympathisch, es ist auch sehr oberflächlich. Schließlich kann niemand wissen, wie es hinter der «vollkommenen» Fassade aussieht. Selbst wenn Ihr Leben nicht immer «perfekt» ist, so haben Sie doch auch besondere Vorzüge und Eigenschaften, die von anderen bewundert werden.

Es ist nicht alles Gold, was glänzt.

Ich bin total aufgeribbelt.

Beatrix Potter

Familienexperten erklären, daß mit der Zunahme der Doppelverdiener-Haushalte ein neues Phänomen aufgetaucht ist, das häufig für Depressivität gehalten wird: Eltern-Erschöpfung. Bis zu fünfzig Prozent aller Eltern leiden – unabhängig von Kinderzahl oder Einkommen – an Erschöpfung. Als Mittel dagegen raten die Experten, negative Gefühle gegenüber den Kindern nicht zu verdrängen, sich Zeit zu Meditationen und zum Nachdenken zu nehmen, nicht zu erwarten, allabendlich «in Topform» zu sein, und mit der Familie regelmäßig Ausflüge zu unternehmen.

Erschöpfung ist ein Problem, das sich keineswegs auf Eltern beschränkt. Es ist das Problem jeder Frau, die zu viel tut und darüber die Lust an ihrem Leben verliert. Halten Sie sich an die oben angeführten Vorschläge und denken Sie daran, daß diese Erschöpfung auch etwas Gutes hat – falls sie Sie dazu bewegt, Ihre Lebensweise zu ändern.

Ich sage der Erschöpfung in allen Bereichen meines Lebens den Kampf an.

SEPTEMBER

Wir würden nie lernen, tapfer und geduldig zu sein, gäbe es nur Freude auf der Welt.

Helen Keller

Angesichts der schrecklichen Ereignisse überall in der Welt fragt sich mancher, wie ein gütiger Gott sie zulassen kann. Oft kommt man dann zu dem Schluß, daß es kein höheres Wesen gibt und die Welt aus den Fugen geraten ist. Doch wenn wir genau hinsehen, stellen wir häufig fest, daß aus Tragödien auch Positives erwächst.

Wenn Sie das Gefühl haben, vom Elend dieser Welt überwältigt zu werden, denken Sie daran, daß auch Gutes daraus entstehen kann, und versuchen Sie, zu jenen zu gehören, die Menschen in Not ihre Liebe und Unterstützung geben. Dann werden Sie nicht nur weniger deprimiert reagieren, wenn Sie von Tragödien hören, sondern sich auch sehr viel wohler fühlen, weil Sie zu selbstloser Hilfe fähig sind.

Heute will ich auch die positive Seite des Leidens sehen.

Frauen werden stets wie ihre Mütter. Das ist ihre Tragödie. Und kein Mann wird so. Das ist seine.

Oscar Wilde

Der schnellste Weg in einen Ehestreit führt über die Sätze: «Du bist genau wie deine Mutter!» oder «Du bist genau wie dein Vater!» Mit diesen Äußerungen sollte man jedoch nicht so leichtfertig umgehen, weil sie auf beiden Seiten starke Emotionen hervorrufen können. In der Tat neigen viele von uns dazu, mit dem Älterwerden Handlungen und Verhalten unserer Mütter – bewußt oder unbewußt – nachzuahmen. Manches davon ist sicherlich positiv, manches aber auch negativ und deprimiert uns. Dann sollten wir unser Verhalten überprüfen und konkrete Schritte zu Veränderungen unternehmen.

Unsere Mütter haben uns zwar das Leben geschenkt und gewisse Strukturen vermittelt, mit deren Hilfe wir uns ein Bild von der Welt machen können. Unser persönliches Glück resultiert jedoch aus der Fähigkeit, unabhängig von unserer Mutter zu leben und sie als Rollenmodell zu betrachten, um uns zu einer eigenständigen Persönlichkeit zu entwickeln.

Ich bin nicht meine Mutter.

Gewisse Zeichen gehen gewissen Ereignissen voraus.
Cicero

Oft, wenn uns schlimme Dinge im Leben begegnen, sagen wir: «Das war nicht vorauszusehen!» Dabei werden wir häufig deutlich vorgewarnt, schenken dem aber keine Beachtung.

Sind Sie heute mutlos wegen etwas, auf das Sie eigentlich hätten vorbereitet sein müssen? Gab es Anzeichen, die Sie übersehen haben, die Sie nicht sehen wollten? Wenn wir wach durchs Leben gehen, Menschen und Situationen aufmerksam wahrnehmen, werden wir weniger leicht von für uns unangenehmen Entwicklungen überrascht. Wenn wir lernen, auf Warnsignale zu achten, gibt uns das Zeit, auf unliebsame Ereignisse vorbereitet zu sein und uns vor plötzlichem «In ein Loch fallen» zu schützen.

Wenn ich auf subtile Zeichen und Andeutungen im Leben achte, bin ich besser gegen Enttäuschungen gewappnet.

Man kann sich nie mit dem Kriechen abfinden, wenn man den Drang verspürt, sich in die Lüfte zu schwingen.

Helen Keller

Eigentlich wollte Heidi Schauspielerin werden, doch dann heiratete sie, bekam Kinder und verzichtete «zum Besten der Familie» auf die Erfüllung ihrer Berufswünsche. Doch immer wenn sie von erfolgreichen Schauspielerinnen hörte oder las, wurde sie schlecht gelaunt und niedergeschlagen. Als sie aktives Mitglied bei einem Laientheater wurde, änderte sich ihr Leben schlagartig. Sobald sie ihrer Bühnenleidenschaft nachgehen konnte – wenn auch in kleinerem Maßstab als ersehnt –, entdeckte Heidi in sich neue Gefühls- und Energiereserven, und statt andere um ihre Karriere zu beneiden, freute sie sich an deren Erfolg und ließ sich davon nicht mehr negativ beeinflussen.

Fühlen auch Sie sich niedergeschlagen, weil Sie durchs Leben «kriechen» müssen, anstatt sich in die Lüfte schwingen zu können? Für jeden von uns gibt es etwas, das ihn glücklich macht und von anderen unterscheidet, und wenn es uns gelingt, in dieser Leidenschaft aufzugehen und Erfüllung zu finden, haben wir eine Quelle der Zufriedenheit und des Glücks jederzeit zur Verfügung.

Heute finde ich eine Möglichkeit, mich emporzuschwingen.

Den Wind können wir nicht ändern, aber unsere Segel entsprechend setzen.

Gelassenheit bedeutet, sich mit Dingen abzufinden, die man nicht ändern kann. Das klingt einfach, ist es aber nicht. Nur zu oft sehen wir uns etwas gegenüber, das gegeben und unveränderbar scheint: ein anmaßender Chef, ein alkoholabhängiger Elternteil oder eine Kollegin, die uns das Leben schwermacht. Und wir hoffen dann, mit entsprechender Anstrengung unsererseits ließe sich diese Gegebenheit ändern und wir könnten endlich unseren Seelenfrieden finden.

Befinden Sie sich in einer Lage, in der Sie das frustrierende Gefühl haben, nichts verändern zu können, obwohl Sie sich unendlich bemühen? Falls das so ist, sollten Sie sich fragen, ob es nicht besser ist, die Segel dem Wind entsprechend zu setzen, anstatt die Windrichtung verändern zu wollen. Sobald Sie wissen, wann es klug ist, einen Waffenstillstand zu schließen, werden Sie weniger in Situationen geraten, die zu Depressionen führen.

Wenn es zu meinem Nutzen ist, werde ich meine Segel dem Wind anpassen.

Die Aufforderung, sich keine Sorgen zu machen, ist die vielleicht trostloseste Äußerung, zu der ein Mensch fähig ist.

Mignon G. Eberhart

Sechs Monate nach der Geburt meiner Tochter bekam ich so heftige Angstanfälle, daß ich nachts nicht mehr schlafen konnte. Freunde und Bekannte, die nie irgendwelche Schlafprobleme hatten, meinten, ich solle mir nicht soviel Sorgen machen und einfach ein paar Tage lang «leiser treten». Aber Angstgefühle werden nicht dadurch beseitigt, daß man «sich keine Sorgen macht» und einfach schlafen geht. Häufig haben solche Attacken medizinische Ursachen, die sorgfältig untersucht werden sollten. Mir halfen gezielte Medikamente, Meditationen und der Abbau einiger Streßfaktoren in meinem Alltag.

Falls Sie unter Angstzuständen leiden, suchen Sie unverzüglich ärztliche Hilfe, und ignorieren Sie die gutgemeinten, aber unnützen Ratschläge, sich «keine Sorgen zu machen». Wenn Sie nicht wissen, wie Sie diese Anfälle in den Griff kriegen und verhindern können, werden sie Ihr Leben beherrschen und Ihnen Freude, Spontaneität und Optimismus nehmen.

Ich werde mich von Angstgefühlen nicht beherrschen und deprimieren lassen.

Umgeben von Regenbogen! Hör doch nur! Der Regen kommt über uns! Erfrischt uns.

Meridel Le Sueur

Nicht wenige Menschen sind extrem wetterfühlig. Die Wettervorhersage ist für sie das Barometer, wie sie sich an diesem Tag fühlen werden. Vor einem Gewitter und bei trockenen Winden ist die Luft mit positiven Ionen aufgeladen, die zu Stimmungsschwankungen, Reaktionsverzögerungen, Straßen- und Arbeitsunfällen, Kopfschmerzen und Gereiztheit führen können. Im Gegensatz dazu führen negative Ionen, die bei klarem Himmel und Sonnenschein oder durch heftige Regenfälle oder Wasserfälle freigesetzt werden, zu niedrigerem Blutdruck, größerer Leistungsfähigkeit und allgemeiner Belebung.

Sind auch Ihre Stimmungen vom Wetter abhängig? Zeichnen Sie in einem Tagebuch auf, in welcher Weise Gewitter, Kalt- und Warmfronten oder (an positiven Ionen reiche) Luftverschmutzung Ihr Wohlbefinden beeinflussen. Suchen Sie die Nähe von Wasser in jeder Form – das Meer, ein See, ein Springbrunnen oder ein Duschbad. Wasser ist reich an negativen Ionen, die Gefühle des Wohlbefindens und der Erfrischung auslösen.

Ich werde dafür sorgen, daß sich meine Umgebung positiv auf meine Stimmung auswirkt.

Ich wurde in der Annahme erzogen, daß man einen Mann braucht, um zu bestimmen, wer man ist. Das glaube ich nicht mehr. Ich bin glücklich, einen Mann zu haben, weil ich ihn liebe und mich ohne ihn einsam fühlen würde. Aber er bestimmt nicht meinen Selbstwert.

Sally Field

Zu häufig gehen wir Frauen von der irrigen Annahme aus, ohne Freund oder Ehepartner unseren «Lebenssinn» verfehlt zu haben. Dieses traditionelle Frauenbild kann sich überaus schädlich auswirken. Eine Frau, die heiratet und Kinder bekommt, weil sie glaubt, nur so Bestätigung zu finden, neigt eher dazu, in Depressivität zu verfallen.

Wenn Sie den Wert Ihrer Persönlichkeit von einer Beziehung zu einem Mann abhängig machen, schätzen Sie sich allzu gering ein. Wer wir wirklich sind, erkennen wir nur, wenn wir das im Leben verfolgen, was uns interessiert, bereichert und erfüllt. Achten Sie in Ihrem Alltag darauf, sich nur durch das zu bestätigen, was Sie wirklich möchten, und nicht durch das, was Ihnen andere vorschreiben. Ein Leben, das auf den Erwartungen anderer gründet, ist eine Garantie für Unzufriedenheit und Unglück.

Ich bin eine eigenständige und interessante Persönlichkeit, unabhängig davon, ob ich einen Partner habe oder nicht.

Sich einen Spaß zu leisten ist mehr wert, als Geld in der Tasche zu haben.

Aus Brasilien

Freudenausbrüche können selbst die tiefste Schwermut durchdringen. Es gibt Menschen, die glauben, Freude sei etwas Rares und dürfe nicht allzu oft und allzu offen gezeigt werden. Psychologen denken da anders: Freude gibt den Menschen Hoffnung und damit Energie, um gegen Depressivität anzukämpfen. Je mehr Freude wir in unser Leben holen, desto stärker werden unsere emotionalen Fundamente.

Suchen Sie den Kontakt zu Ihrer inneren Freude, zu Spaß und Spiel. Erinnern Sie sich an Ihre Kindheit und daran, wie ausgelassen Sie oft sein konnten. Rufen Sie sich Momente ins Gedächtnis zurück, in denen Sie besonders unbeschwert waren, und wiederholen Sie sie. Drehen Sie sich, bis Ihnen schwindlig wird, oder lassen Sie flache Kiesel über eine Wasseroberfläche springen. Je mehr es Ihnen gelingt, sich etwas von der spontanen Freude Ihrer Kindheit zurückzuholen, desto leichter werden Sie die Freude erkennen, die Sie auch jetzt umgibt.

Heute bin ich ausgelassen wie ein Kind.

Einsamkeit scheint die große Krankheit unserer Zeit geworden zu sein.

John Corry

In unserer modernen Welt ist es sehr leicht, im Alltag einsam und isoliert zu werden. Wir fahren allein zur Arbeitsstätte, tragen bei unserer Tätigkeit häufig Kopfhörer, lesen in unserer Mittagspause eine Zeitung oder ein Buch und kehren in eine leere Wohnung zurück, in der uns lediglich das Fernsehgerät Gesellschaft leistet. Je mehr wir uns von den Sorgen und Nöten anderer Menschen isolieren, desto mehr konzentrieren wir uns auf uns selbst und bekommen leicht das Gefühl, die ganze Welt sei rücksichtslos und kalt.

Da die Menschen gesellige Wesen sind, ist das Alleinsein für uns kein natürlicher Zustand. Kämpfen Sie heute gegen Ihre Einsamkeit an, indem Sie sich bemühen, einem anderen Menschen ein Freund oder Helfer zu sein, indem Sie jemanden anrufen oder besuchen, der eine kleine Aufmunterung braucht. Je mehr Sie auf andere zugehen, je mehr Sie sich in ihr Leben einbeziehen lassen, desto weniger geraten Sie in Gefahr, der «großen Krankheit unserer Zeit» zu erliegen.

Ich bemühe mich darum, andere Menschen in meinen Alltag einzubeziehen.

Mit ein wenig Abstand können wir wieder lachen – wenn auch nur für einen Moment.

May Sarton

Manchmal hat unsere Niedergeschlagenheit ihren Grund in einer Situation, die wir glauben, nicht ändern zu können. Das ist vor allem der Fall, wenn ein nahestehender Mensch sich selbstzerstörerisch verhält, seine Zuflucht in Alkohol oder Drogen sucht und wir uns verzweifelt, aber vergeblich darum bemühen, ihn von seiner Abhängigkeit abzubringen.

Wenn uns das destruktive Verhalten eines geliebten Menschen in Verzweiflung treibt, ist es an der Zeit, Abstand zu gewinnen und uns erst einmal um uns selbst zu kümmern. Jemanden mit allen Mitteln «retten» zu wollen, der nicht gerettet werden will, muß uns entmutigen, erschöpfen und wird uns den Betroffenen möglicherweise noch weiter entfremden. Aber wenn wir uns zurücknehmen und lernen, auf vernünftige Art mit dem negativen Verhalten fertig zu werden, besteht zumindest die Chance, daß unsere Haltung eine positivere Wirkung ausübt als alle unsere wohlgemeinten Hilfsangebote.

Abstand kann meine Depressivität erleichtern.

Ich sehne mich danach, eine große und edle Tat zu vollbringen, aber meine Hauptpflicht besteht darin, die kleinen Aufgaben so zu erfüllen, als wären sie groß und edel.

Helen Keller

Irgendwann müssen die allermeisten von uns erkennen, daß wir wohl doch keinen Nobelpreis erhalten werden, weil unsere Begabungen nun einmal auf anderen Gebieten liegen. Dann hilft uns über diese «Enttäuschung» vor allem die Erkenntnis hinweg, daß unser Leben auch ohne diesen glanzvollen Ruhm bedeutend und erfüllt sein kann. Menschen, die ihren täglichen Aufgaben mit Überzeugung und Hingabe nachgehen, sind stets weitaus glücklicher als jene, die sich ständig wünschen, etwas anderes tun zu können.

Falls Sie annehmen, Glück und Zufriedenheit kämen nur aus einer Betätigung, die Ruhm und Ehre bringt, sollten Sie umdenken. Ein guter Nachbar zu sein, eine Kollegin am Arbeitsplatz zu unterstützen oder zu Hause zu bleiben, um die Kinder zu erziehen, mögen vielleicht nicht die «ruhmreichsten» Beschäftigungen sein, aber wenn Sie sich ihnen mit Hingabe widmen, können Sie viel Freude und Anerkennung daraus beziehen.

Jede meiner Aufgaben ist groß und edel.

Ich lebe gern. Manchmal war ich zwar auch total unglücklich und verzweifelt, aber dennoch weiß ich, daß es großartig ist, überhaupt am Leben zu sein.

Agatha Christie

Depressivität kann ein zweischneidiges Schwert sein. Obwohl sie uns «total unglücklich» macht, kann sie doch auch der einzige Weg sein zu fühlen, daß wir am Leben sind.

Lassen Sie heute Ihr Leben Revue passieren. Ereignet sich in Ihrem Alltag immer irgend etwas Dramatisches? Schaffen Sie möglicherweise ganz bewußt Chaos, um überhaupt das Gefühl zu haben, am Leben zu sein? Wenn das so ist, konfrontieren Sie sich mit dieser Neigung und überlegen Sie sich andere Wege, Aufregung und Anregung zu empfinden. Während uns auch periodische Anfälle von Niedergeschlagenheit dankbar fühlen lassen, überhaupt am Leben zu sein, ist es doch ungesund, sie geradezu einzuladen.

Ich werde meine Welt nicht bewußt trostlos machen.

Laß dir nicht von einem taktlosen Wort, einer Ablehnung, einer Zurechtweisung den ganzen Himmel verdunkeln.

Anaïs Nin

Es gibt Zeiten in meinem Leben, in denen mir eine kritische Bemerkung oder der kleinste Zwischenfall den ganzen Tag verderben können, selbst wenn alles andere zu meiner Zufriedenheit verläuft. Halte ich beispielsweise einen Vortrag, nach dem neunundneunzig Menschen applaudieren und nur ein einziger nicht, lasse ich mich davon so beeinflussen, daß ich mich am liebsten verkriechen würde. Man muß schon ein gut entwickeltes Selbstgefühl und eine positive Lebenseinstellung haben, um alle negativen Bemerkungen an sich abprallen zu lassen. Da ich inzwischen gelernt habe, Rückschläge als Chancen zur Persönlichkeitsentwicklung zu begreifen, gelingt es mir meistens, mich selbst davon zu überzeugen, daß auch Kritik und Ablehnung zu meinem Besten sind.

Lassen Sie sich heute nicht durch eine unüberlegte oder taktlose Bemerkung anderer den Tag verderben. Konzentrieren Sie sich vielmehr auf den Sonnenschein in Ihrem Leben, und sagen Sie sich immer wieder, daß auch ein paar aufziehende Wolken Ihr Glück nicht verdüstern und Ihren klaren Blick nicht trüben werden.

Ich lasse mich nicht vom Verhalten anderer beeinträchtigen.

Das große Geheimnis der Ärzte, eines, das nur ihren Frauen bekannt, der Öffentlichkeit aber verborgen ist, besteht darin, daß die meisten Dinge von selbst besser werden. Die meisten Dinge sind tatsächlich am nächsten Morgen besser.

Lewis Thomas

Scarlett O'Hara, die bekannte Heldin aus «Vom Winde verweht», ist eine berühmte «Verschieberin». Ganz gleich, in welchem Dilemma sie auch steckt, stets lautet ihre Antwort: «Darüber denke ich morgen nach.» Tatsächlich bringt ein nächster Morgen auch meist eine neue Einstellung, eine andere Perspektive, zumindest aber einen klareren Kopf. Nur wenige Dinge sind nach einem erholsamen Schlaf nicht zu bewältigen.

Wenn Sie heute einige Ihrer Sorgen auf morgen verschieben können, dann tun Sie es. Probleme, die heute unbezwingbar aussehen, könnten morgen lösbar sein. Die Chancen, daß Sie nach einer gut durchschlafenen Nacht mehr Energie und Kreativität haben, sind groß. Aber verwechseln Sie «Verschieben» nicht mit «Verdrängen». Ein bißchen Zögern und Zaudern kann für Sie im Augenblick sehr gesund sein, aber wenn Sie ein existierendes Problem völlig verdrängen wollen, dann wird es mit Sicherheit irgendwann wieder auftauchen.

Wenn ich meine Sorgen überschlafe, sind sie am nächsten Morgen oft sehr viel kleiner.

Gott nachzujagen ist ein großes Abenteuer.

Marie de Floris

Sorgenvolle Zeiten sind für uns oft ein Anlaß, uns nach innen zu wenden und unseren Glauben an Gott neu zu definieren. Versuchen Sie in Ihrer Niedergeschlagenheit eine Chance zu sehen, Ihren Platz im Universum zu erforschen und sich über Ihre Vorstellungen von Gott klarer zu werden. «Gott nachzujagen» kann ein lohnendes Ziel sein, wenn das Leben sinnlos scheint, und was Sie dabei entdecken, kann Ihnen die Kraft geben, schwierige Zeiten besser zu überstehen und eine insgesamt positivere Lebenseinstellung zu finden.

Wenn ich Gott nachjage, finde ich etwas Größeres als mich selbst.

Unsere stärksten Bindungen bestehen zu den Menschen, die uns das Leben gegeben haben... Es scheint völlig unerheblich, wie viele Jahre vergangen sind, wieviel Vertrauen mißbraucht wurde, wieviel Elend es in der Familie gibt: Wir bleiben verbunden, selbst gegen unseren Willen.

Anthony Brandt

Auch wenn unsere Eltern uns Schmerz zugefügt haben: Es ist immer schwer, die Bindungen an sie zu lösen. Aber wenn wir vorhandene Probleme nicht als solche anerkennen und verarbeiten, verharren wir in einem ungesunden Verhältnis zu den Eltern. Wir suchen weiter ihre Anerkennung und werden depressiv, wenn wir sie nicht bekommen. Wir können als Erwachsene nie ganz glücklich und zufrieden werden, wenn wir nicht lernen, unsere Eltern mit Abstand, Bejahung und Vorurteilslosigkeit zu betrachten.

Machen Sie sich heute die Dynamik zwischen sich und Ihren Eltern bewußt. Falls das Zusammensein mit ihnen in Ihnen depressive Gefühle auslöst, suchen Sie Hilfe bei einem Therapeuten, um Klarheit zu schaffen. Kind-Eltern-Bindungen sind machtvoll. Respektieren Sie das, und sorgen Sie dafür, daß sich negative Verhaltensmuster nicht in Ihrer eigenen Familie wiederholen.

Ich mache mir die positiven wie die negativen Gefühle bewußt, die meine Eltern in mir wecken.

Der Weg zur Hölle ist mit guten Vorsätzen gepflastert.
Samuel Johnson

Wir können nie zu innerer Zufriedenheit und Gelassenheit finden, wenn wir uns Dinge immer nur vornehmen, sie dann aber nie tun. Je weniger wir uns an uns selbst oder anderen gegebene Versprechen halten, desto schwerer wird es für uns, positive Selbstwertgefühle und Glück empfinden zu können.

Schwätzer gibt es wie Sand am Meer, seltener sind Menschen, die ihr Wort halten. Tun Sie heute etwas, was Sie sich schon lange vorgenommen, aber aus Zeit- oder Mutmangel noch nie in die Tat umgesetzt haben. Sobald Sie nur einen Punkt auf Ihrer «Pflichten-Liste» abhaken und etwas in Angriff nehmen, was Sie belastet, wird Ihnen das nicht nur die Achtung anderer einbringen, sondern auch Selbstachtung und die Gewißheit, daß Sie nicht in der «Hölle der guten Vorsätze» landen.

Heute rede ich nicht nur, heute handle ich.

Ich habe den Mond befragt wie eine Kristallkugel.

Diane Ackerman

Die Wirkung des Mondes auf Wasser ist allgemein bekannt. Weniger bekannt ist der Einfluß, den er auf Menschen ausübt. Offenbar werden bei Vollmond mehr Verbrechen aus Leidenschaft begangen als bei anderen Mondphasen. Auch Geburten reagieren auf Vollmond, genauso wie Schlaf und Stimmung. Der Mond bestimmt nicht nur Ebbe und Flut der Meere, sondern auch die unseres Körpers.

Schreiben Sie Ihre Stimmungen auf und überprüfen Sie, in welchem Zusammenhang die Mondphasen mit Ihren Emotionen stehen. Damit haben Sie ein wirksames Instrument zum Verständnis Ihrer Stimmungen zur Verfügung.

Heute befrage ich den Mond.

Richte das Gesicht zur Sonne, dann fallen die Schatten hinter dich.

Maori-Sprichwort

Millionen von Frauen neigen im Herbst ganz besonders zu Depressivität, was offenbar mit dem nachlassenden Sonnenlicht in Verbindung steht. Zu diesen jahreszeitlich bedingten Beschwerden gehören Lustlosigkeit, Gereiztheit, ein Heißhunger nach Kohlehydraten und abrupte Stimmungsschwankungen. Wer darunter leidet, fühlt sich erst mit Beginn des Frühjahrs wieder so richtig wohl, glücklicher, energiegeladener und weniger «zuckerabhängig».

Wenn Sie alljährlich im Herbst von Trübsinn überfallen werden, sollten Sie vielleicht einen Arzt fragen, ob Sie unter Sonnenmangel leiden. Abhilfe läßt sich durch Licht-Therapie oder eine Reise in südlichere Gefilde schaffen. Und gegen den zügellosen Appetit in dieser Phase könnten sich Selbsthilfegruppen und Meditation als nützlich erweisen. Jahreszeitlich bedingte Gefühlsstörungen werden nur dann zum Problem, wenn wir zu keiner der vielen Lösungsmöglichkeiten greifen und diesem periodischen Zustand gestatten, chronisch zu werden.

Licht und Sonnenschein sind wirksame Mittel gegen innere Dunkelheit.

Ein unerforschtes Leben ist nicht lebenswert.

Plato

Es gibt Frauen, die können an keinem Ausverkauf vorbeigehen, sich keinen «Gelegenheitskauf» entgehen lassen. Plötzlich haben sie Schulden und geraten in helle Panik. Man kann nun entweder seinen persönlichen Bankrott erklären, um so die Schulden – und die Depressivität – loszuwerden. Der härtere und bessere Weg ist jedoch, einen vernünftigen Finanzplan aufzustellen, Abzahlungsfristen für die Schulden zu vereinbaren, vor allem aber mit eiserner Energie das Kaufverhalten zu ändern. Man wird dabei nicht nur lernen mit den Schulden, sondern auch mit dem Leben besser fertig zu werden.

Wenn wir unter einer unangenehmen Situation leiden, sollten wir uns klarmachen, ob unsere Beweggründe oder unser Verhalten destruktiv sind. Sorgen sind ein hervorragendes Motiv für Veränderungen, daher nutzen Sie Ihre unangenehme Lage, um sich endlich die Art von Leben zu schaffen, die lebenswert ist.

Ehrliche Selbsteinschätzung ist ein nützlicher Nebeneffekt meiner Sorgen.

Mit niedrigem und schäbigem Verhalten kann man keinen noblen Geist haben. Die Taten eines Menschen müssen seiner Einstellung entsprechen.

Demosthenes

Wenn ich abends beim Zubettgehen unruhig und traurig bin, liegt das oft daran, daß ich am Tag irgend etwas getan habe, für das ich mich schäme. Es kann sich um Tratschereien handeln oder daß ich Frustrationen an einem Kind oder einer Verkäuferin ausgelassen oder gelogen habe.

Überprüfen Sie vor dem Einschlafen Ihre Handlungen und Reaktionen. Können Sie mit allem zufrieden sein, was Sie getan oder gesagt haben? Haben Sie vielleicht irgendeine Situation ausgenutzt, für etwas Lob eingeheimst, das Ihnen nicht zukommt, jemanden unnötigerweise beschimpft oder einen anderen absichtlich mißachtet? Auch wenn das banale Ereignisse sein mögen, zu vollem inneren Frieden werden Sie nie finden, wenn Sie nicht an den Aspekten Ihrer Persönlichkeit arbeiten, die auf den ersten Blick vielleicht nicht ersichtlich sind, Ihnen aber dennoch Schmerz zufügen können.

Mein Geist ist ein Spiegel meines Verhaltens.

Ein strammer Fünf-Kilometer-Spaziergang tut einem unglücklichen, aber ansonsten gesunden Menschen besser als alle Medizin und Psychologie der Welt.

Paul Dudley White

Ein Tag ohne richtige Bewegung lädt zu Mißstimmung und Niedergeschlagenheit geradezu ein. Achten Sie deshalb darauf, täglich wenigstens kurze Zeit zu laufen, zu schwimmen oder ein paar gymnastische Übungen zu machen. Sportliche Betätigung hat die gleiche Wirkung wie ein Antidepressivum: Sie setzt im Hirn Wohlgefühl vermittelnde Endorphine frei. Laufen und Rennen sind sogar so wirksam, daß es eigentlich als «Wunderdroge» bezeichnet werden müßte.

Versuchen Sie es heute mit sportlichen Übungen, um Stimmungsschwankungen und Depressivität zu bekämpfen. Auch wenn es Ihnen zunächst ungewohnt sein mag, werden Sie rasch feststellen, wie psychisch ausgleichend und körperlich heilsam Bewegung sein kann. Wenn Sie lernen, Ihre körpereigenen Heilkräfte einzusetzen, können Sie sich immer die richtige Dosis Wohlbefinden verschreiben, wenn die Niedergeschlagenheit zuschlagen will.

Heute jage ich mindestens zwanzig Minuten lang meinen Puls in die Höhe.

Ein Rückschlag ist ein Ereignis, keine Person.

Zig Ziglar

Rückschläge können Wendemarken zum Besseren sein. Selbst die erfolgreichsten Menschen sind irgendwann einmal kurzfristig gescheitert. Doch sie haben diese Rückschläge nicht persönlich genommen, sondern sie benutzt, um klüger und stärker zu werden.

Von solchen Menschen können wir lernen, wie man mit Rückschlägen umgeht. Wir alle scheitern hin und wieder, aber wir dürfen das nicht zu Katastrophen aufbauschen oder gar auf «charakterliche Mängel» zurückführen. Unsere Rückschläge zeigen lediglich, daß wir kreative und risikobereite Menschen sind, mutig genug, etwas Neues auszuprobieren. Wenn wir nicht von Zeit zu Zeit in unseren Beziehungen, im Beruf oder in ganz alltäglichen Dingen Rückschläge einstecken, können wir uns auch nicht weiterentwickeln.

Wenn ich scheitere, gewinne ich an Weisheit.

Es gibt keine Aristokratie der Trauer. Trauer ist ein großer Gleichmacher.

Anne Morrow Lindbergh

Es ist eine irrige Annahme, daß nur ein bestimmter Menschentyp unter Depressivität leidet oder daß ein bestimmter gesellschaftlicher oder finanzieller Status ein Leben «glücklich» macht. Depressivität ist ein Zustand, der sich an keine sozialen oder finanziellen Grenzen hält und unter dem jede vierte Frau zu irgendeinem Zeitpunkt ihres Lebens leidet. Das Bedauerliche daran ist, daß die meisten dieser Frauen keine Hilfe suchen, weil sie ihre Beschwerden nicht ernst genug nehmen, oder weil es ihnen unangenehm ist, medizinischen Rat einzuholen.

Gehen Sie heute nicht zu streng mit Ihrer Mutlosigkeit ins Gericht. Es gibt keine «guten» oder «schlechten» Gründe für diese Gefühle. Wenn sie existieren, sollten Sie ihnen auch Aufmerksamkeit schenken. Depressivität ist eine Krankheit, die fast immer innerhalb weniger Monate zu heilen ist. Also grübeln Sie nicht länger darüber nach, warum Sie sich so fühlen, sondern verwenden Sie Ihre Energien lieber darauf, die bestmögliche Hilfe zu finden.

Äußere Umstände können mich nicht vor innerem Leid bewahren.

Je weiter ich die Vergangenheit hinter mir lasse, desto näher kann ich mich damit befassen, meinen Charakter zu schmieden.

Isabelle Eberhardt

Viele Frauen sind unfähig, unangenehme Ereignisse der Vergangenheit aufzuarbeiten und zu bewältigen. Wenn wir aber versuchen, sie einfach zu verdrängen, werden sie stets in unserem Unterbewußtsein auf der Lauer liegen, um uns bei passender und unpassender Gelegenheit schmerzlich zu überfallen.

Gibt es auch in Ihrer Vergangenheit eine Situation, die Sie nicht vergessen können, die sich immer wieder in Ihre Erinnerung stiehlt? Erzählen Sie Ihren Freunden, daß Sie auf dem besten Wege sind, die Vergangenheit zu bewältigen, während Sie sich in Wahrheit peinvoll damit beschäftigen? Wenn das der Fall ist, fassen Sie den Mut, Ihrer Vergangenheit gelegentlich einen Besuch abzustatten. Sobald Sie sich vergangenem Leid stellen und es akzeptieren, werden die damit verbundenen Empfindungen mit der Zeit verblassen. Die Vergangenheit wird ihre Macht verlieren, Sie depressiv zu stimmen.

Wenn ich eine negative Vergangenheit akzeptiere, fördere ich künftiges Glück.

Mäßigung ist ein untrennbarer Gefährte der Weisheit.
Charles Caleb Colton

Kaum zu glauben, aber auch zuviel «Gutes» kann manchmal zu Niedergeschlagenheit führen. Etwas, was uns froh, glücklich und zufrieden stimmt, kann dann kontraproduktiv wirken, wenn wir es exzessiv betreiben.

Vergessen Sie heute nicht, daß uns auch für uns gute und gesunde Dinge schaden können, sobald wir sie übertreiben. Der Schlüssel zum Glück ist Ausgewogenheit. Ein Übermaß – selbst an so positiven Dingen wie Vitaminen, sportlichen Übungen, Kräutern und sogar tätiger Nächstenliebe – kann in uns ein Gefühl der Erschöpfung, Gereiztheit und Depressivität verursachen.

Ich will nach Ausgewogenheit in all meinen Aktivitäten und Bestrebungen trachten.

Das Leben selbst ist noch immer ein sehr wirkungsvoller Therapeut.

Karen Horney

Lustlosigkeit kann ein lähmender Zustand sein, aber wenn wir uns genügend zusammenreißen, um wenigstens unseren täglichen Verpflichtungen nachzukommen, werden wir überrascht feststellen, um wieviel besser wir uns fühlen. Es ist positiv und aufbauend, in einer Phase der Depressivität soviel wie irgend möglich der alltäglichen Aktivitäten beizubehalten. Häufig haben mir Menschen gesagt, wie sehr es ihnen geholfen hat, «wie immer» zur Arbeit zu gehen, als sie mit einem schweren Verlust fertig werden mußten. Oft können wir uns selbst helfen, indem wir einfach und entschlossen «weitermachen».

Auch wenn Ihnen nicht danach zumute ist: Tun Sie so, als wäre heute ein ganz normaler Tag. Das Leben selbst als Therapie zu benutzen kann eine sehr wirksame Waffe gegen Lustlosigkeit sein.

Ich mache heute alles so wie immer.

Fürchte dich nie vor den Schatten. Sie zeigen dir nur, daß irgendwo in der Nähe die Sonne scheint.

Ruth E. Renkel

Jeder Mensch hat eine «dunkle Seite». Wenn Sie mit diesem «Schatten» nicht vertraut sind, könnten Sie ihn mit Menschen und Verhaltensweisen verwechseln, die Sie irritieren oder deprimieren. Lehnen Sie beispielsweise jemanden ab, weil er oder sie ständig im Mittelpunkt des Interesses stehen will? Regen Sie sich über Ehebruch auf oder über Menschen, die ihre Kinder schlecht behandeln? Es könnten Neigungen sein, die Sie selbst besitzen, aber gelernt haben zu unterdrücken! Wenn Sie sich nicht eingestehen, daß auch Sie eine «dunkle Seite» besitzen, können Sie sich nie wirklich selbst lieben und glücklich werden.

Wenn wir unseren Schatten akzeptieren, setzen wir Energien frei, öffnen uns den Möglichkeiten zu Veränderungen, gerechteren Urteilen über andere Menschen und werden insgesamt toleranter. Schreiben Sie in einer ruhigen Minute die Dinge auf, die Sie an sich selbst schockieren, ärgern oder gar entsetzen. Wenn Sie akzeptieren, daß auch Sie einen Schatten besitzen, werden Sie befreiter, eine eigenständige und unverwechselbare Persönlichkeit sein.

Heute springe ich über meinen Schatten.

Ich fand es immer wichtig zu wissen, was das Schlimmste ist, das mir zustoßen könnte, und zu wissen, wie man es vermeiden kann, um nicht von der Magie des Unbeschreiblichen überwältigt zu werden.

Amy Tan

Einer der besten Ratschläge, die ich je erhielt, war der, mir ein Problem bis zu den schlimmsten Konsequenzen auszumalen, um mich dann mit der Lösung, die es fand, friedlich abzufinden. Sobald ich dazu fähig war, stand ich der Situation sehr viel gelassener gegenüber und konnte mit dem tatsächlichen Geschehen wesentlich besser umgehen.

Falls Sie mutlos sind, weil Sie sich davor fürchten, ein bestimmtes Problem anzugehen, setzen Sie sich in eine ruhige Ecke, stellen Sie sich die Folgen Ihrer Handlungen in den schwärzesten Farben vor, finden Sie sich mental mit diesen Konsequenzen ab, und planen Sie Ihr «Leben danach». Sehr oft sind Bereitsein und große Entschlossenheit das beste Rezept zur Erreichung von Zielen oder der emotionalen Stabilität, sie auch zu verfolgen.

Das «Schlimmste» muß nicht geschehen, aber wenn ich mit der Möglichkeit rechne, bereite ich mich auf das «Beste» vor.

OKTOBER

Andere zu hassen ist so, als würden Sie Ihr Haus niederbrennen, um eine Ratte loszuwerden.

Harry Emerson Fosdick

Haßgefühle zu nähren vergrößert nur den Schmerz und zögert den Heilungsprozeß hinaus. Haß erschöpft den Körper, führt zu Depressionen und schwächt das Immunsystem. Langfristig schaffen andauernder Groll und die ständige Beschäftigung damit mehr Probleme, als den «Stier bei den Hörnern» zu packen.

Verzeihen und Lieben zu lernen ist ein schwieriger Prozeß. Eine Hilfe dabei ist, die Situation vom Gesichtspunkt eines anderen aus zu betrachten und – auch wenn es widerstrebend geschieht – für das Wohl des Menschen zu beten, den wir «hassen». Auch wenn wir davon überzeugt sind, daß wir es sind, die Mitgefühl verdient haben, kann uns die Anwendung dieser Methode den größten Heileffekt bringen.

Mit Haß wurde noch nie etwas Gutes erreicht.

Stunden der Not vergiß, doch was sie dich lehrten, vergiß nie!

Salomon Geßner

Jahrelange Erfahrung hat mich gelehrt, die Anzeichen für eine depressive Stimmung zu erkennen: Ich grüble über alles Leid in der Welt, mache mir ständig Sorgen um die Zukunft und spreche, wie mir Freunde versichern, mit getragener, bekümmerter Stimme. Dann braucht nur noch irgend etwas Trauriges zu geschehen, und die Depression ist da. Ich weiß zwar inzwischen, daß aus diesen Phasen durchaus Gutes entstehen kann, aber schwierig sind sie trotzdem.

Versuchen Sie auf die Anzeichen zu achten, die Stimmungsschwankungen vorausgehen, und versuchen Sie, daran zu denken, daß vielleicht etwas Wichtiges zum Durchbruch kommen will. Deshalb werden wir uns über Perioden der Trostlosigkeit zwar nicht freuen, aber es könnte doch immerhin möglich sein, sie rechtzeitig zu erkennen, sie zu überwinden und vielleicht mit einer wertvollen Erkenntnis aus ihnen hervorzugehen.

Ich will auf das achten, was meine Depressivität über mich aussagen kann.

Der Preis, den man in jedem Beruf bezahlt, ist ein intimes Wissen seiner unangenehmen Seite.

James Baldwin

Irgendwann sind die meisten von uns gezwungen, sich auch mit der «unangenehmen» Seite ihres Berufes auseinanderzusetzen, und sei es auch nur, weil sie sich vielleicht zu idealistische Vorstellungen davon gemacht haben. Dann sollten wir uns sagen, daß es keine maßgeschneiderten Berufe gibt und daß wir häufig Zugeständnisse machen müssen, um unsere Ziele zu erreichen.

Wenn Sie an Ihrem Arbeitsplatz lustlos und deprimiert sind, dann sollten Sie sich fragen, ob Ihre Erwartungen realistisch sind. Jeder Beruf hat seine Schattenseiten. Stellen Sie sich lieber positiv auf Ihren jetzigen Arbeitsplatz ein, statt Ihr Glück davon abhängig zu machen, die «ideale» Arbeitssituation zu finden.

Heute konzentriere ich mich auf die positiven Seiten meines Berufes.

Wir sollten uns, unsere Persönlichkeit, als ein Orchester chemischer Stimmen in unserem Kopf betrachten.

Arnold J. Mandell

Untersuchungen haben bestätigt, daß Frauen vor und während ihrer Menstruation stärker unter Depressivität leiden als zu anderen Zeiten. Oft brauchen Frauen Jahre für die Feststellung, daß ihre Stimmungen in engem Zusammenhang mit ihrem monatlichen Zyklus stehen, und manche wollen sich nicht eingestehen, daß ihre Hormone zu ihren Stimmungen beitragen – aus Angst, dann als «labil» angesehen zu werden. Aber wir müssen unsere besondere weibliche Biologie akzeptieren, um mit den unangenehmen Begleiterscheinungen fertig zu werden. Wenn wir bestreiten, daß es sie überhaupt gibt, macht uns das nur weiterhin jedesmal depressiv, wenn unsere Hormone ihren normalen monatlichen Zyklus durchlaufen.

Wenn wir die chemischen Zusammenhänge in unserem Körper kennen und akzeptieren, finden wir auch Lösungen, um besser mit ihnen umzugehen.

Ich informiere mich über meinen Körper, um mein emotionales Wohlbefinden zu steigern.

In seinen Vergnügungen lebt der Mensch wirklich; in seinen Mußestunden webt er den wahren Stoff seiner Persönlichkeit.

Agnes Repplier

Fachleute raten Menschen, die zu depressiven Stimmungen neigen, auf keinen Fall ihren Problemen nachzuhängen, sondern über ihre Schwierigkeiten mit anderen zu sprechen und sich möglichst viel sportlich zu betätigen. Sportliche Aktivität kann wirksam aufmuntern, wenn wir uns bedrückt und niedergeschlagen fühlen. Sie fördert nicht nur unsere Gesundheit und unser Wohlbefinden, sie lenkt auch unsere Gedanken von unseren Problemen und Schwierigkeiten ab.

Ob Sie nun laufen, Tennis spielen oder ein paar Runden schwimmen: Wenn Sie der sportlichen Betätigung einen festen Platz in Ihrem Alltag einräumen, verfügen Sie stets über eine Zeitspanne, in der Sie mit Sicherheit nicht deprimiert sein werden.

Wenn ich meinen Körper bewege, besänftige ich meinen Geist.

Im Zusammensein mit deinen Kindern solltest du dich so in acht nehmen, als wärst du unter deinen Feinden.

George Savile

Es ist eine ganz natürliche Reaktion, Zorn und Frustrationen an anderen auszulassen, wenn wir deprimiert sind. Leider trifft es manchmal auch die, die derartige Stimmungen am wenigsten verstehen: unsere Kinder. Unabsichtlich können wir sie mit solchen Ausfällen für Jahre schädigen.

Achten Sie heute darauf, welche Menschen unter Ihren Gefühlsschwankungen zu leiden haben. Falls Ihre Kinder dazugehören, ist es Zeit, Hilfe zu suchen und den Kreislauf von Depressivität und Aggression zu durchbrechen. Wie ein Kiesel, der ins Wasser fällt, schlägt auch unser Verhalten Wellen, die andere berühren. Das sollten Sie trotz Ihrer Verzweiflung nicht vergessen.

Ich werde meine Kinder nicht zu Opfern meiner Depressivität machen.

Der Himmel hilft niemals solchen, die nicht handeln wollen.

Sophokles

Mutlosigkeit läßt uns häufig zaudern, die Lösung unserer Probleme in Angriff zu nehmen, aber wenn wir nichts unternehmen, ändert sich auch nichts. Nehmen Sie sich heute eine Aufgabe vor, die Sie weiterbringt. Treffen Sie eine Entscheidung, unternehmen Sie etwas, tun Sie etwas und führen es bis zum Ende aus. Wenn Sie nicht nur denken, was Sie alles sollten, sondern tatsächlich etwas tun, kann das die Mauer der Depressivität durchbrechen und zu mehr Selbstachtung und Zufriedenheit führen.

Heute handle ich, anstatt nur zu grübeln.

Besser ein trockenes Stück Brot und Ruhe dabei, als ein Haus voll Braten und dabei Streit.

Sprüche 17,1

Viele von uns unterliegen dann und wann im Leben dem Irrtum, daß Glück käuflich ist. Aber zwei Autos in der Garage, aufwendige Geschenke, exotische Urlaubsreisen und teure Kleidung bringen keine Seligkeit. Harmonische und nahe Beziehungen zu ihrer Umgebung geben Menschen die größte Freude, und eine liebevolle Familienatmosphäre ist die beste Voraussetzung für Glück und emotionale Stabilität.

Sollten Sie davon überzeugt sein, das Leben sei ohne bestimmte Besitztümer nicht «vollkommen» und Ihren Kindern fehle etwas, weil Ihre finanziellen Mittel begrenzt sind, dann denken Sie lieber darüber nach, wie Sie Ihrer Umgebung mehr Liebe und Zuwendung schenken können. Wenn es Ihnen gelingt, die Bande zu stärken, die wirkliche Zufriedenheit bringen, vermindern Sie Ihr Risiko, depressiv zu werden, und werden erkennen, daß «ein Stück trokkenes Brot und Ruhe dabei» in der Tat besser ist als «ein Haus voll Braten und dabei Streit».

Die größten Freuden kosten häufig am wenigsten.

Jeder Frau wird das Gefühl vermittelt, es sei ihre eigene Schuld, wenn sie kein perfekter Klon des männlichen Superman und kein perfekter Klon des Weiblichkeitswahns sein kann.

Betty Friedan

Von Kindesbeinen an wird Mädchen eingebleut, daß sie klug, schlank, attraktiv und ehrgeizig sein müssen, um als Frau Erfolg zu haben. Es reicht nicht aus, einen befriedigenden Beruf zu haben; sie müssen auch perfekte Hausfrauen und Mütter und darüber hinaus sportlich fit sein. Die irrige Annahme, es wäre möglich, eine derartige Superfrau zu sein, ist eine entscheidende Ursache für die vielen Fälle von Depressivität unter Frauen.

Seien Sie heute realistisch in den Erwartungen, die Sie an sich selbst stellen. Bilden Sie sich Ihre eigene Meinung, und übernehmen Sie nicht die noch immer gängigen Vorstellungen, wie «frau» zu sein hat. Je sicherer Sie Ihrer eigenen Identität werden, desto weniger werden Sie Ihr Glück von der Anpassung an ein unrealistisches Ideal abhängig machen.

Ich lasse mir meine Erwartungen an mich selbst nicht von der Gesellschaft vorschreiben.

Wenn eine Vision Gestalt annimmt, verändert sich alles.
Jeane Dixon

Oft fordern Therapeuten Patienten mit unterentwickeltem Selbstgefühl auf, so zu tun, als hätten sie all die Eigenschaften, die sie sich wünschen. Falls sie beispielsweise zu Schüchternheit und Zurückhaltung neigen, sollten sie sich selbst als extrovertiert und selbstsicher sehen. Und wer aufbrausend ist oder ständig mehr verspricht, als er dann halten kann, soll so tun, als sei er ein wahres Geduldslamm oder eine Säule der Zuverlässigkeit. Therapeuten wissen aus Erfahrung: Je häufiger unser Unterbewußtsein «glaubt», wir würden uns so oder so benehmen, desto wahrscheinlicher wird es, daß wir uns irgendwann auch in der Wirklichkeit so verhalten.

Nutzen Sie heute die Methode der Visualisierung, um sich ein Verhalten oder eine Situation vorzustellen, die Sie glücklicher und zufriedener stimmt. Bilden Sie sich ein, selbstsicherer, schöner, dünner, kommunikativer zu sein. Wenn es Ihnen gelingt, eine Vision Ihres Ideal-Ich vor Ihrem inneren Auge zu erschaffen, haben Sie damit ein Werkzeug, um Ihr Leben positiv zu verändern.

Heute stelle ich mir vor, froh und glücklich zu sein.

Ich war bereits am Tiefpunkt meines Lebens ... Das verschafft Perspektive.

Brandon Tartikoff

Mit Ende Dreißig oder Anfang Vierzig haben die meisten von uns Krisen überstanden, die uns gewisse Aspekte unseres Lebens in einer anderen Perspektive sehen lassen. Bemühen Sie sich heute darum, Ihre Probleme in der richtigen Relation zu sehen. Ist Ihre momentane Krise die bisher schwerste, oder haben Sie bereits Schlimmeres erlebt? Ist das letztere der Fall, dann trösten Sie sich mit der Tatsache, daß Sie auch früher schon Katastrophen heil überstanden haben. Nutzen Sie dieselben inneren Kräfte, die Ihnen damals geholfen haben, und machen Sie sich bewußt, daß Sie vermutlich stärker und widerstandsfähiger sind, als Sie glauben.

Auch diese Zeit in meinem Leben wird vorübergehen.

Macht nicht (so)viel Lärm um nichts.

Baltasar Gracián

Frauen, die ein relativ sorgloses Leben führen, versinken oft bei den geringfügigsten Anlässen in wahre Abgründe von Verzweiflung. Viele von uns neigen dazu, «viel Lärm um nichts» zu machen und übertrieben heftig auf Ereignisse zu reagieren, die im Gesamtzusammenhang des Lebens nahezu bedeutungslos sind.

Fragen Sie sich heute, ob das, was Sie so aufregt, wirklich «schrecklich» ist oder ob es sich um eine Banalität handelt, über die Sie nach ein paar Tagen oder Wochen nur noch lachen. Wenn es Ihnen gelingt, die Dinge in der richtigen Relation zu sehen und daran zu denken, wie vergänglich viele unserer Sorgen sind, werden Sie Ihre Energien für Zeiten aufsparen können, in denen Sie wirklich «viel Lärm um etwas» machen müssen.

Ich werde meine Probleme nicht zu wichtig nehmen.

Schlaf ist die beste Meditation.

Dalai Lama

Ich stelle immer wieder fest, daß mir die kreativsten Ideen im Schlaf kommen. Befreit von den Anspannungen des Tages, begibt sich mein Geist auf die Wanderschaft, und ich träume häufig Auswege, auf die ich am Tag nie gekommen wäre. Manchmal überrascht es mich, was mir meine Träume über mich erzählen, aber für gewöhnlich finde ich meine instinktiven Entscheidungen bestätigt und habe so den Mut, meinem Herzen zu folgen.

Wenn Sie heute das Gefühl haben, keinen klaren Gedanken fassen zu können, schieben Sie eine kurze Schlafpause ein, auch wenn es nur für zehn Minuten ist. Falls es schon später am Tag sein sollte, gehen Sie früher als sonst zu Bett, und nutzen Sie die verlängerte Nacht als Phase der Erholung, in der Sie nicht nur auf ganz neue Lösungen für Ihre Probleme kommen, sondern aus der Sie auch sehr viel energiegeladener erwachen werden.

Ich nutze meinen Schlaf, um zu gesunden.

Das Leben kann nur rückwärts verstanden, muß aber vorwärts gelebt werden.

Sören Kierkegaard

Als ich einmal mitten in einer emotionalen und finanziellen Krise steckte, verschwendete ich viel Zeit mit Wutanfällen, Selbstvorwürfen und Zornesausbrüchen. Heute kann ich einsehen, wie wichtig diese schwere Zeit für meine Persönlichkeitsentwicklung war. Vorher war fast alles mehr oder weniger nach meinem Willen gegangen. Plötzlich mußte ich erkennen, daß das Leben keineswegs immer gerecht ist und das ehrliche Streben nach guten Zielen noch lange keinen Erfolg garantiert. Bescheidenheit und Mitgefühl für andere traten allmählich an die Stelle von Selbstmitleid.

Unglücksfälle und Mißgeschicke sind zum Zeitpunkt ihres Geschehens meist nicht zu verstehen. Daher sollten Sie mit Fragen nach dem Warum weder Ihre Zeit noch Ihre Energien vergeuden. Konzentrieren Sie Ihre Kräfte vielmehr auf Lösungsmöglichkeiten, und warten Sie geduldig ab, bis Sie die wertvolle Lektion aus dem, was Sie durchlitten haben, begreifen lernen.

Je zufriedener ich «vorwärts» leben kann, desto schneller bin ich in der Lage, dankbar «rückwärts» zu blicken.

Lachen ist eine Art innerliches Jogging. Es bewegt Ihre inneren Organe. Es beschleunigt die Atmung. Es ist ein Auslöser großer Erwartungen.

Norman Cousins

Auch wenn es schwierig sein mag, dem Leben komische Seiten abzugewinnen, wenn man deprimiert ist: Es gibt sie. Es gibt immer eine TV-Show, über die wir schmunzeln können, einen Witz, eine Situation oder eine Karikatur, die unsere Lachmuskeln reizen. Und wenn wir über uns selbst hinauswachsen, können wir uns sogar über unsere eigene Schlaflosigkeit oder Verzweiflung lustig machen. Eine heitere Bemerkung über etwas, das uns Schmerzen bereitet, ist auch eine Möglichkeit, sich Problemen zu stellen und sie erträglicher zu machen.

Versuchen Sie heute das, was Sie bedrückt, ein wenig von der leichteren Seite zu sehen. Wenn Ihnen das nicht aus sich heraus gelingt, suchen Sie nach äußeren Anregungen, die Sie zum Lachen bringen. Ihre Sorgen – zumindest vorübergehend – durch Lachen zu vertreiben, könnte die körperliche und seelische Aufmunterung sein, die Sie nötig haben, um aus Ihrem Tief herauszukommen.

Wenn ich in schweren Zeiten den Humor nicht verliere, bleibe ich seelisch gesund.

Wer eine Rose haben möchte, muß auf die Dornen achten.
Persisches Sprichwort

Nur wenige Dinge im Leben haben keine «Kehrseite», und wenn wir nach unseren persönlichen «Rosen» trachten, müssen wir auch die Dornen mit in Kauf nehmen. Die Mutterschaft ist beispielsweise eine solche Rose: wundervoll, wenn wir dazu bereit sind, aber erschreckend, wenn nicht. Auch eine anspruchsvolle berufliche Situation ist kaum ohne «Dornen» in Form von längerer Arbeitszeit, ausgedehnten Dienstreisen und erhöhter Kritik von Kollegen zu erreichen.

Wenn wir uns glücklich fühlen wollen, dürfen wir nicht die Augen vor den Nachteilen verschließen, die die Verwirklichung vieler unserer Träume mit sich bringt. Es ist gut, sich hohe Ziele zu stecken und Erfüllung anzustreben, aber nur, wer auch die «Dornen» sieht, kann sich an den «Rosen» erfreuen.

Ich weiß, daß die Medaillen meiner Errungenschaften auch eine Kehrseite haben.

Der Drang, die eigene Biographie zu schreiben, überkommt früher oder später jeden, hat man mir gesagt.

Agatha Christie

In den meisten Therapiezentren für Suchtkranke und Abhängige wird das Schreiben einer Autobiographie als Mittel genutzt, den Patienten ihre Gefühle und innersten Geheimnisse bewußt zu machen. Fast ausnahmslos finden die Kranken diese Methode der «schriftlichen Selbstanalyse» aufschlußreich, heilsam und sehr motivierend für Veränderungen in ihrem Leben.

Wie würde Ihre Lebensschilderung aussehen, wenn Sie eine Autobiographie schreiben müßten? Wo würden Sie beginnen? Welche Akzente würden Sie setzen? Wer oder was hat welchen Einfluß auf Sie ausgeübt? Widmen Sie Ihrer Lebensschilderung allmorgendlich zehn Minuten. Schreiben Sie Ihre Erinnerungen und Betrachtungen in ein Tagebuch, und achten Sie weder auf Interpunktion noch auf perfekte Formulierungen. Je «ungehemmter» Sie Ihre Gedanken zu Papier bringen, desto zufriedener und gesünder werden Sie sich fühlen.

Heute erforsche ich mich mit Papier und Stift.

Nicht den Tod sollte der Mensch fürchten; vielmehr sollte er fürchten, nie mit dem Leben zu beginnen.

Marc Aurel

Häufig erklären Frauen, erst dann erfüllt leben zu können, wenn sie für ihre Überzeugungen eintreten und die Dinge tun können, die ihnen Spaß machen – nicht nur die, zu denen sie sich verpflichtet fühlen. Für manche ist dieser Zeitpunkt gekommen, wenn sie ihr Elternhaus verlassen, für andere, wenn ihre Kinder erwachsen sind, für wieder andere, wenn sie in ihrem Beruf richtig Fuß gefaßt haben. Aber viele Frauen erreichen diesen Punkt niemals. Sie erfüllen ihr ganzes Leben lang nur die Wünsche und Bedürfnisse anderer und leben nie ihr eigenes Leben.

Fürchten Sie sich auch davor, Ihr eigenes Leben zu leben, weil Sie zu emsig damit beschäftigt sind, die Erwartungen anderer zu erfüllen? Können Sie sich gegenüber Menschen behaupten, die Sie enttäuscht haben oder unzumutbare Forderungen an Sie stellen? Wenn Sie dazu nicht fähig sind, muß das zwangsläufig zu unterdrücktem Zorn und Depressivität führen, die Sie davon abhalten, das Leben in der kurzen Spanne zu genießen, die uns auf Erden beschieden ist.

Ich fürchte mich nicht, das Leben zu leben, das ich mir wünsche.

Erkannter Schmerz verliert seine Schärfe, denn der Schrekken läßt nach, und was bleibt, ist für gewöhnlich weit leichter zu ertragen, als wir befürchtet haben.

Lesley Hazleton

Als eine tiefdepressive Frau ihrem Mann mitteilte, sie wolle zu einem Therapeuten gehen, da sie sich kaum noch aufraffen könne, morgens aufzustehen, antwortete der Mann, sie müsse sich eben zusammenreißen, er tue das auch. Erst als eine Freundin eingriff, gab der Mann nach. Es war ihm peinlich, daß seine Frau psychiatrische Behandlung brauchte.

Falls Sie der Überzeugung sind, daß Ihre Depressivität behandelt werden sollte, Sie aber ein anderer von einer Therapie abhält, könnte vielleicht auch ein Freund oder eine Freundin für Sie in die Bresche springen. Aus Rücksicht auf eingebildete «Peinlichkeiten» oder Unkenntnis darüber, was Depressivität tatsächlich ist, still zu dulden, würde Ihr Leiden nur endlos verlängern und Sie davon abhalten, endlich die Verantwortung für Ihr Leben und Ihre geistige Gesundheit in die eigenen Hände zu nehmen.

Heute vertraue ich meinen Kummer anderen Menschen an, damit ich diese Last nicht allein tragen muß.

Wer nichts Gutes tut, tut schon Böses genug.

Sprichwort

Einer Familie drohte die Zwangsräumung, da sie wegen Arbeitslosigkeit die Miete nicht mehr zahlen konnte. Außerdem litt eines der Kinder an einem schweren Herzfehler und brauchte dringend medizinische Behandlung. Mit Freunden zusammen organisierte ich eine Hilfsaktion. Obwohl es mir an diesem Tag nicht gerade schlecht ging, fühlte ich mich danach noch unverhältnismäßig besser. Außerdem schrumpften viele meiner eigenen Schwierigkeiten zur Bedeutungslosigkeit zusammen.

Tun Sie heute irgend etwas Gutes, es braucht nichts Großartiges zu sein. Helfen Sie einem Menschen in Not mit Ihrer Zeit oder Ihrem Geld, und bemühen Sie sich, die Welt mit den Augen anderer zu sehen. Sie werden feststellen, daß Ihr Leben sehr viel glücklicher und reicher ist, als Sie angenommen hatten, und daß Geben oft die beste Medizin gegen Unglücklichsein ist.

Je mehr ich gebe, desto «reicher» werde ich.

Wenn uns unser Glaube vom Sich-sorgen erlöst, dann ist Sich-sorgen eine Beleidigung Gottes.

Robert Runcie

Untersuchungen haben ergeben, daß rund fünfzehn Prozent der Bevölkerung chronische Grübler sind, die sich mindestens acht Stunden täglich Sorgen um Dinge machen, auf die sie größtenteils gar keinen Einfluß haben. Bei Menschen, die dazu angehalten wurden, täglich eine halbe Stunde lang ihre Befürchtungen aufzulisten, reduzierte sich der «Sorgen-Pegel» daraufhin bis um die Hälfte. Wenn sie sich während des Tages dabei ertappten, in ihre alte Gewohnheit zurückzufallen, mußten sie sich mit den Worten zur Ordnung rufen: «Darüber denke ich während meiner Sorgenpause nach.»

Kaufen Sie sich ein «Sorgen-Tagebuch», und schreiben Sie Ihre Kümmernisse während einer dafür bestimmten Zeit hinein. Wenn es Ihnen gelingt, diese Sorgenpause einzuhalten und nicht ganze Tage mit obskuren Befürchtungen und Zweifeln zu vertrödeln, werden Sie nicht nur ein produktiverer Mensch, sondern auch sehr viel glücklicher sein.

Heute setze ich meinen Befürchtungen enge Grenzen.

Die leidenschaftlichsten Auseinandersetzungen hinterlassen nach ihrer Bewältigung ein Gefühl von Sicherheit und Ruhe, das nicht leicht zu erschüttern ist.

Carl Gustav Jung

Wenn wir über irgend etwas bedrückt sind, unseren Gefühlen aber keinen Ausdruck geben, ist Depressivität die sichere Folge. Es ist sehr viel schädlicher, Wut, Kummer und Angstgefühle zu «schlucken», als seinen Gefühlen Luft zu machen. Wenn wir uns gestatten, unsere Empörung hinauszuschreien, ist die Ruhe, die wir danach empfinden, mit der Stille nach dem Sturm zu vergleichen.

Leidenschaftliche Auseinandersetzungen – entweder mit uns selbst oder anderen – sind nicht erfreulich, aber oft unvermeidlich. Falls Sie einem Konflikt ausweichen, weil Sie Angst vor der Konfrontation haben, so denken Sie daran, daß das «Hinunterschlucken» von Gefühlen Ihnen nur Schaden zufügt, aber nichts Positives bewirkt.

Nach einem Sturm findet meine Seele stets einen sicheren Hafen.

Gäbe es so etwas wie Gerechtigkeit in der Welt, würden zur Abwechslung auch mal Menschen über Tauben hinwegfliegen können.

Volksweisheit

Wir alle erleben dann und wann Augenblicke der Empörung oder Depressivität, weil uns etwas sehr Ungerechtes zugestoßen ist. Die einzige Möglichkeit, damit fertig zu werden, besteht nach Ansicht eines auf Leiderfahrungen spezialisierten Therapeuten darin, seinen Empfindungen Luft zu machen, das Gefühl der Empörung voll auszuleben und dann abzuwarten, bis es vorbei ist.

Wenn Sie darüber deprimiert sind, das Opfer einer Ungerechtigkeit geworden zu sein, müssen Sie damit rechnen, daß es einige Zeit dauert, bis diese Gefühle bewältigt sind. Also versuchen Sie erst gar nicht, irgendeinen «Sinn» in Ihre Empfindungen zu bringen, und verdrängen Sie auch deren Intensität nicht, denn Ihren Seelenfrieden finden Sie nur wieder, wenn Sie den Prozeß in seiner ganzen Länge durchlebt haben.

Ich werde die Ungerechtigkeiten in meinem Leben mit Mut und Stärke ertragen.

Beim Beginn eines neuen Abenteuers wird man nie vom Flughafen abgeholt. So etwas ist einfach nicht üblich.

Elizabeth Warnick Fernea

In den meisten Kulturen wird der Eintritt in das Erwachsenenleben mit einer Reihe traditioneller Rituale gefeiert. Zu einem typischen Initiationsritus gehört, daß der Junge oder das Mädchen von ihrer Umgebung abgesondert und auf eine «Visions-Suche» geschickt werden, um etwas Profundes zu lernen oder zu erfahren, wobei die Seele stirbt und wiedergeboren wird. Depressivität ist wie eine Initiation, aber eine, die wir vermutlich viele Male durchlaufen werden. Wie auf der einsamen «Visions-Suche» werden wir sie größtenteils allein überstehen müssen. Die tiefsten und profundesten Veränderungen gehen nur dann vonstatten, wenn wir im stillen mit uns selbst ringen. Wenn unsere Seele erfolgreich stirbt und wiedergeboren wird, kann unsere Rückkehr aus der Depressivität jedoch auch einen Schritt zu größerer Weisheit, Entscheidungsfreude und Verantwortung bedeuten.

Versuchen Sie Ihre Niedergeschlagenheit heute als Initiation in eine höhere Bewußtseinsebene zu betrachten. Aufbrüche zu mehr Erleuchtung und innerer Veränderung sind meistens einsame Unternehmungen.

Die größten Abenteuer der Seele werden allein unternommen.

Daß Frauen ihre Körper nicht mehr schikanieren und zerstören, sondern der Gesundheit, der Kreativität und dem Leben wiedergeben, ist eine heilige Pflicht.

Laureen Smith

Millionen von Frauen haben im Laufe ihres Lebens unzählige erfolglose Abmagerungskuren hinter sich gebracht. Inzwischen aber haben viele von ihnen beschlossen, alle Diäten für immer zu verbannen und «ihr Leben in die eigenen Hände zu nehmen». Sie haben gelernt, sich so zu lieben, wie sie nun einmal sind, und keine Zeit mehr damit zu verlieren, sich selbst zu hassen und unzufrieden mit ihrem Körper zu sein.

Falls es Sie depressiv stimmt, daß sich Ihr Körper – entweder sexuell oder emotional – in einem Chaos befindet, ist es höchste Zeit, wieder die Kontrolle über ihn zu übernehmen. Ihr Körper ist ein kostbares Gut, und es ist entscheidend, die Gewalt über ihn nicht äußeren Kräften zu überlassen, denn nur als selbstbestimmter Mensch leben Sie wirklich.

Heute übernehme ich die Verantwortung für meinen Körper.

Dem Höhepunkt des Lebens war ich nahe,
da mich ein dunkler Wald umfing und ich,
verirrt, den rechten Weg nicht wieder fand.

Dante Alighieri

Als Dante in den ersten Jahren des 14. Jahrhunderts diese Eingangszeilen des Ersten Gesangs der Hölle der «Göttlichen Komödie» schrieb, ging er auf die Vierzig zu und schilderte seine persönliche Midlife-crisis: Er strebte eine politische Position an, die er nicht erhielt. Etliche Jahrhunderte später stürzt uns die Midlife-crisis noch immer in Verwirrung, Leid und Depressionen: Es wird uns bewußt, daß Ziele, die wir früher einmal angestrebt haben, nun aus diesen oder jenen Gründen nicht mehr zu erreichen sind.

Wenn Sie sich von Emotionen der Midlife-crisis überwältigt fühlen und kaum wissen, wie Sie weitermachen sollen, denken Sie daran, daß es solche Krisen schon seit Jahrhunderten gibt, daß Therapien, Lebenshilfebücher, ein bißchen Humor, die Gesellschaft von Freunden in ähnlicher Lage und Optimismus uns dabei helfen können, diese Krise unbeschadet zu überstehen, die uns das Tor zu unseren «goldenen Jahren» öffnet.

Ich nutze meine Midlife-crisis, um den Weg in meine goldenen Jahre zu ebnen.

Ich rege mich nie aus dem Grund auf, den ich mir einbilde.
Kursbuch für Wunder

In Phasen der Niedergeschlagenheit neigen wir dazu, die Schuld dafür am falschen Ort zu suchen. Wir machen beispielsweise einer Kollegin aus nichtigen Gründen bittere Vorwürfe, obwohl unsere Verstimmung eigentlich daher stammt, daß wir von unserer Mutter abgekanzelt wurden. Oder wir schieben unsere Depressivität darauf, uns nicht wohl zu fühlen oder nicht genug Geld zu haben, während in Wirklichkeit ganz andere Faktoren die Welt für uns trostlos erscheinen lassen.

Forschen Sie heute hinter der Fassade Ihrer Depressivität nach den tatsächlichen Ursachen für Ihre Empfindungen. Ist wirklich Geldknappheit der Grund für Ihre Niedergeschlagenheit, oder wollen Sie nicht vielmehr auf keinen Fall den Eindruck von Bedürftigkeit und Verletzbarkeit erwecken? Oder glauben Sie, über das Ende einer Beziehung traurig zu sein, fürchten sich aber eigentlich vor dem Alleinsein? Wenn wir unsere Gefühle sorgsam analysieren, können wir oft überrascht feststellen, daß alte Ängste und Ressentiments für unsere Niedergeschlagenheit verantwortlich sind. Sobald wir uns endlich mit ihnen auseinandersetzen, haben wir auch wieder Freude am Leben.

Heute grabe ich die Wurzeln der Ursache für meine Depressivität aus.

Das einzige unnatürliche Sexualverhalten ist gar keins.
Sigmund Freud

Unzählige Frauen beklagen die Eintönigkeit ihres Liebeslebens, dem nach jahrelangem Zusammensein mit demselben Partner alles Prickelnde und Aufregende fehlt. Nicht so Amanda. Sie ist wild entschlossen, sich ihr Sexualleben nicht durch die Routine beeinträchtigen zu lassen. Allmonatlich reserviert sie ein Hotelzimmer, schickt die Kinder übers Wochenende zu ihrer Schwester, wirft sich in ein verführerisches Kleid und trifft sich mit ihrem Mann in der Hotelhalle. Diese Wochenenden sind für beide aufregende Fluchten aus dem Alltag und halten ihr Interesse aneinander wach.

Manchmal müssen wir ein bißchen nachhelfen, damit die Dinge passieren, die wir uns wünschen. Spontaner Sex ist wundervoll, aber in einem geschäftigen Alltag kommt er selten vor. Denken Sie sich heute etwas aus, das mehr Freude in Ihr Liebesleben bringt. Wenn Sie es lernen, für sexuelle Erfüllung – und jede andere Freude – die richtige Atmosphäre zu schaffen, anstatt darauf zu hoffen, daß sie Ihnen einfach so in den Schoß fällt, haben Sie immer eine gewisse Kontrolle über Ihr Glück.

Heute verwende ich meine Energie darauf, mir meine Freude selbst zu schaffen.

Die Kunst ist das Fenster der menschlichen Seele. Ohne sie könnte er nie über seine unmittelbare Welt hinaus blicken, noch könnte die Welt in das Innere des Menschen sehen.

Lady Bird Johnson

An einem Wochenende besuchte ich eine Ausstellung griechischer Kunst aus dem fünften vorchristlichen Jahrhundert, fühlte mich in eine total andere Zeit versetzt und kehrte wie neubelebt und voller Frieden ins Heute zurück. Die Zeitlosigkeit der Kunstwerke half mir, die Welt und meine persönlichen Nöte in einer besseren Perspektive zu sehen. Ganz gleich, welche Art von Kunst Sie auch betrachten: Durch ein Museum zu wandern und die friedliche und würdige Atmosphäre in sich aufzunehmen, ist gut für die Seele.

Machen Sie einen Besuch in einem Museum, wenn Sie sich erschöpft und mutlos fühlen. Das Betrachten von Kunst bietet nicht nur wohltuende Erholung vom betriebsamen Alltag, es kann auch Ihre Kreativität anregen und so eine Möglichkeit zu Ihrer Selbstverwirklichung schaffen.

Wenn ich mich in Kunst versenke, erfreue ich meine Seele.

Und nun kommen wir zum Zauber der Worte. Wie eine Idee, ein Gedanke, hat auch ein Wort die Wirkung von Realität auf ein indifferentes Gemüt.

Emma Jung

Spitzensportler bringen sich in Topform, indem sie sich mit Sprüchen wie: «Du schaffst es!», «Nur nicht aufgeben!» oder «Gut gemacht!» anfeuern. Diese Selbstbeschwörungen sind auch für uns im Alltag nützlich. Die Wiederholung positiver Beteuerungen stärkt ein unterentwickeltes Selbstbewußtsein.

Leider neigen wir aber dazu, uns die falschen Dinge zu sagen. Pechvögel beispielsweise versichern sich: «Das kann ich nicht!» und «Ich werde es nie schaffen!» – negative Überzeugungen, die sich schließlich verwirklichen und zum Nährboden für Depressionen werden. Statt dessen sollten wir uns mit positiven Sprüchen ermutigen.

Beginnen Sie heute ein Gespräch mit sich selbst, das Ihnen ein gutes Gefühl über sich selbst vermittelt. Je häufiger Sie Ihren positiven Erwartungen an sich selbst Ausdruck verleihen, desto wahrscheinlicher ist es, daß sie Wirklichkeit werden.

Heute führe ich eine positive Unterhaltung mit mir selbst.

Verzweiflung ergreift uns nur, wenn wir nicht mehr auf unser Glück vertrauen.

George Sand

In bestimmten Krisenzeiten müssen viele von uns feststellen, daß trotz aller unserer Bemühungen, trotz des Einsatzes aller verfügbaren Mittel, einfach nichts zu funktionieren scheint. Aber dann, gerade wenn wir völlig verzweifeln wollen, geschieht ein «Wunder», das unsere Lebensgeister wieder weckt.

Geben Sie nicht auf, selbst wenn Ihre Versuche zur Lösung eines Problems bisher zu keinem Erfolg geführt haben. Solange Sie sich einen Funken Hoffnung bewahren, daß der Wind trotz aller gegenteiligen Vorhersagen bald wieder in Ihre Richtung weht, wird Ihnen oft im entscheidenden Moment die ersehnte Hilfe zuteil.

Heute weigere ich mich, die Hoffnung aufzugeben.

NOVEMBER

Kinder werden nicht mit der Kenntnis der vielen Möglichkeiten geboren, die ihnen zur Verfügung stehen. Jemand muß sie ihnen sagen.

Ruth Hill Viguers

Bereits fünfjährige Kinder können unter Symptomen klinischer Depression leiden. Acht bis neun Prozent der Kinder zwischen zehn und dreizehn Jahren erleben ernstere depressive Phasen. Mit sechzehn haben sechzehn Prozent der Mädchen eine ernstere Depression hinter sich. Das steigert das Risiko, auch als Erwachsener depressiv zu werden.

Erinnern Sie sich heute an Ihre Kindheit. Haben Sie unter Schlafstörungen oder Apathie gelitten? Hatten Sie Probleme, Freundschaften zu schließen? Hatten Sie Anfälle von Hoffnungslosigkeit? Depressive Kinder und Teenager sind oft nicht in der Lage, über ihre Gefühle zu sprechen, und kaschieren sie mit Gereiztheit, Verschrobenheit, Ungeduld und Zorn – besonders gegenüber ihren Eltern.

Nutzen Sie heute Ihre Erfahrung und Weisheit dazu, einem jungen Menschen zu helfen. Informieren Sie ihn über Möglichkeiten zur Lösung seiner Probleme. Ihre Bemühungen erhöhen die Chancen dieses Heranwachsenden, als Erwachsener glücklich zu werden.

Ich helfe einem jungen Menschen dabei, seine Depressivität zu überwinden.

Es ist unklug, mitten im Rennen die Pferde zu wechseln.
Sprichwort

Eines Tages erklärte mir eine gute Freundin, sie hätte beschlossen, ihr Antidepressivum abzusetzen. Ich reagierte bestürzt, denn in den letzten drei Jahren war es ihr mit dem Medikament ausgezeichnet gegangen, während sie vorher depressiv und heftigen Stimmungsschwankungen ausgeliefert war. Sie sagte, ihre Mutter hätte ihr dazu geraten, weil es ihr nicht paßte, daß die Tochter «Drogen nahm». Gemeinsam mit anderen Freunden konnte ich sie dann zum Rückgängigmachen dieser Entscheidung überreden und dazu, das Medikament weiter zu nehmen.

Es ist nicht leicht, sich damit abzufinden, daß wir unter einer biologischen Unausgeglichenheit leiden, die medikamentöse Behandlung braucht. Falls es Ihnen «unangenehm» ist, Antidepressiva nehmen zu müssen, oder wenn jemand Sie dazu drängt, das Medikament abzusetzen, dann fragen Sie sich, was Ihrem Interesse am besten dient. Sich darüber klarzuwerden, was für Sie nötig ist, um zu einer inneren Ausgeglichenheit zu finden, und danach zu handeln, ist der wichtigste Schritt, den Sie unternehmen können, um sich besser zu fühlen.

Welche Schritte ich auch unternehmen muß, um glücklich, vital und optimistisch zu sein: Es sind die richtigen für mich.

Die Ehe ist unsere letzte, beste Chance, erwachsen zu werden.

Joseph Barth

Die durchschnittliche Dauer einer Ehe beträgt heute vier Jahre. Die jetzige Generation ist mit Scheidungen aufgewachsen und hält sie für eine durchaus akzeptable Lebensform. Wir leben in einer Gesellschaft, die nach schnellen Lösungen verlangt. Da viele für ihre Eheschwierigkeiten weder Zeit noch Energie aufwenden wollen, neigen sie eher dazu, zum Scheidungsrichter zu laufen als zum Eheberater. Aber jede Beziehung hat ihre kleineren oder größeren Krisen, die in den meisten Fällen mit gutem Willen, Toleranz und Verständnis zu bewältigen sind.

Falls Sie das Gefühl haben, in einer kriselnden Partnerschaft zu stecken, dann vergessen Sie in Ihrem Unglück nicht, daß es in jeder Liebesbeziehung Tiefpunkte gibt. Anstatt sofort das Handtuch zu werfen, sollten Sie jeden Versuch unternehmen, die Liebe und Achtung wiederzuentfachen, die Sie einmal zueinander empfunden haben. Selbst wenn die Beziehung trotz Ihrer Bemühungen nicht überleben sollte, werden Sie mit einer größeren Selbstachtung und dem Wissen aus ihr hervorgehen, daß Sie nicht einfach aufgegeben haben, als Komplikationen auftraten.

Krisen in einer Beziehung sind Chancen zu persönlicher Weiterentwicklung.

Addition durch Subtraktion.

Branch Rickey

Wenn in Sportmannschaften auch nur ein Spieler «aus der Reihe tanzt», beeinflußt das die Moral der Mannschaft und mindert ihre Erfolgschancen. Wenn ein solcher Spieler zugunsten des Teams abgegeben wird, nennt man das «Addition durch Subtraktion», Bereicherung durch Abgabe. Darin liegt eine nützliche Analogie. Um glücklich sein zu können, müssen wir in einer harmonischen Atmosphäre leben und arbeiten. Wenn das nicht möglich ist, müssen wir unbedingt Veränderungen vornehmen, um Harmonie zu finden.

Können Sie etwas aus Ihrem Leben entfernen, was Ihnen Sorgen macht und zu Ihrer Depressivität beiträgt? Betrachten Sie die Menschen Ihrer Umgebung als Team und überlegen Sie, ob darunter vielleicht jemand ist, den Sie gern gegen einen anderen eintauschen würden, der Ihr Leben mehr bereichert. Gibt es Probleme mit Eßgewohnheiten oder Alkohol, die Sie beseitigen möchten? Die Trennung von Menschen und Gewohnheiten muß keine negative Erfahrung sein, weil uns ein wohlüberlegtes «Eintauschen» zu mehr Glück verhelfen kann.

Ich werde mein Leben bereichern, indem ich etwas daraus entferne, was mir keine Freude bringt.

Wir müssen eine Methode finden, die Menschen gegen die Denkweise zu immunisieren, die zur Selbstzerstörung führt.

Jonas Salk

In einer Zeitschrift las ich einen Artikel, der sich unter der Überschrift «Wie man seine Depressionen schnell los wird» mit Erfolgen der kognitiven Therapie befaßte. Diese Erkenntnistherapie geht davon aus, daß wir uns häufig selbst in Depressivität hineindenken und somit auch in der Lage sein sollten, uns wieder «herauszudenken». Der Autor berichtete, daß er sich jahrelang selbst von neuen Unternehmungen durch Überlegungen wie «Das schaffst du nie!» abgehalten hatte. In einer Kurzzeit-Therapie lernte er, die irrationalen und negativen Überzeugungen durch positive zu ersetzen.

Eine kognitive Therapie kann für manche Menschen so wirksam sein wie eine Medikamenten- oder Gesprächstherapie. Falls Sie das Gefühl haben, sie könnte auch Ihnen nützen, suchen Sie sich einen Therapeuten, der Ihnen dabei hilft, den Pfad klaren Denkens zu beschreiten. Falls nicht, dann beherzigen Sie zumindest, daß schon der Ansatz der kognitiven Therapie – daß unsere Interpretation eines streßverursachenden Ereignisses in die Depressivität führt, nicht das Ereignis selbst – uns dabei helfen kann, unangenehme Geschehnisse in unserem Leben zu verarbeiten und zu bewältigen.

Heute schicke ich mir positive, liebevolle Botschaften.

Prophezeiungen, wie aufrichtig auch immer gemeint, sind im allgemeinen nur ein armseliger Ersatz für Erfahrung.

Justice Benjamin N. Cardozo

Wenn wir niedergeschlagen sind, suchen wir leicht Zuflucht bei Menschen, die uns schnelle Hoffnung und einen Blick in die Zukunft gewähren sollen. In Zeiten politischer und wirtschaftlicher Krisen haben Astrologen, Parapsychologen, Wunderheiler, Handleser und Kartenleger Hochkonjunktur, weil die Menschen verängstigt sind und etwas suchen, das ihnen eine bessere Zukunft verheißt. Es kann durchaus hilfreich oder aufmunternd sein, einen Parapsychologen aufzusuchen, aber wir können in die größten Schwierigkeiten kommen, wenn wir an Scharlatane geraten.

Seien Sie vorsichtig, in Zeiten der Not nicht den Kopf zu verlieren. Wenn Sie juristische oder finanzielle Probleme haben, holen Sie sich bei ausgewiesenen Fachleuten Rat – nicht bei Handlesern. Gutausgebildete und erfahrene Menschen nutzen Ihnen langfristig mehr als jene mit Methoden, die nur schwer abzuschätzen sind.

Ich brauche fundierten Rat, wenn ich das Gefühl habe, meine Fundamente geraten ins Wanken.

Gepriesen seien jene, die uns von Selbstverachtung heilen. Von allen Diensten, die der Menschheit erwiesen werden können, kenne ich keinen wertvolleren.

William Hale White

Minderheiten in Schule, Gesellschaft, Beruf sind heutzutage nicht ungewöhnlich. «Anders» zu sein führt meist zu Diskriminierung und damit auch zu Depressivität. Aber der Selbstwert eines Menschen ist unabhängig von Hautfarbe, Nationalität oder Veranlagung. Er verlangt auch nicht, sich nur auf eine bestimmte Weise verhalten oder mit bestimmten Menschen umgeben zu müssen.

Falls Sie als Angehörige einer Minderheit mit depressiven Gefühlen kämpfen, dann fragen Sie sich, inwieweit Ihre Empfindungen auf ein nur durch Diskriminierung verursachtes Minderwertigkeitsgefühl zurückzuführen sind. Therapeuten können helfen, dieses destruktive Gefühl zu erkennen und zu überwinden, aber auch jeder andere, der diesen wichtigen Dienst leistet – ein Freund, ein Geistlicher oder ein Verwandter – ist für Sie «wertvoll».

Ich kann lernen, mich zu lieben – ganz unabhängig davon, wie andere Menschen mich behandeln.

Jede Geburt endet mit Tod.
Jede Schöpfung endet mit Vernichtung.
Jede Ansammlung endet mit Auflösung.
Alles, was real erscheint, ist vergänglich.
... Komm,
trinke das Elixier der Furchtlosigkeit!

Nagarjuna

Allzu häufig bewegen wir uns im Beruf, mit unseren Freundschaften und Gewohnheiten in eingefahrenen Gleisen, die zwar «sicher» sind, uns aber nicht wirklich glücklich machen. Doch nur wenige Menschen haben es je bereut, die kalkulierbaren Sicherheiten einer verplanten Welt aufzugeben, um das zu tun, was sie wirklich wollen und sich wünschen.

Trinken Sie heute das Elixier der Furchtlosigkeit, wenn Wankelmut Sie hemmt und bedrückt. Sie werden nicht nur zu größerer Selbstsicherheit finden, Sie könnten auch auf einen ganz neuen Weg geraten, der zu einer Erfüllung führt, die Sie sich heute noch gar nicht vorzustellen vermögen.

Ich werde den Mut aufbringen, etwas zu tun, was ich mir ersehne, aber auch fürchte.

Nichts verankert etwas so fest im Gedächtnis als der Wunsch, es zu vergessen.

Michel de Montaigne

Eins der abscheulichsten Verbrechen gegen junge Mädchen ist sexueller Mißbrauch durch den Vater oder einen anderen Angehörigen. Aufgrund eines solchen traumatischen Erlebnisses entwickelt ein Kind häufig zwei Persönlichkeiten: eine, die ganz normal funktioniert, und eine zweite, die den Mißbrauch erduldet. In einigen Fällen kommt es sogar zu einer Ausformung einer ganzen Reihe von Persönlichkeiten, um besser mit dem Trauma fertig werden zu können. Das Opfer verdrängt für gewöhnlich jede bewußte Erinnerung an die Mißhandlung, bis sie dann später im Leben wieder an die Oberfläche drängt.

Falls Sie unter Minderwertigkeitsgefühlen, Depressivität und destruktiven Gewohnheiten leiden, erwägen Sie die Möglichkeit, daß verdrängte Erinnerungen an sexuellen Mißbrauch in der Kindheit der auslösende Faktor dazu sein könnten. Versuchen Sie, in einer verständnisvollen, liebevollen Umgebung Ihre Erinnerung zu erforschen, und beziehen Sie Trost aus der Tatsache, daß unser Unterbewußtsein für gewöhnlich nur Dinge ans Tageslicht kommen läßt, die wir auch verarbeiten können.

Mein Bewußtsein beschützt mich und kann dazu dienen, mich zu heilen.

Der schmerzlichste Tod auf der Welt ist der Tod eines Kindes.

Thomas H. Kean

Ich kenne einige Menschen, die ihre Kinder überlebt haben, und der Schmerz, mit dem sie jeden Tag leben müssen, ist unbeschreiblich. Eine Frau, deren Sohn inzwischen fast dreißig Jahre tot ist, verfällt immer noch alljährlich zur Zeit seines Geburtstages in tiefe Depressionen. Die Zeit ist zwar eine der größten Hilfen bei der Überwindung großer Schicksalsschläge wie dem Tod eines Kindes, aber auch die Anteilnahme anderer Menschen kann den Schmerz lindern. Sprechen Sie so oft wie möglich mit verständnisvollen Verwandten und Freunden über Ihr Leid, treffen Sie sich mit Eltern, die einen ähnlichen Verlust erlitten haben.

In all Ihrer Verzweiflung sollten Sie daran denken, daß Sie irgendwann in Ihrem Leben auch wieder lachen werden und daß es die größte Huldigung für einen Menschen ist, sich seiner mit Freude zu erinnern.

Einen geliebten Menschen zu verlieren heißt nicht, für immer auf mein Glück verzichten zu müssen.

Die Arbeit einer Frau endet nie...

Volksmund

Untersuchungen zeigen, daß Frauen vor allem deshalb mit der Ehe unzufrieden sind, weil die Hausarbeit so ungleich verteilt ist. Obwohl viele Frauen betonen, ihre Partner seien zur Hilfe bereit, helfen die wenigsten aktiv mit, auch dann nicht, wenn ihre Partnerin ganztags berufstätig ist. Wenn diese Probleme nicht offen angesprochen und bereinigt werden, können sie zu Unzufriedenheit und Depressivität führen, hauptsächlich wohl deshalb, weil viele Frauen das Gefühl haben, ihre Arbeit würde nicht genügend anerkannt.

Eine Möglichkeit, endlich die Anerkennung Ihres Partners zu gewinnen, besteht darin, daß Sie etwas ganz Unerwartetes tun. Streiken Sie! Weigern Sie sich beispielsweise eine Woche lang, das Geschirr abzuwaschen, staubzusaugen oder zu kochen. Wenn Sie Ihrem Partner diese Dienstleistungen entziehen, die er für selbstverständlich hält, wird er vielleicht aufwachen. Verlangen Sie offen mehr Unterstützung bei der Hausarbeit. Wenn Sie nicht lernen, berechtigte Forderungen zu stellen, sind Verstimmungen vorprogrammiert.

Meine Last wird erträglicher, wenn meine Anstrengungen gewürdigt werden.

Wenn du einen Platz an der Sonne begehrst, rechne auch mit ein paar Hitzepickeln.

Abigail Van Buren

Sobald wir uns in irgendeiner Weise hervortun – am Arbeitsplatz, in der Familie oder unter unseren Freunden – erhalten wir nicht immer die Reaktion, die wir uns wünschen. Es wird stets einige Menschen geben, denen wir auf die Füße treten, und andere, die uns unsere Erfolge mißgönnen. Es gehört zur Natur des Menschen, andere – erfolgreichere – herabzusetzen, aber es ist schmerzlich, wenn die Pfeile von Freunden oder Familienangehörigen kommen, von denen wir uns Unterstützung erwartet hätten.

Denken Sie heute an das alte Sprichwort, nach dem der am höchsten kletternde Affe auch das exponierteste Hinterteil hat. Rechnen Sie damit, daß Sie mit Ihrem Erfolg den Zorn, die Mißgunst und die kleinliche Kritik anderer herausfordern. Anstatt darüber deprimiert zu sein, verfolgen Sie den eingeschlagenen Kurs unverdrossen weiter und umgeben Sie sich mit Menschen, die nur das Beste für Sie wollen.

Wenn ich eine Rose pflücken will, darf ich nicht vergessen, daß sie auch Dornen hat.

Anstatt dich über die Dunkelheit zu beschweren, zünde lieber eine Kerze an.

Chinesisches Sprichwort

Die Welt ist unterteilt in Menschen, die sich dauernd beschweren, und solche, die handeln. Jährlich werden Millionen von Frauen depressiv, aber anstatt fachkundige Hilfe zu suchen, klagen viele nur über ihre Apathie und ihr Desinteresse am Leben. Das kann daran liegen, daß sie ihre Beschwerden nicht richtig erkennen, aber oft finden sie es einfacher, sich über eine Situation nur zu beklagen, als wirklich etwas dagegen zu unternehmen. Ein Problem anzugehen ist oft schmerzlich, weil es uns dazu zwingt, eine Bilanz unseres Lebens zu ziehen und zu Veränderungen liebgewordener Gewohnheiten bereit zu sein.

Zünden Sie heute eine Kerze an, anstatt sich über die Dunkelheit zu beschweren. Informieren Sie sich, holen Sie den Rat eines Experten ein oder ringen Sie sich auch nur zu der Erkenntnis durch, daß es Zeit für Veränderungen in Ihrem Alltag ist. Diese Schritte könnten Ihr ganzes Leben erhellen.

Ich zünde heute in meinem Leben eine Kerze an.

Das Leben ist ein Prozeß des Werdens, eine Folge von Zuständen, die wir zu durchlaufen haben. Doch oft wollen sich Menschen einen Zustand auswählen und darin verharren. Das ist eine Art von Tod.

Anaïs Nin

Wenn wir eine Lebensphase hinter uns lassen, trauern wir oft heftig der Vergangenheit nach. Das kann geschehen, wenn wir unserer ersten Liebe entwachsen, wenn unsere Kinder erwachsen oder unsere Eltern alt und gebrechlich werden. All das verursacht eine Art Melancholie, die ganz normal ist. Wenn wir uns aber krampfhaft bemühen, Vergangenes festzuhalten, und uns weigern, die Veränderungen zu akzeptieren, schaden wir uns und sind leichte Beute für Depressivität.

Versuchen Sie, die verschiedenen Phasen Ihres Lebens willkommen zu heißen. «Wachstumsschmerzen» empfinden wir nicht nur dann, wenn sich unser Körper verändert; wir spüren sie auch, wenn sich unser Leben verändert. Beide Situationen verlangen, daß wir die Schmerzen ertragen, um erwachsen zu werden und die Herausforderungen des Lebens erfolgreich zu meistern.

Ich sehe dem nächsten Stadium meines Lebens mit Freude und Optimismus entgegen.

Geldausgeben ist ein sehr gutes Kriterium, um die geistige Gesundheit eines Menschen zu messen. Großzügige Menschen sind nur selten geistig gestörte Menschen.

Karl A. Menninger

Eine meiner Freundinnen leidet unter einer unheilbaren Krankheit, die sie in ihrer Bewegungsfreiheit und Lebensführung extrem einschränkt. Trotz dieser Probleme und der mit ihrer Krankheit verbundenen finanziellen Kosten ist sie einer der großzügigsten Menschen, die ich kenne. Sie hat immer ein offenes Ohr für alle, sie hilft bedürftigen Freunden bereitwillig mit Geld und unterstützt karitative Zwecke. Ich bin fest davon überzeugt, daß diese großzügige Haltung ihr dabei hilft, eine Krankheit zu ertragen, an der die meisten anderen verzweifeln würden.

Wählen Sie sich heute eine karitative Organisation aus, von deren Seriosität Sie überzeugt sind, und beschließen Sie, sie regelmäßig mit einer – kleineren oder größeren – Spende zu unterstützen. Auch wenn das Ihre finanzielle Bewegungsfreiheit einschränkt und Sie sich zunächst sehr überwinden müssen, zwingt es Sie, auch an das Wohlergehen anderer zu denken – eine der besten Methoden im Kampf gegen die Depressivität.

Eine großzügige Tat erhöht mein mentales Wohlbefinden.

Auch ein Tritt in den Hintern kann ein Schritt nach vorne sein.

Volksmund

Eine der unangenehmsten Erfahrungen ist eine Bloßstellung in der Öffentlichkeit. Nahezu jeder hat schon einmal einen Job verloren oder wurde vom Chef vor Kollegen und Kolleginnen gedemütigt. Wie wir diese schmerzhaften «Tritte in den Hintern» wegstecken, sagt sehr viel darüber aus, wie wir in Zukunft ähnliche Demütigungen abfedern werden.

Falls Sie gerade über einen «Tritt in den Hintern» erbittert sind, nehmen Sie sich die Zeit, das Ereignis in allen Einzelheiten auszuloten. Hat der Chef, der Sie so heruntergeputzt hat, nicht auch ein paar nützliche Hinweise darauf gegeben, wie Sie Ihre Arbeitsleistung verbessern könnten? Hat Ihr Herz an dem Arbeitsplatz gehangen, den Sie gerade verloren haben, oder gibt es andere berufliche Chancen, die Sie gern nutzen würden? Wenn Sie die feine Kunst meistern, Ihre Wirbelstürme in Rückenwinde zu verwandeln, könnten aus scheinbaren Nachteilen Vorteile werden, die Sie weiter bringen.

Rückschläge sind eine Chance, meine Annahmen über das, was gut für mich ist, zu überprüfen.

Das Leid, das kein Ventil in Tränen findet, bringt andere Organe zum Weinen.

Francis J. Braceland

Vor meinem dreißigsten Geburtstag hatte ich eine schier endlose Reihe von Schwierigkeiten und Enttäuschungen zu überwinden. Obwohl ich annahm, damit ganz gut fertig zu werden, begannen Freunde und Bekannte Bemerkungen über meine Schweigsamkeit und mein hageres Aussehen zu machen. Schließlich bekam ich auch noch Magengeschwüre. Eine Therapie verhalf mir zu der Erkenntnis, daß ich meine Gefühle und Probleme in der Annahme hinuntergeschluckt hatte, niemand wolle sich meine Leidensgeschichte anhören. Anstatt meine Stimmungsschwankungen und Kümmernisse auf eine vernünftige und gesunde Weise zu verarbeiten, hatte ich vieles davon in mir verschlossen, dabei aber pausenlos über mein Elend nachgegrübelt. Die Therapie, Gespräche mit Freunden, das Eingeständnis meiner Beschwerden und die Einnahme von Antidepressiva ließen mich bald wieder völlig gesunden.

Machen Sie Ihrer Depressivität Luft. Schreien Sie, weinen Sie, werfen Sie mit Dingen um sich, beginnen Sie ein Tagebuch, treiben Sie Sport oder fragen Sie einen Therapeuten um Rat. Damit vermindern Sie nicht nur Ihre Schmerzen, sondern bewahren Ihren Körper auch davor, «weinen» zu müssen.

Heute werde ich meine Tränen nicht unterdrücken.

Ich behaupte nicht, daß ein gekonnt angebrachtes Sprichwort fehl am Platze wäre, aber ständig damit um sich zu werfen, macht eine Unterhaltung geschmacklos und gewöhnlich.

Miguel de Cervantes

Selbst die besten Freunde können einen in problematischen Zeiten zur Verzweiflung treiben, wenn sie nichts anderes als Sprüche parat haben wie: «Wenigstens bist du gesund» oder «Schlimmer als jetzt kann es nicht kommen». Derartige Banalitäten sind eher schädlich als hilfreich. Doch um der Wahrheit die Ehre zu geben: Anregende Zitate und Sprichwörter können auch einen wohltuenden Einfluß auf unsere Stimmung und Einstellung haben. Wenn wir aber immer wieder die gleichen hören, verlieren sie ihre Bedeutung und scheinen zynisch.

Üben Sie heute Nachsicht mit Menschen, die Sie mit klugen Sprüchen aufmuntern wollen. Es könnte die einzige Reaktion sein, die ihnen einfällt. Wenn es Sie zu sehr verärgert, dann erklären Sie, Sie zögen es vor, über Ihre Probleme zu sprechen, ohne mit einem Klischee abgespeist zu werden. Das könnte die Unterhaltung abrupt beenden, aber auch die Tür zu einem hilfreicheren Dialog mit jemandem öffnen, der sich um Sie sorgt, aber nicht weiß, wie er sich ausdrücken soll.

Ich werde versuchen, Zuversicht aus dem Rat zu beziehen, der mir heute angeboten wird.

Die Welt ist zu gefährlich für etwas anderes als die Wahrheit und zu klein für etwas anderes als die Liebe.

William Sloan Coffin

Es ist nicht gerade leicht, im Zustand tiefer Niedergeschlagenheit Liebe auszustrahlen, da wir dann für gewöhnlich selbstzentriert, wütend und verletzend sind. Aber wenn wir uns dazu überwinden können, Liebe und Zuneigung zu zeigen, helfen wir nicht nur anderen, sondern auch uns selbst. Indem wir unsere Herzen anderen Menschen öffnen, durchbricht das «Echo» unsere inneren Mauern und führt zu einer positiven Veränderung unserer Einstellung und unseres Verhaltens.

Entscheiden Sie sich heute für die Liebe – nicht für Zorn oder Haß. Denken Sie daran, daß Ihr Verhalten nicht nur Sie selbst beeinflußt, sondern auch andere. Und falls es tatsächlich eine «Abrechnung» am Ende unserer Tage geben sollte, kann es nichts schaden, wenn Ihr Verhalten unter «liebevoll» im Buch des Lebens verzeichnet ist.

Heute beweise ich mir und anderen Liebe.

Wo eine Wunde ist, bleibt eine Narbe.

Pygmäen-Weisheit

Unsere Körper bewahren Erinnerungen an jede Art von Mißhandlung tief im Gewebe auf, schrieb eine Expertin für Behandlung von Depressivität. Sie fordert ihre Patienten auf, erlittenen seelischen Schmerz physisch darzustellen. Bei einer ihrer erfolgreichsten Methoden bekommt der Patient einen Kürbis und bemalt ihn mit dem Gesicht des Menschen, der ihn verletzt hat. Dann wird der Kürbis aufgeschnitten und Kerne und Fruchtfleisch herausgeholt, als wären es die Eingeweide des Aggressors. Schließlich wird der Kürbis auf beliebige Weise zerstört. Viele der Patienten zerfetzen ihn mit den bloßen Händen, um ihren Gefühlen von Angst, Zorn und Verbitterung Ausdruck zu geben.

Machen Sie sich heute auf diese drastische Weise Luft. Wenn Sie keinen Kürbis auftreiben können, nehmen Sie eine Melone, eine Grapefruit oder etwas anderes, das Sie zerstören können. Oder zerreißen Sie ein Telefonbuch – Seite für Seite. Wichtig ist, daß Sie sich körperlich verausgaben: Bevor nicht die Ursache der Depressivität «zerstört» ist, könnte sie Sie irgendwann in der Zukunft seelisch und physisch peinigen.

Wenn ich meinen Körper heile, heile ich meinen Geist.

Wir beziehen unsere Orientierung täglich von anderen. Geistig gesund zu sein, heißt vor allem, gesellig zu sein.

John Updike

Mütter kleiner Kinder fühlen sich oft sehr isoliert und neigen dann dazu, deprimiert zu werden. Ähnlich ergeht es Frauen, die ihren Arbeitsplatz verloren haben, die sich scheuen, dieses angebliche «Scheitern» anderen einzugestehen, und sich zurückziehen.

Geht es Ihnen ähnlich? Haben Sie in Ihrer Niedergeschlagenheit jede Lust verloren, «unter Menschen zu gehen»? Haben Sie wegen Ihrer Arbeit oder aus anderen Gründen Freundschaften vernachlässigt? Falls das so sein sollte, fassen Sie den Entschluß, heute gesellig zu sein. Das Zusammensein mit Freunden wird Sie nicht nur von Ihren Sorgen ablenken, Sie werden auch feststellen, daß die Gesellschaft anderer Menschen ein sehr wirksames Mittel gegen Trübsinn sein kann.

Ich werde mich heute nicht abschotten.

Jederzeit ist die richtige Zeit, ein Gedicht zu schreiben.
Gertrude Stein

Viele Menschen haben mir gesagt, daß das Schreiben von Gedichten für sie das wirksamste Hilfsmittel bei der Verarbeitung ihrer Emotionen und der Bewältigung ihrer Stimmungsschwankungen war.

Jedermann kann ein Gedicht verfassen. Form und Stil sind dabei keinerlei Grenzen gesetzt. Das einzig richtige Gedicht ist das, das Sie für richtig halten. Schreiben Sie ein paar Zeilen über Ihre Gefühle und lassen Sie Zeilenfall und Interpunktion von Ihrer Stimmung diktieren. Seine Gedanken und Emotionen ungehemmt zu Papier zu bringen ist eine der erprobtesten Methoden, sich seine seelische Gesundheit zu erhalten und zu bewahren – und darüber hinaus eine, die wir zu jeder Zeit und in jeder Umgebung anwenden können.

Gedichte sind die Stimme meiner Seele.

So wie ich es sehe, tun wir täglich eins von beidem: Gesundheit oder Krankheiten in uns selbst produzieren.

Adelle Davis

Die Chinesen vertreten die Ansicht, der Körper werde von *chi* beherrscht, das man mit Energie übersetzen könnte. Ist das *chi* ausgeglichen, sind Körper und Geist gesund. Es gibt viele Methoden, das *chi* in ein Gleichgewicht zu bringen, darunter *t'ai chi chi' chuan*-Übungen, Meditation, Visualisierung, Massage, Akupunktur und eine wohlüberlegte Anwendung von Kräutern.

In der westlichen Welt werden viele dieser Praktiken von der herkömmlichen Medizin nicht anerkannt. In letzter Zeit ergänzen jedoch immer mehr Menschen ihre traditionelle Gesundheitsfürsorge mit östlichen Heilmethoden, die sich vor allem gegen Streß und Stimmungsschwankungen als überaus wirksam erwiesen haben.

Eine Möglichkeit, Gesundheit in sich zu produzieren, besteht darin, östliche Heilverfahren in Ihr Leben zu übernehmen. Überprüfen Sie, ob sie sich nicht mit Ihren westlichen Gesundheitsprinzipien vereinbaren lassen. Sie werden überrascht sein, wie widerstandsfähig und seelisch gesund ein ausgeglichener Körper sein kann.

Ich produziere Gesundheit, indem ich meine Energien ausgleiche.

Warum bezahlt ihr mit Geld, was euch nicht nährt, und mit dem Lohn eurer Mühen, was euch nicht satt macht?

Jesaja 55,2

Jeder von uns kauft dann und wann Dinge wie Kleidung, Schmuck oder andere Kinkerlitzchen in der irrtümlichen Annahme, sie würden uns glücklich machen. Die gleiche Motivation läßt uns zu Workaholics oder Hedonisten werden, was uns nicht notwendigerweise zu besseren Menschen macht. Dauerhaftes Glück kommt nicht von Äußerlichkeiten, sondern nur von innerlichen Veränderungen.

Machen Sie heute eine ehrliche Bestandsaufnahme, wohin Ihre Zeit und Ihr Geld gehen und wieviel davon Sie für sinnvolle Ziele aufwenden. Wenn Sie erkennen, daß Sie den größten Teil Ihrer Energien auf Dinge verwenden, die entweder schädlich oder oberflächlich sind, dann versuchen Sie, Ihre Prioritäten neu zu verteilen und mehr Zeit für geistige und wohltätige Zwecke aufzubringen. Wenn es Ihnen gelingt, das Wohlergehen anderer vor Ihr eigenes zu stellen, wird das innere Vakuum, das mit äußerlichen Mätzchen angefüllt war, Freude verströmen und nicht Depressivität.

Ich will mich für etwas abmühen, das mir dauerhafte Freude bringt.

Erwachsenwerden heißt, mit diesem anderen Teil von sich selbst ins reine zu kommen.

Ruth Tiffany Barnhouse

Wer sich pausenlos am Ohr zupft, jeden Laternenpfahl zählt, an dem er vorbeikommt, sich unablässig die Hände wäscht, verhält sich zwanghaft. Man nennt das obsessiv-kompulsive Verhaltensstörung, und die darunter leidenden Menschen sind häufig selbst von der eigentümlichen Zwanghaftigkeit ihrer Handlungen peinlich berührt und deprimiert. Durch Offenlegung und Aufarbeitung ihrer Ängste können sie jedoch nach und nach ihr obsessives Verhalten ablegen und ihren Seelenfrieden wiederfinden.

Wenn Sie glauben, an einer obsessiv-kompulsiven Verhaltensstörung zu leiden, lassen Sie sich von einem Arzt eine Diagnose stellen. Es ist nicht nur ein bedrückendes Gefühl, seine Handlungen nicht ganz unter Kontrolle zu haben, extreme Zwanghaftigkeit hält einen Menschen auch häufig von Aktivitäten ab, denen er sich gern widmen würde. Der Entschluß, etwas gegen diese leicht zu behandelnden Symptome zu unternehmen, ist ein entscheidender Schritt auf Ihrem Weg zu einem umfassenden Wohlbefinden.

Ich lasse meinen Alltag nicht von ungesunden Obsessionen und Zwängen beherrschen.

Eine Berührung ... ist zehnmal stärker als ein verbaler oder emotionaler Kontakt, und sie beeinflußt nahezu alles, was wir tun.

Saul Schanberg

Unsere Gesellschaft legt keinen großen Wert auf Körperkontakte. Babys schlafen in Wiegen oder Bettchen anstatt bei ihren Eltern, und wenn wir ein weinendes Baby trösten wollen, heißt es, wir würden es «verwöhnen». Als Erwachsene ist es uns häufig peinlich, berührt oder umarmt zu werden, weil wir an die Zurschaustellung von Zuneigung nicht gewöhnt sind. Untersuchungen haben jedoch bewiesen, daß Berührungen entscheidend für die Entwicklung eines gesunden Selbstwertgefühls und Glücksempfindens sind. Von ihren Schwestern und Pflegern liebevoll berührte Krankenhauspatienten werden schneller gesund als jene, mit denen nur gesprochen wird.

Zeigen Sie sich heute kontaktbereit. Wenn Sie sich dazu überwinden, die Hand auszustrecken, um jemanden zu berühren, wenn Sie sich von einem Freund oder Angehörigen umarmen lassen, wird Sie das mit Sicherheit emotional bereichern. Niedergeschlagenheit führt häufig zur Isolation, aber wenn Sie dieser Tendenz durch Körperkontakte mit einem anderen Menschen entgegenwirken, sind Sie auf dem besten Weg, Ihre Traurigkeit zu überwinden.

Heute umarme ich oder lasse mich umarmen.

Nicht jeder wird alt, aber jeder war einmal jünger, als er jetzt ist.

Evelyn Waugh

Wie wir auf Krisen reagieren, ist von Mensch zu Mensch extrem unterschiedlich. Manche blühen in schwierigen Zeiten förmlich auf und fühlen sich nur dann wirklich lebendig und aktiv, wenn sie eine Krise bewältigen können. Andere reagieren genau umgekehrt, werden krank, zynisch und machen den Eindruck, als müßten sie die Last der ganzen Welt auf ihren Schultern tragen.

Machen Sie sich heute bewußt, daß es trotz Ihrer Niedergeschlagenheit allein an Ihnen liegt, ob Depressivität Sie körperlich und emotional vorzeitig altern läßt. Es ist erwiesen, daß regelmäßiges Meditieren nicht nur Streß und Depressivität abbaut, sondern auch «altmachende» Hormone im Körper verringert. Also nehmen Sie sich heute die Zeit zum Entspannen und Durchatmen, wenn Sie das Gefühl haben, das Leben nicht bewältigen zu können. Damit dienen Sie nicht nur Ihrer geistigen Gesundheit, sondern haben auch den Vorteil, daß man Ihnen die Sorgen nicht gleich am Gesicht abliest.

Ich will nicht vor der Zeit altern.

Wenn uns Verzweiflung überkommt, liegt das gewöhnlich daran, daß wir zuviel an die Vergangenheit und die Zukunft denken.

Therese von Lisieux

Oft wird unser Erholungsprozeß nach Schicksalsschlägen durch wehmütige Erinnerungen an das, was wir verloren haben, und durch Angst vor der Zukunft verzögert. Aber da wir gegen Vergangenheit und Zukunft nichts tun können, sollten wir unsere Energien lieber auf das Hier und Heute konzentrieren. Mit einer solchen pragmatischen Einstellung fällt es uns leichter, uns mit der gegebenen Situation abzufinden und unseren Optimismus wiederzugewinnen.

Das Leben von einem Tag zum anderen zu leben mag ein banaler Rat sein, aber manchmal müssen wir uns auch an Banalitäten erinnern, wenn wir uns fragen, woher wir kommen, oder uns vor der Zukunft fürchten. Konzentrieren Sie sich auf den heutigen Tag, und rufen Sie sich energisch zur Ordnung, wenn sich Ihre Gedanken ins Gestern oder Morgen verirren wollen. Wenn Sie es schaffen, sich nur auf das zu beschränken, was in den nächsten vierundzwanzig Stunden geschieht, ist es leichter, die Welt und Ihr Leben in einem hoffnungsvolleren, optimistischen Licht zu sehen.

Ich nutze den Tag – von Tag zu Tag.

Das Leben mit einem Heiligen ist noch aufreibender, als selbst einer zu sein.

Robert Neville

Wann immer wir uns auf irgendeinem Gebiet minderwertig fühlen, vergleichen wir uns mit einem anderen, der unserer Ansicht nach seine Aufgaben besser bewältigt, und erheben ihn zum Heiligen. Wenn wir so unsinnige Vergleiche anstellen («Mein Mann hat mehr Geduld mit den Kindern als ich» oder «Meine Schwester hat alles besser im Griff als ich»), müssen wir uns deprimiert und unzulänglich fühlen – ganz unabhängig davon, ob unsere Meinung nun stimmt oder nicht.

Machen Sie sich heute bewußt, daß es keine Heiligen oder «vollkommenen» Menschen gibt, mit denen Sie sich vergleichen können. Sicher können manche Menschen gewisse Dinge besser als Sie, doch das bedeutet noch längst nicht, daß Sie sich kleiner machen müssen, als Sie sind, oder Ihre ganz besonderen eigenen Fähigkeiten geringschätzen. Lernen Sie von Menschen, die Sie bewundern, aber vergessen Sie darüber nie Ihre eigenen unverwechselbaren Talente und Fähigkeiten, besonders dann nicht, wenn Ihre negative Einstellung Ihnen weismachen will, Sie hätten keine.

Ich bin so «perfekt» wie jeder andere.

Man liebt sich nicht nur in anderen, sondern haßt sich auch in ihnen.

Georg Christoph Lichtenberg

Haßgefühle sind kein Ventil für erlittenes Unrecht. Psychologen sagen, daß Haß gewöhnlich ein Indiz für Unzufriedenheit mit uns selbst ist und daß verbale oder tätliche Wutausbrüche im Grunde gegen uns selbst gerichtet sind. Haßgefühle verbrauchen Energien, und wenn wir sie zu unserer Priorität machen, gibt es in uns keinen Raum mehr für Liebe, Vergebung oder Glück.

Fragen Sie sich, ob Ihre Niedergeschlagenheit vielleicht ihre Ursache in verdrängtem oder unterdrücktem Zorn über irgendein längst vergangenes Ereignis hat. Wurden Sie physisch oder emotional verletzt? In der Kindheit vielleicht wegen Ihres Aussehens oder Ihrer Ansichten verspottet? Am Arbeitsplatz gedemütigt? Von einem Freund verlassen? Diese und ähnliche Ereignisse können langanhaltende Gefühle von Minderwertigkeit und Haß hervorrufen. Bevor Sie diese nicht klar erkennen und akzeptieren, werden Sie sich mit Depressivität nur selbst bestrafen.

Ich lasse mein Denken und Empfinden heute nicht von Haßgefühlen beherrschen.

DEZEMBER

Da du wie kein anderes Wesen bist, das seit Anbeginn der Zeit erschaffen wurde, bist du unvergleichlich.

Brenda Veland

Es gibt viele Möglichkeiten, den Kreislauf von Niedergeschlagenheit und Pessimismus zu durchbrechen, aber eine Heilmethode zu übernehmen, weil sie bei einem Freund oder einer Verwandten geholfen hat, ist unsinnig. Der eine findet durch sportliche Betätigung und eine Therapie Erleichterung, während ein anderer mit Antidepressiva und einer bestimmten Diät Erfolg hat.

Zeigen Sie sich flexibel in der Wahl der Mittel, mit denen Sie gegen Ihren Tiefpunkt angehen wollen. Nur weil ein bestimmter Therapeut, eine bestimmte Behandlungsform sich für jemand anderen als nützlich erwiesen hat, muß das nicht auch bei Ihnen Erfolg haben. Suchen Sie statt dessen nach einer Lösung, die Ihren Überzeugungen, Ihrem Lebensstil und Ihrer Kondition entspricht. Und lassen Sie sich nicht entmutigen, wenn Sie mehrere Methoden ausprobieren müssen, bis Sie die gefunden haben, die für Sie die richtige ist.

Es gibt stets unterschiedliche Lösungen für verschiedene Menschen.

Jeder Freund repräsentiert eine Welt in uns, eine Welt, die es vor ihm vermutlich gar nicht gab und die erst durch ihn geboren wurde.

Anaïs Nin

Wie oft hören wir nicht davon, daß sich Männer an einem Abend in der Woche mit «Kumpels» treffen, um ein Glas zu trinken, Skat zu spielen und sich an gemeinsame Erlebnisse zu erinnern. Frauen haben leider sehr viel seltener Zeit, sich mit ihren Freundinnen zu treffen, mit ihnen zu essen, ihre Probleme zu diskutieren und über Dinge zu lachen, die sie zusammen erlebt haben.

Nehmen Sie sich die Zeit, sich mit den Freundinnen zu treffen, die Ihnen auch in Krisenzeiten zur Seite stehen werden. Auch wenn es Ihnen fast unmöglich erscheint, in Ihrem gedrängten Terminkalender ein paar freie Minuten zu finden, das Zusammensein mit «verwandten Seelen» bei einem Glas Wein oder einem geruhsamen Essen bringt Freude, bekämpft Trübsinn und setzt Ihr Wohlbefinden an die Spitze Ihrer Prioritäten.

Ich bin nicht zu beschäftigt, um mein Leben mit meinen Freundinnen zu teilen.

Gott gibt Bürden, aber auch Schultern.

Jüdisches Sprichwort

Nach der Geburt ihres behinderten Kindes sei für sie eine Welt zusammengebrochen, erzählte eine junge Frau. Sie hätte nie mit etwas anderem als einem kerngesunden Kind gerechnet, und sie fragte sich deprimiert, wie sie damit fertig werden sollte. Aber im Laufe der Zeit überraschte sie sich selbst mit ungeahnten seelischen und körperlichen Reserven und fand noch genug Kraft und Zeit, um zur Vorkämpferin für die Rechte der Behinderten zu werden. Auch für uns gab es im Leben sicher schon einmal Stationen, in denen wir glaubten, ein Problem nicht bewältigen zu können, es dann aber doch geschafft haben.

Denken Sie heute daran, daß Gott uns zwar Lasten aufbürdet, aber auch Schultern gibt, um sie zu tragen. Vielleicht fühlen Sie sich durch irgendein Ereignis der Verzweiflung nahe, aber wenn Sie die Hand ausstrekken, um Hilfe bitten und fest an sich glauben, werden Sie Ihre Probleme leichter lösen können, als Sie vielleicht meinen.

Ich kann alle Schwierigkeiten meines Lebens meistern.

Zunächst und vor allem bin ich Frau.

Anaïs Nin

Ein Bereich, in dem wir uns von den Männern stark unterscheiden, ist unser Hormonsystem. Das Wort Hormon kommt von dem griechischen *hormao* («ich treibe an», «errege»), und genau das tun die weiblichen Hormone: Sie regen uns auf verschiedenartige Weise auf und an.

Einer der Zeitpunkte, in denen unsere Hormone besonders stark auf uns einwirken, ist die Menstruation. Viele von uns sind allmonatlich mehrere Tage lang deprimiert, gereizt und heißhungrig. Für die Mehrzahl der Frauen lösen sich diese Beschwerden zu gegebener Zeit in nichts auf, für andere aber können sie so belastend sein, daß medizinische Behandlung angeraten ist.

Machen Sie sich heute bewußt, daß Ihre Stimmungsschwankungen durchaus «weiblicher Natur» sein könnten. Falls Sie allmonatlich zu Depressivität neigen, vermeiden Sie unnötiges Leiden, indem Sie auf Getränke und Nahrung verzichten, die sich ungünstig auf das Problem auswirken können, und achten Sie auf ausreichende körperliche Bewegung. Unsere biologische Struktur mag dann und wann ihre Nachteile haben, aber mit genügend Wissen und Planung können wir durchaus bewältigen, was die Hormone in uns «erregen».

Ich bin stolz auf das, was mich zur Frau macht.

Eigentlich ist der Winter der richtige Frühling; die Zeit, in der die inneren Dinge geschehen, das Wiedererwachen der Natur sich vorbereitet.

Edna O'Brien

Viele Menschen verabscheuen den Winter, die Kälte, das Eis, den Schnee. Aber der Winter ist keine Jahreszeit, die überstanden werden muß, sondern eine wichtige Zeit, sich nach innen zu wenden, sich zu erneuern und die Energien neu zu orientieren.

In der östlichen Medizin ist der Winter eine Yang-Zeit, in der der Körper warme Nahrung aus Wurzelgemüsen braucht und der Geist «Saatkörner» legen sollte, die im Frühjahr zu keimen beginnen. Diese «Saatkörner» können in einer Analyse der Lebenseinstellung und eventuell notwendigen Korrekturen bestehen, im Aufbruch in neue geistige Erfahrungen, im Beginn eines Diät- oder Gymnastik-Programms. Entscheidend dabei ist es, Geist und Körper in Einklang zu bringen und auf das zu lauschen, was beide zu sagen haben. Zur Harmonie mit sich selbst zu gelangen kann nicht nur die Unausgeglichenheit beseitigen, die für Ihre Niedergeschlagenheit verantwortlich ist, es kann Sie auch lehren, den Rhythmus der Natur zur Selbstheilung einzusetzen.

Ich nutze die kommenden Monate zu meiner Gesundung und zur Neuorientierung meiner geistigen Einstellung.

Es ist bekannt, was mit Narben passiert. Sie werden zum zähesten Bereich der Haut.

Michael R. Mantell

Depressivität hinterläßt stets Narben. Die Tage, Wochen und Monate, in denen wir uns mit Lethargie, Hoffnungslosigkeit, veränderten Eßgewohnheiten, Schlaflosigkeit und destruktivem Verhalten herumschlagen, müssen die Art, wie wir die Welt betrachten, grundsätzlich verändern. Wenn wir angemessene Hilfe bekommen und dafür sorgen, daß sich die Wunden schließen, kann uns die Erfahrung stärker, klüger und mitfühlender machen. Wenn wir aber nichts unternehmen, können die Wunden nie heilen, und wir werden nie ein widerstandsfähiges, zähes Narbengewebe bilden.

Wenn Sie sich heute seelisch wie zerschlagen fühlen, dann denken Sie daran, daß ein tiefer Schnitt zunächst schrecklich schmerzt, aber wenn er richtig heilt, eine zähere emotionale «Haut» hinterläßt. Mit der richtigen Unterstützung, mit «Selbst-Verständnis» und Geduld könnte Ihre emotionale «Verwundung» Ihre größte Stärke werden.

Ein Mensch ohne Narben ist einer, der nie seine eigene Stärke entdeckt hat.

Stille ist die billigste Therapie der Welt.

Jonathan Foust

Seit langem kennt man Stille als eine der schnellsten und unkompliziertesten Methoden zur Erlangung innerer Weisheit. Verschiedene Religionen schreiben Phasen der Stille und Einkehr vor, um so geistige Erkenntnisse zu sammeln. Manche Menschen suchen für einen gewissen Zeitraum Klöster oder andere Orte der Stille auf, manche finden täglich die nötige Stille dadurch, daß sie Radio und Fernseher ausschalten und ungestört ihren Gedanken nachhängen.

Isolation ist mit Stille nicht zu vergleichen. Wenn wir deprimiert sind, meiden wir die Gesellschaft anderer Menschen und zermartern uns mit negativen Vorstellungen den Kopf. Die heilsame Stille jedoch ist eine bewußt gewählte Situation, in der wir mit unserem Inneren Zwiesprache halten, um Rat fragen und auf das hören, was wir zur Antwort bekommen. Wir fühlen uns nicht nur ausgeglichener, wenn wir uns der Stille hingeben, wir fördern auch eine geistige Qualität, die uns hilft, mit jeder Herausforderung fertig zu werden, die an uns herantritt.

Ich werde Momente der Stille in meinen Alltag einbauen.

Gib einer Frau eine Aufgabe, und sie wächst über sich selbst hinaus.

Jack Gelber

Einige der erstaunlichsten Veränderungen in puncto Selbstwertgefühl konnte ich bei Frauen beobachten, die sich entschlossen, berufstätig zu werden. Ganz gleich, ob dieser Entschluß aus finanzieller Notwendigkeit oder Lust und Laune erfolgt: Frauen mit eher geringem Selbstwertgefühl erkennen schnell, daß es ihr Selbstvertrauen wesentlich mehr stärkt, wenn sie eine Aufgabe termingerecht ausführen, gut mit Kollegen zusammenarbeiten und ein Gehalt bekommen, als zu Hause zu bleiben, wo ihre Arbeit nicht bezahlt wird und sie intellektuell unterfordert sind.

Wenn Sie unter Minderwertigkeitsgefühlen leiden und nicht berufstätig sind, sollten Sie überlegen, ob Sie nicht eine ehrenamtliche Tätigkeit oder eine Halbtagsarbeit annehmen. Je mehr Sie Ihre Intelligenz und Ihre Kreativität fordern, desto mehr Erfüllung, positive Spannung und Freude wird es in Ihrem Leben geben.

Ich werde eine zusätzliche Aufgabe übernehmen, die mir zu mehr Selbstvertrauen verhilft.

Für mich ist reife Sexualität mehr Ausdruck einer emotionalen Einstellung als eine anatomische Funktion.

Ruth Berkeley

Mitte vierzig entschloß sich Rita zu einer Therapie, weil es ihr noch nie gelungen war, eine dauerhafte intime Beziehung mit einem Mann zu haben. Der Therapeut verhalf ihr zu der Einsicht, daß Bemerkungen ihres Vaters über ihre Häßlichkeit Rita dazu veranlaßt hatten, alles Weibliche abzulehnen, sich auf eine knabenhafte Figur herunterzuhungern und gezielt auf kleidsame Sachen zu verzichten. Um Rita dabei zu helfen, ein neues Selbstgefühl entwickeln zu können, schickte der Therapeut sie als erstes mit dem Auftrag in ein Geschäft, sich möglichst frivole Unterwäsche zu kaufen. Dadurch erkannte Rita, daß sie mit der Abschottung des Femininen in sich auch die Fähigkeit verdrängt hatte, verspielt, lustbetont und spontan zu reagieren und sich als sinnliche und lebensbejahende Frau zu sehen.

Überprüfen Sie heute Ihre Vorstellungen von sich als Frau. Fragen Sie sich, ob Ihre düstere Stimmung nicht vielleicht darauf zurückzuführen ist, daß Sie falsche Vorstellungen von sich selbst haben. Wenn das so ist, müssen Sie die Freude und die Lust wiederentdecken, die es mit sich bringt, «weiblich» zu sein.

Ich bin eine gesunde, lebensbejahende und begehrenswerte Frau.

Ist kein Holz mehr da, erlischt das Feuer; wo kein Verleumder ist, legt sich der Streit.

Sprüche 26,20

Nach einer Auseinandersetzung fühlen wir uns oft bemüßigt, jedermann davon zu erzählen, um unsere Position zu rechtfertigen und unsere Verlegenheit über den Streit zu bemänteln. Doch das bringt uns nicht weiter. Durch unser Beharren auf unserem «Recht» halten wir den Streit lebendig. Wenn wir uns aber die Mühe machen, unsere Differenzen auf eine reifere Art zu bereinigen, werden wir uns bald sehr viel besser fühlen, als wenn wir unverdrossen weiter Holz auf die verglühenden Scheite des Streits werfen.

Falls Sie darüber deprimiert sind, daß eine alte Auseinandersetzung noch immer in Ihnen schwelt, dann fragen Sie sich, ob nicht Ihr eigenes Verhalten irgend etwas mit Ihren Gefühlen zu tun hat. Ständiges Wiederaufwärmen vergangener Differenzen macht Sie nur unglücklich und zornig. Richten Sie Ihre Energien auf Harmonie aus, nicht auf Feindseligkeit. Dann verlöscht nicht nur das Feuer des Zorns, Sie finden auch leichter Glück in Ihren Beziehungen zu anderen Menschen.

Heute werfe ich kein neues Holz in alte Feuer.

Ein Anlaß zu uneingeschränkter Freude ist Weihnachten offenbar nur für jene, die Warenhauskataloge und TV-Specials bevölkern. Für alle anderen scheinen diese Tage eine Wanderung durch ein Minenfeld wiedererwachter Familienfehden, verschärfter Einsamkeit, emotionalen Exzessen und der Enttäuschung zu sein, die immer dann unvermeidlich ist, wenn die Realität hinter den Erwartungen zurückbleibt.

Joyce Rebeta-Burditt

In den Wochen vor Weihnachten laufen bei den meisten psychologischen Hilfszentren die Telefonleitungen heiß, weil sich Frauen überfordert, deprimiert und allein gelassen fühlen. Viele setzen sich das unrealistische Ziel, perfekte Festessen, perfekte Feiern und perfekte Festdekorationen auf die Beine zu stellen, und sind dann kräftemäßig überfordert.

Man muß nicht ins Festtags-Tief abgleiten. Wir können Geschenken, Mahlzeiten und Getränken feste Grenzen setzen. Man muß auch nicht alles selber machen. Das Fest kann mit gekauften Dingen genauso schön sein – vor allem aber leichter. Wenn wir lernen, Aktivitäten, Umstände und Menschen so auszuwählen, daß sie uns Freude statt Verdruß bringen, können wir echte Weihnachtsfreude genießen.

Ich werde während der Feiertage keine unrealistischen Forderungen an mich stellen.

Sich zu fürchten ist eine Sache. Sich von der Furcht packen und herumwirbeln zu lassen, eine andere.

Katherine Paterson

Die meisten von uns fürchten sich vor irgend etwas: krank zu werden, Unglücksfälle zu haben, allein zu bleiben, den Arbeitsplatz zu verlieren, den Tod von Angehörigen. Wenn wir emotional gesund sind, lassen wir unser Leben nicht von solchen Ängsten beherrschen, sondern überwinden sie.

Falls Sie sich vor etwas fürchten, wäre Davonlaufen das Schlimmste, was Sie tun könnten, denn die Angst würde Ihnen folgen und Sie noch elender machen. Stellen Sie sich Ihren Ängsten und bekämpfen Sie sie, wenn es sein muß, mit therapeutischen Methoden. Vor allem aber stellen Sie sich nicht ständig das «Schlimmste» vor. Sehen Sie sich um und zählen Sie, wie viele Menschen in Ihrer Umgebung auch ohne das «Schlimmste» leben oder damit fertig wurden, als es wirklich eintraf.

Nichts ist so «furchtbar», wie ich es mir einbilde.

In jedem Menschen ist ein Reservoir von Wut, das auf den Ausbruch wartet.

Rex Julian Beaber

Die meisten Therapeuten halten Depressionen für die Tarnung eines tiefverborgenen Zorns, der an die Oberfläche gebracht werden muß, damit der Betroffene seine Depressivität überwinden kann. Es gibt viele Möglichkeiten, seiner Wut Ausdruck zu verleihen: auf Kissen einzuschlagen, hemmungslos loszuschreien oder Pappbecher gegen die Wand zu schleudern, sind nur einige davon. Frauen sind derartige «Befreiungsschläge» oft peinlich, weil man ihnen von klein an eingehämmert hat, Wutausbrüche seien unweiblich. Daher suchen Sie sich einen Ort, an dem man Sie weder sehen noch hören kann.

Fürchten Sie sich nicht vor Ihrem Zorn, wenn er heute aus Ihnen hervorbricht. Wut ist nicht nur ein Anzeichen dafür, daß Sie einer entscheidenden inneren Erkenntnis nahe sind; wenn Sie ihr auf die richtige Weise Luft machen, kann Ihnen das auch ein Gefühl von Wohlbefinden und Glück vermitteln.

Meine Wut hilft mir, mich selbst zu verstehen und warum ich auf Menschen und Situationen so und nicht anders reagiere.

Was dich außergewöhnlich macht, falls du das überhaupt bist, muß dich zwangsläufig auch einsam machen.

Lorraine Hansberry

Sobald wir in irgendeiner Weise «anders» sind, werden wir uns auch einsam fühlen. Das trifft auf attraktive Models ebenso zu, die von neidischen Freundinnen gemieden werden, wie auf erfolgreiche Geschäftsleute, denen von Partnern und Konkurrenten Beine gestellt werden. Sobald wir in irgendeiner Form herausragen und den Vorstellungen der anderen nicht entsprechen, stellen wir eine Bedrohung für jene dar, die sich den gängigen Normen anpassen, und ihre Mißbilligung drängt uns in die Isolation.

Wenn Sie sich einsam fühlen, sollten Sie in Betracht ziehen, ob es vielleicht irgendeine Besonderheit an Ihnen ist, die andere Menschen zur Zurückhaltung bewegt. Anstatt niedergeschlagen zu reagieren und um Anpassung bemüht zu sein, suchen Sie sich Menschen, die Ihre Interessen teilen und Sie so akzeptieren, wie Sie sind. Es kann einsam machen, «man selbst» zu sein, aber sehr viel schlimmer wäre es, sich zu verbiegen, um so zu sein wie jeder andere auch.

Ich suche mir Menschen, die meine Unverwechselbarkeit zu schätzen wissen.

Die Jugend ist etwas Wundervolles. Es ist eine Schande, daß man sie an Kinder vergeudet.

George Bernard Shaw

Eine der schwersten Aufgaben, denen sich viele Frauen heute gegenüber sehen, ist die gleichzeitige Verantwortung für ihre Kinder und ihre alten Eltern. Die Zahl der Frauen, die diese doppelte Belastung tragen, hat so zugenommen, daß Wissenschaftler sie als «Sandwich-Generation» bezeichnen und feststellen, daß Depressivität und streßverursachte Erkrankungen nicht ungewöhnlich für sie sind.

Falls Sie heute das Gefühl haben, unter Ihren Verpflichtungen zusammenzubrechen, dann tun Sie ein paar Schritte zur Erleichterung Ihres Lebens. Suchen Sie die Unterstützung von Menschen in ähnlicher Lage und versuchen Sie, sich einige der Aufgaben zu teilen. Erkunden Sie auch die Möglichkeiten von Altenpflege, Mahlzeitendienst, Tagesstätten. Üben Sie vor allem Nachsicht mit sich selbst, und erlauben Sie sich dann und wann auch die sehr menschlichen Regungen von Erbitterung, Zorn und Verzweiflung darüber, für so viele Menschen so vieles sein zu müssen.

Ich übernehme meine Pflichten mit Zuversicht und der Unterstützung jener, die Verständnis für sie aufbringen.

Verwechsle Betriebsamkeit nie mit Taten.

Ernest Hemingway

Wenn wir bedrückt und niedergeschlagen sind, verschieben wir sehr häufig Entscheidungen und Taten, weil wir uns vor den Ergebnissen fürchten. Doch anstatt darüber zu reden, daß Sie eigentlich einen Therapeuten aufsuchen sollten, greifen Sie heute zum Telefon, und vereinbaren Sie einen Termin. Falls Sie über irgendeine Situation deprimiert sind, tun Sie aktiv etwas zu deren Lösung, anstatt nur darüber nachzugrübeln. Je eindeutiger und entschiedener Sie gegen Ihre Depressivität vorgehen, desto schneller und leichter werden Sie die Wege finden, die Sie gesunden lassen.

Heute werde ich aktiv.

Wie viele Dinge gibt es doch, ohne die ich gut auskommen könnte!

Sokrates

Finanzielle Probleme lassen die Wahrscheinlichkeit von Depressivität und Pessimismus dramatisch ansteigen. Und wir Frauen sind besonders betroffen: Als Alleinerziehende oder Geschiedene mit Kindern sind wir häufig genug gezwungen, unterhalb der Armutsgrenze zu leben. Und wir verdienen immer noch weniger als unsere männlichen Kollegen in vergleichbaren Positionen.

Auch wenn das schwer sein mag: Bemühen Sie sich darum, sich von Ihren finanziellen Problemen nicht unterkriegen zu lassen. Entlasten Sie Ihren Etat, indem Sie in Secondhand-Läden einkaufen oder nach Billigst-Angeboten Ausschau halten, und verbessern Sie Ihre Berufschancen durch Weiterbildung und Training. Mit Flexibilität, Optimismus und der Unterstützung anderer werden auch Sie bald wieder auf die Füße kommen und die Genugtuung genießen können, die eine gewisse finanzielle Sicherheit bietet.

Ich lasse mir von meinem Geldmangel nicht meine Lebenschancen überschatten.

Reicht es aus, daß man gelernt hat, das Auto zu fahren, oder sollten wir auch nachsehen, was unter der Motorhaube ist? Die meisten Menschen kommen durchs Leben, ohne das je zu wissen.

June Singer

Die Entscheidung, zu einem Therapeuten zu gehen, ist deshalb schwer, weil die meisten von uns nicht glauben wollen, daß wir bei der Lebensbewältigung Hilfe nötig haben könnten. Für den größten Teil unseres Lebens gelingt es uns wahrscheinlich, uns ohne fachlichen Beistand durchzuwursteln, daher zögern wir, uns an einen Fachmann zu wenden, wenn eine emotionale Krise droht. Es könnte auch sein, daß wir falsche Vorstellungen von einer Therapie haben oder es für abwegig halten, jemanden dafür zu bezahlen, daß er uns zuhört.

Fragen Sie sich heute, ob es ausreicht, «das Auto fahren zu können», oder ob es nicht an der Zeit ist, sich einen Mechaniker zu suchen, damit er Ihnen zeigt, was unter der Motorhaube ist. Auch wenn wir glauben, uns selbst zu verstehen, kennt sich ein unvoreingenommener Experte wahrscheinlich besser aus, wenn es um etwas so Wichtiges wie unser seelisches Wohlbefinden geht.

Wenn es mir gelingt, furchtlos unter meine «Motorhaube» zu blicken, fahre ich zielbewußter durchs Leben.

Angenehm sind die erledigten Arbeiten.

Cicero

Die Menschen neigen dazu, sich am Montagmorgen tief deprimiert und am Freitag himmelhochjauchzend zu fühlen. Das haben Untersuchungen nachgewiesen. Der Grund ist offensichtlich: Am Montag liegt die Arbeitswoche vor ihnen, am Freitag das entspannende Wochenende.

Falls der Montagmorgen für Sie gewohnheitsgemäß ein Tiefpunkt ist, versuchen Sie, ihn sich mit Phantasie angenehmer zu gestalten. Vielleicht kann eine Vorfreude – ein Mittagessen mit einer Freundin, der Besuch einer Ausstellung – den Montag weniger «bedrohlich» machen. Manchmal hilft es auch, sonntags zu einer vernünftigen Zeit zu Bett zu gehen. Auch wenn Montage nie das gleiche Hochgefühl auslösen werden wie die Aussicht auf das Wochenende, ist es doch gut zu wissen, daß die Lösung für diese Art von Stimmungskater nur vier Tage entfernt ist.

Ich lasse nicht zu, daß sich meine Montags-Melancholie durch die ganze Woche zieht.

Zwei Dinge sollte ein Mensch nie beklagen: das, was er ändern kann, und das, was er nicht ändern kann.

Thomas Fuller

Was vergangen ist, ist vergangen. Daran ist nichts zu ändern. Wir können für Probleme, die wir als Erwachsene haben, beispielsweise Ereignisse in unserer Kindheit verantwortlich machen – vielleicht durchaus mit Recht –, aber das bringt uns nicht weiter.

Falls Sie noch immer über etwas nachgrübeln, das sich vor langer Zeit ereignet hat, dann sollten Sie sich endlich dazu entschließen, dieses Kapitel Ihres Lebens zu schließen. Je schneller Sie damit aufhören, Ihre Energien auf etwas zu verschwenden, das Sie nun einmal nicht ändern können, und sich statt dessen positiveren Zielen zuwenden, desto größer sind Ihre Chancen, das Glück zu finden, von dem Sie sich jetzt noch ausgeschlossen fühlen.

Ich finde mich mit den Dingen ab, die ich nicht ändern kann, und lasse mir von ihnen nicht mein Verhalten diktieren.

Natürlich ist es nicht nur wundervoll, eine Mutter zu sein. In solchen Zeiten ziehen mein Mann und ich uns irgendwohin zurück, essen, trinken, frönen der Leidenschaft und tun so, als wären wir unfruchtbar und züchteten Pudel.

Dorothy DeBolt

Ich liebe meine Kinder und bin gern mit ihnen zusammen, aber ich brauche täglich auch ein paar Minuten, in denen ich allein und für mich sein kann. Wenn ich diese Ruhepausen nicht bekomme, verliere ich meine innere Ausgeglichenheit und reagiere mit Gereiztheit und Depressivität. Meine Lösung heißt Trude, kommt ins Haus und übernimmt stundenweise die Kinder, damit ich etwas unternehmen kann, das mich daran erinnert, daß ich noch etwas anderes bin als eine Mutter – selbst wenn das Geld knapp ist und ich auf andere Annehmlichkeiten verzichten muß.

Um glücklich zu sein, braucht jede Frau einen «Raum für sich selbst», hat Virginia Woolf einmal geschrieben. Trachten Sie heute danach, sich irgendeinen Raum zu schaffen – ein eigenes Zimmer, eine bestimmte Zeitspanne oder eine Aktivität –, der Sie der Entspannung und Selbstverwirklichung näher bringt. Vergessen Sie dabei nicht: Diesen wichtigen Schritt zu Ihrem geistigen und seelischen Wohlbefinden müssen Sie selbst tun und wird Ihnen niemand abnehmen.

Heute suche und finde ich meinen eigenen «Raum».

Einem guten Psychoanalytiker geht es wie guten Eltern: Wenn sie erwachsen sind, verlassen einen die Kinder.

Morton M. Hunt

Wenn wir einen Therapeuten aufsuchen, werden wir natürlich auf gewisse Weise eine Zeitlang auf ihn angewiesen sein, besonders dann, wenn wir uns in einer emotionalen Krise befinden. Aber sobald wir die entscheidenden Probleme erkannt und einige Methoden zu ihrer Bewältigung gelernt haben, müssen wir versuchen, das «Nest» zu verlassen. Ein guter Therapeut wird uns zum geeigneten Zeitpunkt dazu ermutigen, uns wieder auf eigene Füße zu stellen und ihn nicht bei jeder kleinen Schwierigkeit als Krücke zu benutzen.

Bewerten Sie heute Ihre Fortschritte, falls Sie sich in einer Therapie befinden. Ist jede Sitzung ein Lernprozeß oder ist die Therapie für Sie zu einer Zuflucht vor dem Leben geworden? Es ist nicht leicht, die eigenen Schwingen zu erproben, wenn man von einem Menschen oder einer Gewohnheit abhängig war. Aber wenn wir unsere Weiterentwicklung dadurch behindern, daß wir uns vor der Selbständigkeit fürchten, ist es vermutlich höchste Zeit, uns dieser Angst zu stellen und allein fliegen zu lernen.

Meinen Therapeuten nicht mehr zu brauchen, ist ein Anzeichen für Fortschritt.

Man denkt, man hätte Gott, das Universum und das Große Weiße Licht im Griff – bis man zu Feiertagen nach Hause fährt.

Shirley MacLaine

Für viele von uns sind Feiertagsbesuche bei den Eltern eine Zeit, in der wir unser Erwachsensein vorübergehend ablegen und uns dabei ertappen – oft unbewußt –, ein kindliches Verhalten zu imitieren, das nicht mehr zu uns paßt. Mütter finden fast immer irgend etwas an uns auszusetzen, und die Mutter-Tochter-Kämpfe früherer Jahre flammen erneut auf. Auch Väter machen uns häufig durch Gesten oder Bemerkungen entweder verlegen oder nervös.

Bei all dem kommerziellen Jubel der Werbung und der allgemeinen Vorfreude vergißt man leicht, daß Festtage auch recht schwierig sein können, besonders für Frauen. Wenn Familienfeste im großen Kreis für Sie ein emotionales Problem sind, sollten Sie überlegen, ob Sie nicht zu Hause bleiben und Ihre eigene «Fest-Tradition» kreieren. Für was Sie sich auch entscheiden: Das, was Sie gelassen, glücklich und zufrieden stimmt, ist mit Sicherheit die klügste Lösung.

Im Gefühls-Wirrwarr der Feiertage werde ich besonders nachsichtig mit mir sein.

Wolle nie irgendeine Beunruhigung, irgendein Weh, irgendeine Schwermut von deinem Leben ausschließen, da du doch nicht weißt, was diese Zustände an dir arbeiten!

Rainer Maria Rilke

Wenn wir glauben, von Verzweiflung überwältigt zu werden, können wir zu geistigen Erkenntnissen gelangen, die zum prägenden Ereignis unseres Lebens werden. Das sind die Momente, in denen unsere Vorstellung von Gott zu einem Wissen von Gott wird, und wir erkennen, daß die Trauer und Leere in uns durch ganz neue Empfindungen von Güte und Liebe ersetzt wird. Der Theologe Matthew Fox hat geschrieben, daß dies keine Erlösung *vom* Leiden, sondern eine Erlösung *durch* Leiden ist.

Versuchen Sie nicht, gegen die Verzweiflung und den Schmerz in sich anzukämpfen. Der Prozeß geistiger Wiedergeburt bedarf einer Phase von Verwirrung, Aufruhr und Zweifeln, aber sobald ein Teil Ihres Inneren gestorben ist, werden Sie in eine Periode spiritueller Blüte und Freude eintreten.

Die Tiefpunkte unseres Lebens bringen häufig geistige Höhepunkte.

Menschen mit Phantasie langweilen sich nie.

Jakob Boßhart

Eine der wirksamsten Methoden, sich von seinen Sorgen abzulenken, besteht darin, sich Aufgaben zu stellen, die Konzentration verlangen. Fernsehen oder andere passive Unterhaltungen zählen nicht. Hier ein paar Vorschläge, wie Sie Ihre kleinen grauen Zellen anregen können:

1. Lösen Sie ein Kreuzworträtsel.
2. Bereiten Sie Ihre Steuererklärung vor.
3. Stellen Sie in einem Zimmer die Möbel um. Schaffen Sie sich eine neue Umgebung.
4. Beginnen – und beenden – Sie ein Puzzlespiel.
5. Lesen Sie die Biographie eines Menschen, der Sie fasziniert.
6. Lernen Sie eine Fremdsprache mittels Tonbandkassetten.
7. Kleben Sie Fotos ein, gestalten Sie ein Album.
8. Planen Sie Ihre Urlaubsreise – mit Unterkunft und Fahrtrouten.

Das sind lediglich Vorschläge. Sie sollten das tun, was Sie am besten von Ihren Sorgen ablenkt und auf neue Gedanken bringt.

Ein beschäftigter Geist ist ein zufriedener Geist.

Wie die Schienbeine darf man auch die Hoffnungen nicht zu weit ausstrecken.

Epiktet

Nach Weihnachten fühlen sich viele Menschen niedergeschlagen. Sie sind traurig, daß die Vorfreude auf die Feiertage vorüber ist, sie sind erschöpft von der Arbeit der Vorbereitungen, und sie sind für gewöhnlich unglücklich darüber, daß sich ihre hochgeschraubten Erwartungen letztendlich doch nicht erfüllt haben. Therapeuten bezeichnen derartige Empfindungen als «Enttäuschungs-Tief», weil ein mit großer Spannung erwartetes, wichtiges Ereignis einfach so vorübergegangen ist.

Wenn Sie nach Feiertagen, Geburtstagen oder anderen Gelegenheiten an einem «Enttäuschungs-Tief» leiden, lassen Sie sich nicht mehr davon überraschen, sondern bereiten Sie sich darauf vor. Ein wirksamer Kniff besteht darin, den «Tag danach» so mit Vorhaben und Aufgaben vollzustopfen, daß Sie keine Zeit haben, sich Ihrer Enttäuschung hinzugeben. Planen Sie einen Ausflug, den Besuch einer Matinee, ein Mittagessen mit einer guten Freundin, und tun Sie alles, um Ihren Geist und Ihren Körper in Bewegung zu halten. Mit ein bißchen Vorausplanung brauchen Ihren glanzvollen Tagen keine glanzlosen zu folgen.

Ich bekämpfe meine Niedergeschlagenheit mit Aktivitäten.

Es ist mehr als Beichte, wenn man auch das bekennt, worüber man nicht Absolution bedarf.

Johann Wolfgang von Goethe

In den Medien hören und sehen wir manchmal bekannte Persönlichkeiten, die darüber sprechen, wie sie Mutlosigkeit und Depressivität überwunden haben. Das hat eine enorme Wirkung: Sobald eine Berühmtheit ihre Anfälligkeit für Depressionen gesteht, veranlaßt das viele Menschen, erstmals Hilfe für ihr eigenes Leiden zu suchen.

Unterschätzen Sie die Macht von Geständnissen nicht. Glauben Sie nicht, mit Ihren depressiven Gefühlen allein fertig werden zu müssen. Geteiltes Leid ist halbes Leid, daher legen Sie Ihre Zurückhaltung ab, und vertrauen Sie Ihre inneren Ängste anderen Menschen an. Damit helfen Sie nicht nur sich selbst. Ihre Offenheit könnte für einen anderen zum entscheidenden Funken werden, Unterstützung und Beistand zu suchen.

Ich befreie mich und andere, wenn ich aufrichtig über meine Empfindungen spreche.

Die Fähigkeit zur Leidenschaft ist sowohl grausam als auch göttlich.

George Sand

Leidenschaft muß nicht auf Liebe, Sex und Partner beschränkt sein. Für jeden von uns gibt es einen Menschen oder eine Beschäftigung, die diese Empfindungen wachrufen. Für Künstler ist es ihr Werk, für eine Mutter oft ihre Kinder und für Literaturfreunde ein gutes Buch. Auch wenn diese Passionen zugegebenermaßen nicht so aufregend sind wie verbotener Sex, kann uns die Freude, die wir daraus beziehen, häufig vor Depressivität bewahren.

Machen Sie sich heute die Macht und die Gefahren der Leidenschaft bewußt. Wir müssen darauf achten, daß wir zwar genug davon haben, um glücklich werden zu können, doch wiederum nicht so viel, daß es uns den Verstand raubt. Klug dosierte Leidenschaft bereichert und erfüllt uns. Gefährliche Leidenschaft mag uns kurze Zeit berauschen, läßt uns aber ausgelaugt und mit dem Wunsch nach etwas zurück, was uns auf Dauer nicht glücklich machen kann.

Heute gebe ich mich «guten» Leidenschaften hin.

Schuldgefühle: Die Gabe, die uns geben läßt.

Erma Bombeck

Wegen meines chronischen Zeitmangels muß ich oft gegen Schuldgefühle ankämpfen. Wie sehr ich mich um meine Ehe, meine Arbeit und meine Kinder bemühe: Es stehen einfach nie genug Stunden zur Verfügung, um alles «gut genug» zu machen, und dann werfe ich mir akute Unzulänglichkeit vor. Doch allmählich wehre ich mich immer heftiger. Denn viele meiner Schuldgefühle kommen von zu hohen Ansprüchen an mich und mein geschäftiges Leben.

Als vielbeschäftigte Frauen können wir uns mit Schuldgefühlen und Gewissensbissen regelrecht foltern, aber wir müssen lernen, mit scheinbaren «Defiziten» gelassen zu leben. Konzentrieren Sie sich auf das, was Sie heute erledigt haben – ein gesundes, nahrhaftes Mittagessen beispielsweise –, und sagen Sie sich, daß Sie das gut gemacht haben. Wenn Sie lernen, entspannter und mit sich großzügiger zu sein, dann brauchen Sie sich auch nicht mehr mit der «Gabe, die uns geben läßt» herumzuquälen.

So wie ich heute bin, bin ich «gut genug».

Worte sind die Ärzte eines erkrankten Geistes.

Aischylos

Wenn wir deprimiert sind, tendieren wir dazu, uns selbst – und die Welt – in düsteren Farben zu sehen, und stürzen uns buchstäblich auf jede negative Information, die unsere trostlose Sicht der Dinge bestätigt. Um dem entgegenzuwirken, sollten wir ein Tagebuch anlegen und darin peinlich genau alle positiven Bemerkungen notieren, die wir über uns hören, und jede angenehme Empfindung über uns selbst. Wenn wir angenehme Dinge «dokumentieren» können, dann haben wir etwas Konkretes, auf das wir zurückgreifen können, wenn wir auf einem Tiefpunkt angekommen sind. Sobald wir Positives über uns lesen, lenkt uns das von negativen Gedanken ab.

Wenn Sie heute das Gefühl haben, Ihr Gemüt sei «erkrankt», dann nutzen Sie die Macht der Worte zu seiner Heilung. Schreiben Sie getreulich alles Nette und Angenehme auf, das Ihnen am Tag geschieht, und lassen Sie es abends Revue passieren. Sie werden bald zu einer positiven Einstellung zu sich selbst finden, die schließlich alles Negative auslöscht, an das Sie sich gewöhnt hatten.

Heute nutze ich Worte, um meine Gefühle zu heilen.

31. Dezember

Die größten und bedeutendsten Probleme des Lebens sind grundsätzlich unlösbar. Sie können nicht gelöst, sondern nur überwunden werden.

Carl Gustav Jung

Es gibt Lebensphasen, die ebenso unvermeidlich wie belastend sind: Wir müssen mitansehen, daß geliebte Menschen leiden, daß unsere Kinder erwachsen werden und uns verlassen; wir werden älter, müssen erleben, daß unsere Liebe nicht erwidert wird, wir stellen fest, daß unsere Körper- und Geisteskräfte nachlassen. Auch wenn die meisten von uns diese Phasen mit unterschiedlicher Trauer und Wehmut überstehen, gibt es doch keine wirkliche Lösung für diese Art Schmerz, sondern nur die Erkenntnis, daß es im Leben Momente gibt, die wir nie austilgen, sondern nur überwinden können.

Haben Sie Geduld mit sich, wenn ganz natürliche Lebensphasen Sie melancholisch stimmen. Sie werden eine gewisse Zeit leiden und von Wehmut überwältigt werden, doch mit Hilfe der Zeit und guter Freunde sind es Perioden, die Sie schließlich überwinden werden.

Selbst wenn ich meine Trauer nicht beseitigen kann, so kann ich sie doch mit Hilfe der Zeit überwinden.